合肥工业大学图书出版专项基金资助项目

汉语综合应用能力实训

唐桂兰　汪　程　编著

合肥工業大學出版社

图书在版编目(CIP)数据

汉语综合应用能力实训/唐桂兰,汪程编著. --合肥:合肥工业大学出版社,2024

ISBN 978-7-5650-6440-1

Ⅰ.①汉… Ⅱ.①唐… ②汪… Ⅲ.①汉语-对外汉语教学-教材 Ⅳ.①H195.4

中国国家版本馆 CIP 数据核字(2024)第 045529 号

汉语综合应用能力实训

唐桂兰 汪 程 编著 责任编辑 郭娟娟

出 版	合肥工业大学出版社	版 次	2024 年 11 月第 1 版
地 址	合肥市屯溪路 193 号	印 次	2024 年 11 月第 1 次印刷
邮 编	230009	开 本	710 毫米×1010 毫米 1/16
电 话	人文社科出版中心:0551-62903200 营销与储运管理中心:0551-62903198	印 张	16.75
		字 数	266 千字
网 址	press.hfut.edu.cn	印 刷	安徽联众印刷有限公司
E-mail	hfutpress@163.com	发 行	全国新华书店

ISBN 978-7-5650-6440-1 定价:55.00 元

目　录

第一章 校阅改错

语言是人类最重要的交际工具，是人们进行沟通的主要表达方式，人们借助语言表达情感、传播信息、保存和传递人类文明的成果。[①] 汉语，即汉民族的语言，又称汉文、中文、华文、华语、中国语、中国话。狭义的汉语是指中文标准普通语言，也称普通话。中文标准普通语言是中华人民共和国通用语言，且为国际通用语言之一。

在知识经济时代的今天，具有良好的交流表达能力已经成为高素质人才的重要特征。企、事业单位在选人用人时，越来越看重人的语言交流表达能力，许多单位在招聘员工时希望选用那些“文字能力”强的人。许多院校也已经认识到了培养学生汉语应用能力、提升学生汉语水平的重要作用与意义，从而自觉地将培养学生汉语实际应用能力作为办学理念之一。

随着人才流动速度日益加快，人们在职业生涯中已经习惯面对不同的从业选择。汉语的综合应用能力是教师、记者、编辑、律师、翻译、公务员、医生等许多行业的准入门槛，提升汉语综合应用能力，将极大地拓宽人们的从业选择范围。

语言是思维的形式。具备一定的汉语言能力，意味着一个人拥有潜在的发展能力，具体表现为头脑灵活、思路清晰、口齿清楚、文笔流畅、有创新意识等。

语言能力是指掌握语言的能力，这种能力表现为能够说出或理解合乎语法的语句，能够辨析有歧义的语句，能够判别表面形式相同而实际语义不同或表面形式不同而实际语义相同、相似的语句以及掌握听说读写译等语言技能的运用能力。总之，语言能力是我们提高素质、开发潜力的主要

① 陆俭明．现代汉语语法研究教程（第三版）［M］．北京：北京大学出版社，2005：1-2.

途径，是我们驾驭人生、改造生活、追求事业成功的无价之宝，是通往成功之路的必要途径。从某种程度上讲，语言能力就是工作效率，就是效益。

一、何谓“校阅改错”

“校阅改错”是通过阅读，对文章从内容到形式进行校对、修改和润色，使得文通字顺，以提高书面语言的表达效果。校阅改错能力，是书面语言表达能力的重要组成。具体而言，“校阅”是发现、指出错误；“改错”是改正错误。

近年来，作为人才选拔的工具，“校阅改错”不断出现在政策性考试和社会化考试中，用以考查考生的阅读能力、写作能力、逻辑思维能力，检测其语文水平和文化素养的高低。如江苏省、上海市等事业单位考试的《综合应用能力》和事业单位招聘全国多省联考中的《综合应用能力》B 卷，都出现了“校阅改错”题。目前，“校阅改错”的对象主要包括一般文章字、词、句、行文逻辑等方面的校阅改错和公文格式的校阅改错。

这一章我们将重点学习一般文章校阅改错的技巧和方法。

二、校阅改错的基本形式

《综合应用能力》B 类卷中的校阅改错题，考试形式是给出一篇文章，让考生一一找出其中的错误并加以改正。如 2016 年事业单位联考《综合应用能力》B 卷中的“校阅改错题”：

例 1－1

下列材料在行文逻辑、文字运用等方面存在一些错误或不当之处，如语句顺序不当、语法错误、用词不当、错别字等，请指出其中的 8 处并予以改正。(32 分)

要求：指出及改正，请使用句子序号，不用抄写全句。

① 奢侈品品牌背后往往蕴含着雄厚的文化内涵。②数百年来，正是这些传奇人物和传奇故事共同发窖，酿造出奢侈品品牌各具特色的文化内涵。③虽然是热情的法拉利、典雅的江诗丹顿，还是迷人的卡地亚，每个品牌的悠久历史中都包含着传奇的人物、传奇的故事。

④ 大多数奢侈品品牌，或与一个传奇人物紧密联系在一起，或遗传了历经数代的家族工艺。⑤以创立者的名字命名奢侈品品牌，不仅可以让消费者记住品牌在创立之初的传奇故事，但是可以让消费者体会到品牌传承至今的“基因”。⑥在讲述和宣传品牌名称背后的历史、文化，成为奢侈品品牌营销的一个重要手段。

⑦ 几乎所有的奢侈品品牌都会强调其原产地，并将相关信息溶入自己的商标中。⑧应该说，正是产品的差异性造成了原产地的不同。⑨因为奢侈品品牌的价值源于对文化的传承，起源于欧洲的奢侈品品牌，如果其产品的产地在欧洲，对于消费者来说，它们就失去了其应有的核心价值。⑩比如，红酒、伏特加强调法、俄产地，腕表强调瑞士“血统”。

针对这篇短文，题干要求找出其中至少 8 处错误。那么，如何能够快速识别并准确修改这些错误呢?

经过仔细阅读检查，可以发现这篇文章的主要错误，修改如下：

① 句用词不当，“雄厚”改为“丰厚”。

② 句中有错别字，“发窖”改成“发酵”。

② 句语句顺序不当，②和③位置交换。

③ 句语法错误，“虽然”改成“不论”或“不管”或“无论”。

④ 句用词不当，“遗传”改成“传承”。

⑤ 句语法错误，“但是”改成“还”或“而且”。

⑥ 句语法错误，“在”去掉。

⑦ 句用词不当，“溶入”改成“融入”。

⑧ 句语序不当，“产品的差异性”和“原产地的不同”交换位置。

⑨ 句语法错误，“在”改成“不在”。

⑩ 句语句顺序不当，⑩句放在⑦句后面。

由此可见，校阅改错有一定的规律，与一般病句修改相比较，一般文章的校阅改错范围比病句修改要广泛。该例中的 8 处错误不仅包括错别字修改、语法错误、用词不当等常见的语病修改，还包括语序调整以及行文逻辑上的错误修改等，大致可以归纳为字、词、句、标点和段落等方面。

而在这五者之中，错别字、词语的辨析与修改、病句的判断及修改是重中之重，也是本教材将要重点介绍的内容。

第一节　错别字辨析

一、错别字及其分类

错别字，顾名思义就是指错字和别字。

错字是“无中生有”，即在字的笔画、笔形或结构上写错了，似字非字。如将“染”字右上角的“九”写成“丸”，将“猴”字右半部分的“侯”写成“候”，将“曳”字的右上角多写一点，或者将“滤”字下面的“心”写成“业”，这些都是错字。

别字是“张冠李戴”，即本该用某个字，却写成了另外一个字。如“戊戌变法”写成了“戊戍变法”，“按部就班”写成了“按部就搬”，或者将“建议”写成了“建意”，其中的“戍”“搬”“意”等都是别字。

产生错别字，既有主观原因，也有客观原因。主观原因是自己不重视，认字不细心，不会写也不查字典，粗枝大叶，草率从事。客观原因是汉字本身属于表意文字，许多汉字笔画比较多，难记难写，跟拼音文字比较起来，汉字的出错率相当高。此外，汉语中同音、近音的字词多，如“嘻”与“嬉”，“辩”与“辨”，“磬”与“罄”；“必须”与“必需”，“事故”与“世故”，“权利”与“权力”，“检查”与“检察”，等等，一不小心就很容易写错或混淆。

二、错别字辨析方法

（一）归类析异法

有些字的字形十分相像，像是孪生姐妹，只是一笔之差，或是某一笔、几笔的长短曲直略有不同，如果把这些字集中起来加以比较，找出各自笔画的特点，是可以帮助记忆的。例如：“戍”“戌”“戊”，笔画特点是中间一笔有不同，可以概括为“点戍，横戌，戊中空”。再如“已”“巳”“已”，笔画的特点是左边这竖笔的长短上有不同，可以概括为“开口己，半口已，闭口巳”。

（二）以音辨形

对于因形近而产生的错别字，如果读音有异，我们在读的时候，就可凭读音来锁定它。例如:“扑溯迷离”,“溯”读 sù,“朔”读 shuò,此处应为“朔”;“气慨”,“慨”读 kǎi,“概”读 gài,此处应为“概”。

(三)形旁辨析法

汉字中的绝大多数字是形声字,许多音同音近的形声字,都有共同的声旁,区别只在形旁,所以抓住形旁加以辨析,就可避免用错字。例如近年高考试题中,有将“国籍”误作“国藉”,“藉”从“草”,“垫、借”的意思,而“籍”从“竹”,“书籍、籍贯”的意思。再如“幅射”应为“辐射”才对,“辐”是“从中心向四面八方伸展或传播”,而“幅”从“巾”,与布帛等有关,与词义不合。

(四)据义定形法

汉字的基本特点是音、形、义的统一,要正字,就应从三方面入手,以义为纲,据义定形。如:“不径而走”,该成语的意思是“没有腿却能走,常指消息不待张扬就迅速传播开来”。“径”指小路,此处是别字,应改为“胫(小腿)”。“责无旁代”,该成语的意思是“责任不能往别处推,自己理所当然地应当把责任承担起来”。“代”是代替,在这里也是别字,应改为“贷”(推卸)。

(五)来源推形法

对于不解词语来源而写错的字,我们可以采用联想来源的方式推断,如近年高考中的这类词语辨析:“默守成规”“世外桃园”等。“默守成规”正确的写法应为“墨守成规”,成语与墨子有关,战国时的墨翟以善于守城著名,后因称善守者为“墨守”,“默”应改为“墨”。“世外桃园”正确写法应为“世外桃源”,该成语与陶渊明有关,他曾写下闻名的《桃花源记》,此处的“园”应改为“源”。

(六)语境推字法

对于给定语境辨析错别字的,我们一定要依托语境的限定、选择功能来判断。如:

例 1-2 常言道“勤奋是成功之母”,这是颠簸不破的真理。……没有春天里的劳作,那能换来金秋的硕果累累?

例中的“颠簸”的意思是上下震荡。“颠扑不破”是个成语,意思是无论怎样摔打都不破,比喻永远不会被推翻。从语境上看“颠簸不破”应改为“颠扑不破”。“那”是指示代词，“哪”是疑问代词，包括有疑而问（询问）和无疑而问（反问），从语境上分析，这是一个反问句，句中的“那”字应改为“哪”字。

避免错别字的出现，方法还很多，只要平时注意词汇的积累，读书时体会每个字词在句中的意义，勤查字典和辞典，透彻理解每一个字词的意思，在使用汉字时，肯定就不易出现错别字了。

第二节　词语辨析

词语辨析是校阅改错的一个热点，也是一个难点。它涉及的范围很广、数量较大，旨在测查大家对词义的准确把握和准确应用。词语辨析可分为三个大类型：同音词辨析、近义词辨析和其他词语辨析。

一、同音词辨析

同音词指的是声、韵、调完全相同，而意义不同的一组词。[①] 这些词的误用通常是由于不能精准地把握其意义而造成的。如：

例1-3　夏商周时青铜器上不同的纹饰代表着不同的寓意，反应着古人不同的图腾崇拜和信仰。

（2017年事业单位联考真题《综合应用能力》B类）

“反映”与“反应”是一对同音词：“反映”是指光的反射、反照，比喻从客观事物的实质表现出来。例中所用正是此义。而“反应”是指有机体受到体内或体外的刺激而引起相应的活动，引申为对某事情的发生所引发的意见、态度或行为。因此，该例中的“反应”应该改为“反映”。

同音词辨析方法主要有：由形入手、由义入手、通过组词或通过反义词比较鉴别，等等。

（一）由形入手，抓住特点

如将“发酵”误作“发窖”，虽是音同，但是“酵”与“窖”字形相

---

① 孙银新．现代汉语双音节多义词和同形同音词的分合［J］．江苏师范大学学报（哲学社会科学版），2020（1）：26-42.

差很大。“酵”一般指“发酵”，指有机物由于某些菌或酶的作用而分解，是个动词；“窖”指地洞、地坑，是个名词。

（二）由义入手，仔细比较

如“以至”和“以致”。前者表示在时间、数量、程度、范围上的延伸，相当于“直到”。后者表示因而、所以，含有“由此而造成”的意思。通过词义，完全可以将两者区分开来。

（三）通过组词，比较鉴别

如“酵”与“窖”：前者可以组词“发酵”“酵母”，后者可以组词“窖藏”“地窖”，特别是“酵母”与“地窖”之间，意义相差明显，辨识起来就不是难事了。

（四）通过反义词，比较鉴别

如“房东（房主人）”与“房东（房子东边）”，前者的反义词可以是“房客”，后者的反义词可以是“房西”，两者之间是不是很容易区分？

二、近义词辨析

近义词辨析包括对意义相近的近义词和对意义相同的同义词进行分辨，使之能恰当地用于不同场合。

近义词辨析主要可以通过词义轻重、使用对象、语体色彩、情感色彩、搭配关系、语法功能等方面的不同一一进行辨析。

（一）词义轻重不同

近义词的意义之间往往存在程度轻重的差异。如“批评”与“批判”，前者轻后者重，前者适用于人民内部矛盾，后者适用于敌我矛盾。

（二）适用对象不同

近义词之间往往存在搭配对象方面的差异。如“抚养”与“赡养”，前者适用于长辈对晚辈，后者适用于晚辈对长辈。

（三）语体色彩不同

近义词之间往往还存在语体色彩方面的不同，有些词适合用在口语中，而有些适合用在书面语中。如“爱人”与“配偶”，前者适用于口语，后者适用于书面语。

（四）情感色彩不同

近义词之间常常还存在情感色彩方面的不同。与我们的情感、价值观一致的词语，我们称其为褒义词；与我们的情感、价值观不一致的词语，我们称其为贬义词；没有褒贬之分的，或者褒贬不明显的，我们称其为中性词。如“成果”“结果”与“后果”，“成果”是褒义词，“结果”是中性词，“后果”是贬义词。

（五）搭配关系不同

有些搭配是约定俗成的，如：“大公鸡”“老母鸡”，我们一般不说“老公鸡”“大母鸡”。

此外，还可以从语法功能、范围大小、整体个体、侧重点等方面的不同进行辨析。如：

例1-4 那套藏书票上的天鸡是吸收了民间剪纸的灵感，天鸡十分灵活，长长的尾巴，飞扬的羽毛，神似凤凰。

（2017年事业单位联考真题《综合应用能力》B类）

通过词语中不同的语素比较可知：“灵活”侧重点在“活动”，“灵动”侧重点在“生动”。也可以通过使用对象来区分：“灵活”一般用于人或物，“灵动”一般用于作品，即言其生动逼真。所以应将“灵活”改为“灵动”。

三、其他词语辨析

（一）关联词

关联词使用不当包括错误选择了关联词和关联词的搭配不当。如：

例1-5 虽然近9年来中央一号文件中第六次提到转基因技术，因此还是引起了社会的广泛关注。

（2015年浙江省事业单位《综合应用能力》B类）

例中“虽然”“但是”是固定搭配，表示转折关系，而“因此”应该用在因果关系的复句中，该句前后两个分句之间是转折关系，所以应该把“因此”改为“但是”。

（二）介词、连词、副词或助词等

介词、连词等其他虚词的使用要重点关注三个问题：“用不用”“用哪一个”以及“放在哪”。其中的“放在哪”将在语序不当部分进行讲解。如：

例1-6 朱炳仁设计的各种以铜质的文创产品都能看到这些大气庄重的青铜纹饰。

（2017年事业单位联考真题《综合应用能力》B类）

例1-7 迄今为止，我国最大的中美合资项目，上海通用汽车有限公司于6月12日在上海召开了成立大会暨奠基仪式。

例1-6属于"当用不用"错误，应该在"文创产品"后加一"上"字；例1-7中的"暨"表示"和、与"的意思，"召开"不能同时搭配"大会"和"仪式"，因此"暨"字在句子中没有自己的位置，连同后面的"奠基仪式"都应删去，或将句子改成"召开了成立大会并举行了奠基仪式"。

第三节 病句的判断及修改

病句是指不符合语言规范的句子。辨析和修改病句是衡量语言表达能力的重要标志。我们一方面要掌握病句的常见类型，另一方面还要掌握一些辨析及修改病句的方法与技巧。

一、病句的类型

汉语的病句主要有六类：搭配不当、成分残缺或赘余、语序不当、逻辑矛盾、语意不明和结构混乱等。

二、修改病句的基本步骤

（一）句子结构纠错

基本步骤：先主干后枝叶，长句变短句。

"主干"即主语、谓语和宾语，"枝叶"即定语、状语和补语。长句压缩最直接的方法是提取"主、谓、宾"，看看三者之间有没有搭配不当，以检查语病是否出在"主干"上；如果不在"主干"，那就要检查"定、状、补"，看看语病是否出在"枝叶"上。

（二）逻辑推断

基本步骤：先分析句与句之间的关系，后看所用的关联词语是否恰当。

也就是从句子与句子之间是否具有转折、对比等关系角度纠错，若无这些关系，句中出现的“然而、但是、但、反而”等词语都是不该出现的。

（三）语感检测

好的句子说起来顺口，听起来顺耳，一个句子读起来如果不顺畅，语感不好，很可能是病句，就要重点排查，找到病因，对症下药。

三、主要病因分析及修改方法

（一）句法成分搭配不当

句法成分搭配不当是指句子中密切相关的句法成分，在搭配上有违句法或语义组合规则所造成的一种语病。①

句法成分搭配不当主要包括：主语和谓语搭配不当、谓语和宾语搭配不当、主语和宾语搭配不当、修饰语和中心语搭配不当，以及一面对两面搭配不当等。

1. 主语和谓语搭配不当

主谓句是汉语中最基本、最常见的句型，主语和谓语搭配不当的病因：一是主语和谓语使用的词语语义范围不能相容；二是一主多谓或一谓多主不能全部搭配，顾此失彼。如：

例1－8 到了最后一个月，我们的任务和工期都十分艰巨和紧张。

其中的主语“任务和工期”与谓语“艰巨和紧张”都是由联合词组组成，不能完全搭配，因此，必须修改：“任务十分艰巨”，“工期十分紧张”，这样语义才能一一吻合。

2. 谓语和宾语搭配不当

句子的谓语和宾语（包括补语）搭配不当的主要病因：一是谓语和宾语（包括补语）使用的词语语义不能相容；二是一谓多宾（补）或一宾（补）多谓不能全部搭配。如：

---

① 李庆荣，陆俭明，马真，苏培成．现代汉语基础自学辅导［M］．北京：线装书局，2001：171.

例1－9 从湖南爆出的“黄金大米”事件，到中储粮的“转基因油入库”风波，再到湖北的“转基因作物违规种植”，近年来的这些转基因违规事件也加强了人们的担忧。

（2015 年浙江省事业单位招聘真题《综合应用能力》B 类）

例1－10 人民群众过去“求温饱”，现在“盼环保”，希望生活的环境优美宜居，能喝上干净的水、清新的空气，吃上安全放心的食品。

（2017 事业单位联考真题《综合应用能力》B 类）

例1－9 谓语“加强”是“增强，使变得更强和更有效”的意思，和宾语“担忧”语义不能相容，造成谓语和宾语搭配不当。例1－10 中“能喝上”是谓语，“干净的水、清新的空气”是宾语，一谓多宾，造成谓语和宾语不能完全搭配。

3. 主语和宾语搭配不当

句子的主语和宾语不能够搭配的病因：一是主语和宾语使用的词语语义范围不能相容；二是一主多宾或一宾多主不能完全搭配。如：

例1－11 大多数奢侈品品牌，或与一个传奇人物紧密联系在一起，或遗传了历经数代的家庭工艺。

（2016 下半年事业单位联考真题《综合应用能力》B 类）

该例中主语“品牌”与宾语“家庭工艺”不搭配。

4. 修饰语和中心语搭配不当

修饰语是指句中的定语、状语和补语成分，中心语是指受到修饰语修饰和限定的主要成分，包括主语、谓语、宾语。中心语和修饰语所使用的词语不能够搭配，便形成了中心语和修饰语搭配不当的病句类型。这种语病形成的根本原因在于修饰语和中心语的词语语义范围不能相容。如：

例1－12 奢侈品品牌背后往往蕴含着雄厚的文化内涵。

（2016 下半年事业单位联考真题《综合应用能力》B 类）

其中的“雄厚”即“充足”的意思，一般与“实力”搭配；“文化内涵”是内在的底蕴，应该与“深厚”或“丰富”搭配。

5. 一面对两面搭配不当

在汉语词语中，有一些词语兼有正反两面的意思，如“高低”“优劣”

"是否"等。句子在使用"能否""是否"等类似的表示正反两面的词语时，与之搭配的状况也必须包含有正反两方面的情况，如果把一面性的词语与两面性的词语搭配在一起，就会造成表达的混乱，形成语病。如：

例1-13 成绩是否优异，是他最后获得国家奖学金的主要原因。

此例有两种修改方法：要么删除前一句中的"是否"，要么在后一句"获得"前加上"能否"。

（二）句子成分残缺和赘余

1. 句子成分残缺

成分残缺主要包括主语、谓语、宾语等成分的残缺。

（1）主语残缺

主语残缺的原因包括滥用介词；暗中更换主语；定语过长，丢掉了中心词。

① 滥用介词，造成主语残缺

有些句子，实际上并非真正缺少主语，而是介词使用不当，使主语丧失了本来的功能，误做了介词短语中的宾语。出现这种情况，通常只要删除这个介词就可以了。如：

例1-14 在讲述和宣传品牌名称背后的历史、文化，成为奢侈品品牌营销的一个重要手段。

（2016下半年事业单位联考真题《综合应用能力》B类）

这里的介词"在"应该去掉，否则"在讲述和宣传品牌名称背后的历史、文化"只能是一个介宾结构，不能做主语，句子没有陈述的对象，也就缺少主语了。

② 暗中更换主语，造成主语残缺

句子一般有两个以上分句，中途变换主语却未能将变换的主语写出来，造成句子缺主语；还有一种情况是把前一分句的宾语当作后一分句的主语了。如：

例1-15 他是位廉洁奉公的好干部，得到了人民的拥戴，并安排他担任了县长的职务。

该例前两个分句的主语是"他"，而最后一个分句却暗中更换了主语，导致其主语残缺。可改为“上级安排他担任了县长的职务”。

③ 定语过长，丢掉了中心词，造成主语残缺

有些句子的主语不是一个简单的名词，而是一个短语，甚至是一个句子。在句子的修饰限定成分过长的情况下，经常会出现因丢掉中心词而造成主语残缺的情况。如：

例1-16 在社会主义市场经济体制建立的今天，任何脱离国际化市场需要去谈志愿、兴趣，都是不恰当的。

在这个句子中，“在社会主义市场经济体制建立的今天”是一个介词结构，不能做主语，“任何脱离国际化市场需要去谈志愿、兴趣”是定语，“都”是状语，“是”是谓语，由于定语太长，造成了该句缺少主语。

（2）谓语残缺

谓语残缺，常见的病因是错把状语或宾语中的动词作整个句子的谓语。如：

例1-17 丁酉鸡年，中国工艺美术大师朱炳仁通过中国古老的青铜文化元素，做了一只气宇不凡的青铜天鸡。

（2017上半年事业单位联考真题《综合应用能力》B类）

例中的“通过”是“以……为媒介或手段达到某种目的”的意思，不能做整个句子的谓语，必须在“元素”后加“的运用”，这样一来，“运用”可以做句子的谓语，这个句子才不缺谓语。

（3）宾语残缺

宾语是谓语动词的连带成分，表示动作、行为的对象或结果，用在动词之后，回答“谁”或者“什么”这类问题。宾语残缺，动作就没有对象了，行为就没有结果了，意思也就表达不清楚了。

常见的宾语残缺主要是由于动词所带的宾语较长，在表述时，往往只写了宾语的修饰语，而把宾语的中心语丢了。如：

例1-18 国内有“转基因玉米致老鼠减少”“母猪流产”等，国外有“转基因马铃薯实验老鼠中毒”“转基因玉米致癌”等。

（2015年浙江省事业单位招聘真题《综合应用能力》B类）

两个句子主语分别是“国内”“国外”，谓语是“有”，“‘转基因玉米

致老鼠减少’‘母猪流产’等”和“‘转基因马铃薯实验老鼠中毒’‘转基因玉米致癌’等”都只能做宾语的修饰语，不能作宾语，实际上该例就是只写了宾语的修饰语，而把宾语的中心语“的报道”“的信息”丢失了，造成句子缺少宾语。

2. 句子成分赘余

成分赘余即累赘、多余。产生该类语病的原因，主要是由于词义相同或成分混杂，造成了重复啰唆、表意不清。如：

例1－19 从被人类驯化起，在漫长的岁月中，鸡主要是用来祭祀、祭祖、占卜、报时的。

（2017上半年事业单位联考真题《综合应用能力》B类）

该例中的“祭祀”包含了“祭祖”，因此应该删除“祭祖”。

（三）语序不当

语序不当可以分为四类：修饰语语序不当、虚词位置安排不当、相关联的并列词语或短语语序不当、分句语序不当。

1. 修饰语语序不当

（1）定语语序不当

多项定语的排列讲究一个顺序，正确的应该为：

① 表示领属或时间处所的；

② 表示名称或数量的；

③ 动词或动词短语；

④ 形容词或形容词短语；

⑤ 名词或名词短语（带“的”的定语要放在不带“的”的定语之前）。如：

例1－20 请将下列词或短语填写在下面的横线上，使之成为一个表意明确的句子。

他是________老师。

① 有着30多年教学经验的　②数学　③家乡　④一位　⑤优秀的　⑥学校的　⑦男

A. ③⑥④①⑤②⑦　　B. ④③⑥①⑤②⑦

C. ③⑦⑥④①⑤②　　D. ⑤③⑥④①②⑦

表示领属的词语有两个："家乡""学校的"，应该排在前面，这样排除了选项 B、D，两个表领属关系的词语再按照由大到小的顺序排列，据此可以排除选项 C。这样正确的答案就是 A 了：他是家乡学校的一位有着 30 多年教学经验的优秀的数学男老师。

（2）状语语序不当

多项状语正确的排列顺序应为：

① 表示目的或原因的介宾短语；

② 表示时间的名词或介宾短语；

③ 表示处所的名词或介宾短语；

④ 表示范围或频率的副词；

⑤ 表示情态的形容词或动词；

⑥ 表示对象的介宾短语。

如：

例 1－21 那位失主为了表达谢意（表目的）昨天（表时间）在电视台（表地点）又（副词）诚挚地（形容词）为他（表对象）点了一首歌。

还有一种特殊情况：把状语与定语的位置搞错，造成语序不当。也就是误将状语用作定语或把定语用作状语，不能把握状语和定语的区别。如：

例 1－22 那时，我外公穷得揭不开锅，六岁的母亲被迫卖给了人家。

该例即是把时间状语"在六岁时"错放在定语的位置上当作定语来用了。正确的表达应该是：那时，我外公穷得揭不开锅，母亲在六岁时被迫卖给了人家。

2. 虚词位置安排不当

汉语的虚词包括介词、连词、副词、助词、叹词、象声词等。虚词位置不当主要包括：主语与关联词位置不当以及否定词位置不当。

副词用在形容词或动词前，介词一般用在名词、代词或名词性短语之前，连词虽然不与句子任何成分发生关系，但由于表意的需要，其位置有时在主语之前，有时却在主语之后，不然就会影响句意的表达甚至改变句子原意。如：

例1-23 我不仅信任他，而且以前反对过他的人现在也信任他了。

“我”只是第一个分句的主语，第二个分句有自己的主语“以前反对过他的人”，因此“不仅”应该放在“我”之前。

再如：

例1-24 我们如果把自己国内的事情没有做好，那么在国际上就很难有发言权。

“把”字句中，否定副词应该置于“把”字结构之前。该例中的“没有”应该置于“把”字前。

3. 相关联的并列词语或短语语序不当

并列短语也叫联合短语，它是由两个或几个部分构成，各个部分之间有并列、递进、选择等关系。并列词语或短语的排列，要注意其轻重、先后、大小等关系，同时需注意句子表意上的逻辑关系，否则也容易出现语序不当的毛病。如：

例1-25 未来，中国只要继续顺应开放规律，同时练好自主知识产权的外功，就有望实现从“汽车强国”向“汽车大国”的转变。

（2018年事业单位联考《综合应用能力》B卷）

例1-26 中国的青铜铸造，尤其是青铜器上繁复而多样的纹饰艺术在世界文明和中华文明中都有非常重要的地位和深远的影响。

（2017年事业单位联考《综合应用能力》B卷）

例1-25属于递进关系与事实不符造成的语序不当，应改为“从‘汽车大国’到‘汽车强国’”。此外，该例中的“外功”也应该改为“内功”。例1-26属于递进关系与事实不符造成的语序不当，应将“世界文明和中华文明”改为“中华文明和世界文明”。

4. 分句语序不当

分句，语法上是指复句里划分出来的相当于单句的部分。分句和分句之间常用一些关联词语来连接，在意义上有一定的联系，常见的有时间、空间关系，以及递进、转折、因果、并列等逻辑关系。通常情况下，这些分句都有其固定的次序，不能随意打乱，否则就会影响文意的有效表达，成为“校阅改错”的对象。如：

例1-27

① 1983年，北京汽车制造厂与美国汽车公司正式合资成立的北京吉普汽车有限公司，成为中国汽车业的第一家企业。

② 1985年，由中德双方合资组建的上海大众汽车有限公司正式成立，随后“桑塔纳”轿车成为合资车的又一个标志性符号……

③ 1984年，天津汽车集团与日本丰田公司合作，促进了后来的“黄大发”面包车和“红夏利”轿车两款经典合资车型。

（2018年事业单位联考《综合应用能力》B卷）

按照时间先后，该例排列顺序应该调整为：1983、1984、1985，所以，上面3个句子②和③语序不当，应将③放在②之前。

（四）逻辑矛盾

逻辑矛盾指的是句子的意思在事理上讲不过去，不能正确地反映客观事物间的逻辑关系。如：

例1-28 推进大众创业、万众创新，就是要通过结构性改革、体制机制创新，消除不利于创业创新发展的各种制度束缚和桎梏，形成大企业“铺天盖地”、小企业“顶天立地”的发展格局，实现创新驱动发展，打造新引擎，形成新动力。

该例就属于逻辑错误。按照事理排列应改为：形成小企业“铺天盖地”、大企业“顶天立地”的发展格局。

逻辑矛盾主要包括自相矛盾、范围不清、强加因果、主客倒置、否定不当、不合事理、数词使用不当等七种错误类型。

1. 自相矛盾

自相矛盾，是指人们在叙述或回答问题时出现的前言不搭后语、不能自圆其说的现象，也就是我们常说的意思“相悖”。句中出现自相矛盾的情况，有时是由于对词语的概念认识不明确，有时是因粗心大意，前后失去照应。对于自相矛盾的病句，通常依据实际情况删除矛盾的一方即可。如：

例1-29 虽然这些消息已被科学界和有关国家生物安全管理机构否定并证伪，但还是有不少人相信就是假的。

（2015年浙江省事业单位真题《综合应用能力》B类）

根据语境可知，例中“但还是有不少人相信就是假的”应该是“但还是有不少人相信就是真的”的意思，所以，句中的“假的”应改为“真的”。

2. 范围不清

概念的适用范围有大小之分，有的词概念范围较大，如“房子”；有的词概念范围较小，如“草房”“楼房”。一般情况下，大概念和小概念是不能并列的，存在交叉关系的概念也是不能并列的。如：

例1-30 1983年，北京汽车制造厂与美国汽车公司正式合资成立的北京吉普汽车有限公司，成为中国汽车业的第一家企业和合资企业。

显然，“企业”这个概念包含“合资企业”，因此，该句子中的“企业和”三个字应该删除。

3. 强加因果

所谓强加因果，就是把没有因果关系的说成是有因果关系。强加因果是一种逻辑推断的错误，所提供的前提“因”无法推断出“果”，构成病句。例如：

例1-31 北美国际车展执行总监罗德·艾伯茨说：“广汽集团参加展会对底特律、对北美车展都很重要。广汽集团也通过参展将其文化、汽车技术和独立创新能力及企业精神、管理理念等呈现在众人面前。”

（2018年事业单位联考真题《综合应用能力》B类）

该例中“参展会”很难与“企业精神、管理理念”联系起来，所以应去掉“及企业精神、管理理念”。

4. 主客倒置

事物之间的关系，常常存在施受、因果、先后等的不同。例如我们常说的“馒头对我不感兴趣”，这其实是施受弄反了，正确表达应该是“我对馒头不感兴趣”。“重力产生地心引力。”这是因果弄颠倒了，正确表达应该是“地心引力产生重力”。“去年和今年比较起来大不一样。”这是先后错乱了，正确表达应该是“今年和去年比较起来大不一样”。再如：

例1-32 坚持以人为本是推进生态文明建设的基本要求。

（2017事业单位联考真题《综合应用能力》B类）

该例是主次关系弄颠倒了，应该改成：“推进生态文明建设是坚持以人为本的基本要求。”

5. 否定不当

句中出现了否定词，可能会出现“否定不当”的逻辑错误。阅读时一定要注意含有否定意味词语的句子，如：禁止、切忌、杜绝、避免、缺乏等都含有否定意味。还要特别注意数清楚否定的次数，单次否定表否定，双重否定表肯定，三次否定则又变成否定。

6. 不合事理

不合事理是指在表述中，违反了人们的逻辑思维，违背了客观现实情况，最终导致句子所表示出来的意义违反常理，显得荒谬不可理解。这种语病通常可以从常识角度来考量。如：

例 1－33 几乎所有的奢侈品品牌都会强调其原产地，并将相关信息融入自己的商标中。应该说，正是产品的差异性造成了原产地的不同。

（2016 年事业单位联考真题《综合应用能力》B 类）

根据事理逻辑，该句显然违背事理，应改成“正是原产地的不同造成了产品的差异性”。

7. 数词使用不当

数词是表示数目和次序的词。数词的用法有一定的规则，如数量的增加既可以说增加了几倍，也可以说增加了几分之几；但是数量的减少却只能用分数，不能用倍数等。如“近年麦子的产量减少了一半”，就不能说成是“近年麦子的产量减少了一倍”。

（五）语义不明

语义不明即句子歧义。主要包括词的多义导致歧义、停顿不当导致歧义、指代不明导致歧义、修饰两可导致歧义等四种类型。

1. 一词多义导致歧义

由于一个词可以同时兼有不同的词性，或即便是只有一种词性，也可以有多种含义，这就造成了这个词在句子中的意思可能不明确，从而形成了句子的歧义。这种由于词的多义导致的句子的歧义，一般可以通过换词来消除。如：

例 1－34 同桌是一个胖子，相处不久他就发现这个人好说话。

例 1－35 没说一句话，他就离开了我们。

例 1－34 是同形多音词“好”［hào］［hǎo］引起的歧义。“好［hào］说话”即喜好、喜欢说话；“好［hǎo］说话”即优点多，人好相处。“好”读音不同，意义不同，句子表意不同。例 1－35 是多义词“离开”引起的歧义，“离开”一是离去、走开的意思；二是永别、死去的意思。该例属于一词多义造成的歧义。

2. 停顿不当导致歧义

停顿歧义，是指对句子停顿位置不同造成结构组合不同而形成的歧义。对于这种歧义句，可以试着在不同的地方停顿一下，看看句子结构形式是否会有不同，句子意思是否改变，以此来进行判断、甄别。如：

例 1－36 通知要求，所有涉案人员，10 日前去派出所自首。

这里的“10 日前去”既可以读作“10 日”“前去”又可以读作“10 日前”“去”，不同的停顿形成不同的结构，最后造成了歧义。

3. 指代不明导致歧义

在句子中，指示代词和人称代词的指代意义或对象，如果含糊不清，就会造成歧义。这类歧义，可以通过把指示代词或人称代词改换成具体的人或物的方法来进行消除。如：

例 1－37 不几天，刘备大军到了零陵。零陵太守刘度派大将刑道荣和他的儿子引兵出战。

句中“他的儿子”指代不明，这个人称代词“他”既可以指“刘度”，又可以指“刑道荣”。修改时，只需要将“他”换成具体所指代的人名就可以消除歧义了。

4. 修饰两可导致歧义

同一个短语或同一句话，如果在语法结构上存在不同的划分，指向不同的修饰成分，就会产生歧义。在遇到中心语前出现多层定语时要特别注意。如：

例 1－38 那篇被《新华文摘》转载的文章，是新来的院长的秘书写的。

该例中，偏正词组的修饰语“新来的”既可以修饰限制“院长”又可以修饰“秘书”，最后导致歧义。修改时，最简单的方法是去掉这个修饰语所指向的中心语前面的那个助词“的”，密切修饰语与中心词之间的关系。

(六) 结构混乱

结构混乱，又称为句式杂糅，主要包括举棋不定、藕断丝连、中途易辙、反客为主等。

1. 举棋不定

举棋不定，是指把两种本来不能结合在一起的格式，硬是混在一起使用而造成的语病，故而“举棋不定”也可以称作“格式混杂”。如：

例 1-39 丁酉鸡年，朱炳仁创作了第一套以“金鸡报春”为名的青铜天鸡藏书票，取的也是“春临四海、天鸡一声九州晓”之意十分明显。

(2017 年事业单位联考真题《综合应用能力》B 类)

该例最后一句“取的也是‘春临四海、天鸡一声九州晓’之意十分明显”，其实就是“取的也是……之意”和“……之意十分明显”两种格式的混杂，修改时，只要二式保留其一即可。

2. 藕断丝连

藕断丝连，是指本该用两个句子来表达的两件事，硬将其变成一个句子凑在一起，或把前一句的后半句用作后一句的开头，故这种语病又称为“前后牵连”。如：

例 1-40 这次网络短训班的学员，除北京大学本校学员外，还有来自清华大学等十五所高校的教师也参加了学习。

该例中的“清华大学等十五所高校的教师”作为前一个句子的宾语，表达短训班学员的组成，整个句子已经完整，但是，这个宾语又用作后一个句子“也参加了学习”的主语，导致前后牵连，成为病句，只要去掉“也参加了学习”就可以了。

3. 中途易辙

中途易辙，又叫中途变向，是指在比较复杂的单句中，一件事没有交代完，就又来交代第二件事，结果就出现了两个没有必要同时并存的主语，造成语病。如：

例 1-41 在 5000 多年文明发展中孕育的中华优秀传统文化，在党和人民伟大斗争中孕育的革命文化，积淀着中华民族的精神追求，代表着中华民族独特的精神标识。

该例中“代表着中华民族独特的精神标识”这句话的主语承前省略，补出来应该是“中华优秀传统文化”，谓语“代表着”，宾语“中华民族独特的精神”，但是句子紧接着又来交代“……是中华民族独特的精神标识”，造成这个主语不明确，所以，我们认为该句是中途变向造成语病。

4. 反客为主

反客为主是把上半句主语以外的成分用作下半句的主语，因此纠缠不清。如：

例1-42 在他的那个寂静世界里，他像一头牛、一块石头、一弯清澈明净的溪水坦荡地流着。

例中主语是“他”，谓语是“像”，能与宾语“一头牛”“一块石头”“一弯清澈明净的溪水”搭配，这个句子如果到此为止，是一个正确的句子。但是作者画蛇添足，又加了一个偏正结构“坦荡地流着”，这一加便改变了这个句子的结构，使得“一头牛”“一块石头”“一弯清澈明净的溪水”成了联合主语，分别与谓语部分的“坦荡地流着”搭配，结果造成“一头牛”“一块石头”与“坦荡地流着”搭配不当。

总之，校阅改错是对我们阅读理解能力、逻辑思维能力和语言表达能力的综合考核，如果我们掌握了相关的答题技巧和方法，并加强练习，就能提升我们的能力，提高我们的综合素质，在考试中也会取得理想的成绩。

第四节　标点符号的运用

标点符号是辅助文字记录语言的符号，是书面语的有机组成部分，用来表示语句的停顿、语气，以及标示某些成分（主要是词语）的性质和作用。[①]

① 中华人民共和国国家标准　标点符号用法［M］. 北京：中国标准出版社，2012：2.

一、中国标点符号使用的历史

两汉的时候，有了“句读”作为停顿标志，类似我们今天的断句。符号有“↓”和“、”两种，比如《说文解字》中解释“↓”为“钩识也，居月切”，“、”则为“有所绝止，而识之也，之主庾切”。就是说，凡是文末可以停止的地方，就用“↓”来标记，文中有可以句读的地方，就用“、”来标示，也就是今天的句号和逗号。

鸦片战争以后，新思想传入，西洋标点也逐渐被国人熟知。

1919 年国语统一筹备会在中国原有标点符号的基础上，参考各国通用的标点符号，规定了 12 种符号，由当时的教育部颁布。

中华人民共和国成立后，出版总署进一步总结了标点符号的用法规律，于 1951 年刊发了《标点符号用法》，同年 10 月政务院作出了《关于学习标点符号用法的指示》。从此，标点符号才趋于完善，有了统一的用法。1990 年 4 月，国家语言文字工作委员会和新闻出版署修订颁布了《标点符号用法》，对标点符号及其用法又做了新的规定和说明。

二、标点符号的种类

顾名思义，标点符号包括标号和点号。常用的标点符号有 16 种，分点号和标号两大类。

点号的作用在于点断，主要表示说话时的停顿和语气。点号又分为句末点号和句内点号。句末点号用在句末，有句号、问号、叹号 3 种，表示句末的停顿，同时表示句子的语气。句内点号用在句内，有逗号、顿号、分号、冒号 4 种，表示句内的各种不同性质的停顿。标号的作用在于标明，主要标明语句的性质和作用。常用的标号有 9 种，即：引号、括号、破折号、省略号、着重号、连接号、间隔号、书名号和专名号。①

三、几种常见标点符号在使用过程中容易出现的错误

（一）顿号

顿号表示句内最小的停顿，常用在并列的词或词组之间。但是停顿时

① 中华人民共和国国家标准 标点符号用法［M］. 北京：中国标准出版社，2012：2-3.

间较长、词或词组之间非并列关系，以及约（概）数间不能使用顿号。具体来说，使用顿号应注意以下几点：

（1）并列短语中如果有“和”“与”“及”“或”等，连词前不能再用顿号。以上连词多用在并列短语的最后两项之间。如：我国科学、文化、艺术、卫生教育和新闻出版等事业有了很大的发展。

（2）有的并列词语读起来不停顿或停顿很小，并不会产生歧义，中间就不必加顿号。如“中小学生”“中外记者”“工农业”等，其中“中小”“中外”“工农”之间都不必用顿号。

（3）不是并列词语，中间不能用顿号。如：“小张的家在安徽省、合肥市、高新区、和平里。”这个例句中的顿号都不能用，因为顿号的前后不是并列关系而是领属关系。

（4）如果把简短的并列短语加以强调，这些并列短语之间就不用顿号而用逗号。如：这次采访，我们每个人必须带三样东西：钢笔，录音机，照相机。

（5）邻近的两个数字连用，表示概数时不用顿号，但是如果这个数字是省略语，且表示确指，则必须用顿号。如：

例1－43　三四里　三五天　十五六岁　五六十种　十之八九

例1－44　全文共六部分，却有三四个部分意思含混不清。

例1－45　全文共六部分，其中第三、四部分意思含混不清。

类似例1－43、例1－44中的情况不用顿号，而类似例1－45中的情况则必须用顿号。

（6）如果并列短语之间还有并列短语，那么，大的并列短语之间用逗号，小的并列短语之间用顿号，如：原子弹、氢弹的爆炸，人造卫星的发射、回收，标志着我国科学技术的发展达到了很高的水平。

（7）并列成分已有问号或感叹号的，不能再用顿号，如：操场上响起了啦啦队响亮的声音：“加油！”“加油！”

（8）并列的成分如果完全是带引号或带书名号的短语或文章、书籍组成，那么并列成分之间不能用顿号。如：

例1－46　课文（《拿来主义》）中的“大宅子”“鱼翅”“鸦片”“烟

灯和烟枪”“姨太太”等，分别比喻什么？

例1－47 第五册中的《阁夜》《旅夜书怀》《客至》《咏怀古迹（其三）》《登岳阳楼》都是杜甫后期著名的律诗代表作。

但是，如果在这类并列成分之中，还有其他的词语，则仍需要使用顿号，如：

例1－48 司汤达的《红与黑》、巴尔扎克的《人间喜剧》、狄更斯的《双城记》、哈代的《德伯家的苔丝》都是十九世纪批判现实主义文学的代表作。

例1－49 请结合文章（《说“木叶”》）说说古典诗歌中“木”与“树”、“落叶”与“木叶”、“落木”与“落叶”的意味有什么不同。

（二）冒号

句内点号的一种，表示语段中提示下文或总结上文的停顿。冒号的基本用法：

（1）用于总说性或提示性词语（如“说”“例如”“证明”等）之后，表示提示下文。如：

例1－50 北京紫禁城有四座城门：午门、神武门、东华门和西华门。

例1－51 这一事实证明：人能创造环境，环境同样也能创造人。

（2）表示总结上文。

例1－52 改革开放后，我哥哥上了大学，姐姐进了技校，我当了工人：我们都有美好的前途。

（3）用在需要说明的词语之后，表示注释和说明。如：

例1－53 做阅读理解题有两个办法。办法之一：先读题干，再读原文，带着问题有针对性地读课文。办法之二：直接读原文，读完再做题，减少先入为主的干扰。

（4）用于书信、讲话稿中称谓语或称呼语之后。

冒号使用应该注意的事项：

（1）一个句子内部一般不应套用冒号。在列举式或条文式表述中，如不得不套用冒号时，宜另起段落来显示各个层次。如：

例1－54 会议刚开始，王校长大声宣布：今天有两个好消息告诉大家：一是我校德育工作受到省里表扬，二是……

例1－55 第十条 遗产按照下列顺序继承：

第一顺序：配偶、子女、父母。

第二顺序：兄弟姐妹、祖父母、外祖父母。

在这里，例1－54同一句中误用两个冒号，是错误的；例1－55是正确的。

（2）冒号用在提示性话语之后引起下文。表面上类似但实际不是提示性话语的，其后用逗号。如：

例1－56 郦道元《水经注》记载："沼西际山枕水，有唐叔虞祠。"（提示性话语）

例1－57 据《苏州府志》载，苏州城内大小园林约有150多座，可算名副其实的园林之城。（非提示性话语）

（3）冒号提示范围无论大小（一句话、几句话甚至几段话），都应与提示性话语保持一致（即在该范围的末尾要用句号点断）。应避免冒号涵盖范围过窄或过宽。

例1－58 艾滋病有三个传播途径：血液传播、性传播和母婴传播，日常接触是不会传播艾滋病的。（误）

例1－59 艾滋病有三个传播途径：血液传播，性传播和母婴传播。日常接触是不会传播艾滋病的。（正）

（4）冒号应用在有停顿处，无停顿处不应用冒号。

例1－60 他头也不抬，冷冷地问："你叫什么名字？"（有停顿）

例1－61 这事你得拿主意，光说"不知道"怎么行？（无停顿）

（三）引号

引号表示直接引用、突出强调、讽刺否定、特定称谓等，有时可用来引用成语、谚语、歇后语。例："蚂蚁搬家蛇过道，明日必有大雨到。"看到蚂蚁搬家的话，不久就会下大雨。引号中的内容是引用一句谚语。

引号使用应该注意的事项：

(1) 引文之内又有引文时，外边的一层用双引号，里面一层用单引号。如：

例1-62 老师边擦黑板边对同学们说："你们不珍惜现在的时间，以后肯定会后悔的。古人说'黑发不知勤学早，白首方悔读书迟'啊!"

(2) 如果引用的内容独立成句，意思完整，句子末尾的标点放在引号里面。如：

例1-63 陆游诗云："汝果欲学诗，功夫在诗外"。

该例中的句号应该置于后半个引号内。

(3) 引文不完整或者说引文成为自己话的一部分，句末标点放在后引号的外面。如：

例1-64 我们在阅读的时候，一定要做到"眼到、口到、心到"，这样才能理解文章的意思。

(4) 如果只把别人的话的大意说出，不照原样引述，就不用引号。

(四) 破折号

破折号表示文中注释性的部分和意思的跃进。"破"是点破、注释之意，"折"是中断、转折之意。注释和跃进在具体的语言环境中又衍生出许多不同的情况：有的表示夹注或进一步补充，有的表示提示下文、援引成文或总结上文，有的表示意思的突破或飞跃，有的表示迟缓或中断，有的表示时间或声音的延续，有的表示数目或路途的始末，有的表示统领下文等等。总之，破折号是一个用途比较广的标号。

破折号的主要用法有下面四种：

(1) 表示解释或说明部分，对前面的话做解释说明。如：

例1-65 这是一年的最后一个夜晚——大年夜。

例1-66 这香喷喷的粽子——寄托着奶奶对一家人的关怀之情。

(2) 表示意思的递进或转折。如：

例1-67 "好诱人的排骨——你听得到我的肚子在咕咕叫吗?"豆豆

对妈妈说。

例1－68 到山上打柴的记忆至今都是幸福而快乐的——尽管那是童年时期十分辛苦的一种劳作。

(3) 表示声音的延续。如：

例1－69 卖——扇子啦！

例1－70 “猴哥——等等我！”八戒边走边大声喊。

例1－71 “呜——”火车开动了。

(4) 用于事项列举分承的各项之前。如：

例1－72 根据研究对象的不同，汉语言文学分为以下五个分支学科：

——近代汉语；

——古代汉语；

——古代文学；

——近现代文学；

——外国文学。

练习题

一、单选题

1. 同音词辨析方法主要有：由形入手、由义入手、通过组词和(　　)比较鉴别。

A. 通过语音　　B. 通过音调

C. 通过反义词　　D. 通过音节

2. 介词、连词等其他虚词的使用应该关注三个问题：用不用、用哪一个和(　　)。

A. 放在哪　　B. 是否实词

C. 是否虚词　　D. 感情色彩

3. 中途易辙，又叫中途变向，是指在比较复杂的单句中，一件事没有交代完，就又来交代第二件事，结果就出现了两个同时并存的(　　)，故而造成语病。

A. 主语　　B. 谓语

C. 宾语　　D. 定语

4. 由于一个词可以同时兼有不同的词性，或即便是只有一种词性，也可以有多种含义，这就造成了这个词在句子中的意思可能不明确，从而形成了句子的歧义。这种由于词的多义导致的句子的歧义，一般可以通过(　　)的方法来消除。

A. 调整词语顺序

B. 换词

C. 试着在不同的地方停顿一下

D. 把指示代词或人称代词改换成具体的人或物

二、判断题

1. 同音词指的是声、韵、调完全相同，而意义不同的一组词。这些词的误用通常是由于不能精准地把握其意义而造成的。(　　)

2. 并列词语或短语的排列，要注意其轻重、先后、大小等关系，同时需注意句子表意上的逻辑关系，否则也容易出现语序不当的毛病。(　　)

3. “逻辑矛盾”指的是句子的意思在事理上讲不过去，不能正确地反映客观事物间的逻辑关系。(　　)

三、多选题

1. 句子主语残缺的原因主要有（　　）。

A. 滥用介词　　B. 暗中更换主语

C. 定语过长丢掉了中心词　　D. 暗中更换谓语

2. 病句的类型主要有(　　)等。

A. 搭配不当　　B. 成分残缺或赘余

C. 语序不当　　D. 语意不明

3. 句子成分搭配不当主要包括主语和谓语搭配不当和(　　)等。

A. 谓语和宾语搭配不当　　B. 主语和宾语搭配不当

C. 修饰语与中心词搭配不当　　D. 一面对两面搭配不当

4. 语意不明即句子歧义。主要包括(　　)等类型。

A. 词的多义导致歧义　　　　　　B. 停顿歧义

C. 指代不明　　　　　　　　　　D. 修饰两可造成歧义

四、实训题

(一) 单选题

1. 依次填入下面横线处的词语，恰当的一项是(　　)。

① 鲸和海豚的四脚也逐渐________成鳍状。

② 小说中的典型形象虽然有生活的________，但仍属于虚构的形象。

③《教育法》规定：任何组织和个人不得以________为目的开办学校及其他教育机构。

A. 退化　原形　营利　　　　　B. 退化　原型　营利

C. 蜕化　原型　盈利　　　　　D. 蜕化　原形　盈利

2. 依次填入下列各句横线上最恰当的一组词语是(　　)。

① 一到单位，你就又吵又闹，并扬言要绝食示威，是谁________你这么干的?

② 他的功绩仿佛早被时间所________了，他从不向人说起，人们都以为他只是一个普普通通的人。

③ 少先队员们来到纪念碑前献花________，他们决心要继承先烈遗志，长大后为祖国做贡献。

A. 指使　湮没　志哀　　　　　B. 支使　淹没　致哀

C. 支使　湮没　志哀　　　　　D. 指使　淹没　致哀

3. 单边主义和贸易保护主义的兴起，增加了外部环境的复杂性和不可预期性。在美国引领下，全球主要经济体纷纷采取宽松货币政策的方式以刺激经济增长。而中国仍然保持了足够的________战略，只实施了小幅下调 MLF 等工具利率、采取定向降准、大幅降税减费、积极磋商减少贸易摩擦等措施，就确保了经济继续保持稳中向好的发展节奏。由此，也为 2020 年乃至更长时期里经济的行稳致远赢得了政策空间。

填入划横线部分最恰当的一项是(　　)。

A. 定力　　　　　　　　　　　B. 定式

C. 定理　　　　　　　　　　　D. 定律

4. 美国白宫东厅内，一个多小时的协议签署仪式，跨越了过去近两年中美经贸磋商“打打谈谈、边谈边打”的艰难历程。这是来之不易的阶段性成果，更是________和斗争得来的结果，意味着世界上最大的两个经济体正尝试寻找一种更理性的方式打破困境。事实证明，合作是中美两国唯一正确的选择，相向而行才是问题解决之道。只要秉持平等和相互尊重的原则，坚持对话协商，办法总比困难多。

填入划横线部分最恰当的一项是(　　)。

A. 对弈　　B. 谋略

C. 对赌　　D. 博弈

5. 人类对于变脸的想象由来已久。武侠小说中有易容术以假乱真，川剧中有变脸绝活________世人，《聊斋志异》中的“画皮”更是将这种想象发挥到极致。吴宇森导演的电影《变脸》则将人类的这一设想代入善与恶的角色互换、伦理冲突与哲学思辨，引人深思。为何人类对变脸如此痴迷？或许因为它提供了一种关于身份转换的遐想。当主体的身份发生变化后，便有机会进行不同的人生体验。换句话说，人们可以从一人一面的________中解脱出来，在不同的职业、生活背景中实现“一人多面”漫游。

依次填入划横线部分最恰当的一项是(　　)。

A. 惊艳　桎梏　　B. 惊讶　约束

C. 震动　囚禁　　D. 冷艳　束缚

6. 新能源汽车续航一直令人________，众多的车企厂商也在加紧改进电动新能源的电池，也有的车企厂商在研究替代方案，希望可以摆脱电动车电池这个弊端。目前已经研发出了固态电池，这种固态电池的出现相当于电动汽车行业的一场革命，不仅续航会大大提升，而且还会________掉低温无法工作的致命弊端。

依次填入划横线部分最恰当的一项是(　　)。

A. 污垢　摒除　　B. 诟病　摈弃

C. 指责　排斥　　D. 非议　排挤

7. 健康所系，性命相托。危难面前________，誓言“不计报酬，无论生死”，彰显了医者的职责和本色。现代版“与夫书”既是请战书，坦言“处处都是战场”，也体现了一名医生的责任与担当。这既不是作秀，更无丝毫________，没有华丽的辞藻，也没有什么豪言壮语，却令人倍感温暖、备受鼓舞。而且对医生来说，一定比一般人更了解病毒的可怕和生命的脆弱，也更理解身为医生的职责和使命所在。

依次填入划横线部分最恰当的一项是（　　）。

A. 勇往直前　扭捏　　　　B. 临危受命　做作

C. 挺身而出　矫情　　　　D. 锐意进取　迟疑

8. 文化怎样才能占领人们更多的时间，怎样才能对人们产生潜移默化的影响？这才是文化产业需要不断思考的地方。文化产业应该更加深刻地挖掘自己产品的信息，把它________起来交给社会公众，人们能够与这些产品产生互动，设计出更多的文创产品。就今天来看，与受众互动这一点做得还不够。文化产业需要结合人们的实际文化需求来研究其前进的方向，而不能固守阵地。人们的生活方式和信息传播方式转变太快，如果________，很容易被社会淘汰。

依次填入划横线部分最恰当的一项是（　　）。

A. 收集　明哲保身　　　　B. 提炼　刻舟求剑

C. 凝练　故步自封　　　　D. 精练　萧规曹随

9. 回顾我国改革开放 40 多年的历程，________之处甚多，其中之一就是恩格尔系数稳步下降、连续下降，已由当初的 57.5% 降至如今的 28.2%。这是巨大的成就，也是水到渠成、瓜熟蒂落的事情。它与我国经济从高速发展迈向高质量发展相________，不仅从一个侧面佐证了中国经济社会的发展进步，更是民众分享到改革开放红利，告别求温饱阶段、走向更加富裕生活的生动注解。

填入划横线部分最恰当的一项是（　　）。

A. 不尽人意　适应　　　　B. 可歌可泣　匹敌

C. 乏善可陈　配合　　　　D. 可圈可点　匹配

10. 中国互联网发展二十多年，靠"人口红利"走了一条超越常规的道路。如今一些应用几乎达到了"人口红利"发展模式的极限，这意味着烧钱获客、补贴营销的成长路径已经结束。淘集集之类的跟风企业在投资界进入冷静期后，因资金链断裂"猝死"，可谓________。市场的优胜劣汰，绝非中国互联网产业的________。公众还不适应年轻的互联网产业高增长、高淘汰和显著的周期性，这是观念问题，不是产业问题。

依次填入划横线部分最恰当的一项是（　　）。

A. 情理之中　灭顶之灾　　　　B. 不可理喻　飞来横祸

C. 合情合理　弥天大祸　　　　D. 通情达理　祸不单行

11. 随着数字技术、人工智能、可再生能源等新技术浪潮的________，世界各国都意识到紧抓第四次科技革命机遇、实现产业和经济结构创新现代化，对本国今后数十年乃至百余年的发展前景具有重大意义。作为欧洲乃至全球的经济大国和制造业强国，德国多年前就敏锐________到这一重大趋势变化并制定了相应政策体系，但在几年来的政策执行和探索阶段，也遇到了种种问题。而德国推进工业现代化的进展与反思，对于________产业升级和经济结构现代化的其他国家和地区，有着重要参考价值。

依次填入划横线部分最恰当的一项是(　　)。

A. 前仆后继　认识　谋划　　　　B. 此起彼伏　感觉　促进

C. 纷至沓来　捕捉　谋求　　　　D. 时不我待　缉捕　规划

12. 中国经济之所以“风景这边独好”，源自创新创业、转型升级。推动高质量发展，出路在创新，难点在转型。抓创新就是抓发展，谋转型就是谋未来，必须以________的紧迫感，快马加鞭持续推进。有数据显示，2019 年前三季度，国内生产总值同比增长 6. 2%，在总量 1 万亿美元以上的全球经济体中仍居首位；国际收支保持基本平衡，外汇储备保持在 3 万亿美元以上。这些________的数字，勾勒出毋庸置疑的________就是：创新创业、转型升级让中国经济挺直了脊梁。

填入划横线部分最恰当的一项是(　　)。

A. 只争朝夕　掷地有声　共识

B. 不负韶华　铿锵有力　观点

C. 光阴似箭　有目共睹　共鸣

D. 白驹过隙　掷地赋声　认识

13. 下列句子中加点的成语，使用恰当的一句是(　　)。

A. 那是一张两人的合影，左边是一位英俊的解放军战士，右边是一位文弱的莘莘学子。

B. 这次选举，本来他是最有希望的，但由于他近来的所作所为不孚众望，结果落选了。

C. 齐白石画展在美术馆开幕了，国画研究院的画家竞相观摩，艺术爱好者也趋之若鹜。

D. 这部精彩的电视剧播出时，几乎万人空巷，人们在家里守着荧屏，街上显得静悄悄的。

14. 下列各组句子中加点的熟语使用正确的一项是(　　)。

A. 我可跟你说明白了，这可是触犯刑律的事，到时候吃不了兜着走，不要怪张怪李的。

B. 在自然科学发展史上，这种由假说发展成定律、原理的情况，真是俯拾皆是。

C. 咱们向社会公开招聘副局长，符合条件的同志尽管报名，这叫作姜太公钓鱼——愿者上钩，双向选择，公开、公正、公平。

D. 他是咱们球队的马后炮，我们都把球传给他，由他投篮，命中率很高。

15. 下列各句中，没有语病的一句是(　　)。

A. 这次网络短训班的学员，除北京大学本校人员外，还有来自清华大学等 15 所高校的教师、学生和科技工作者也参加了学习。

B. 我们的报刊、杂志、电视和一切出版物，更有责任做出表率，杜绝用字不规范的现象，增加使用语言文字的规范意识。

C. 在新的千年里，中华民族这条巨龙一定会昂首腾飞于无垠的天际，创造出令世界惊异的奇迹来。

D. 这家工厂虽然规模不大，但曾两次荣获省科学大会奖，三次被授予省优质产品称号，产品远销全国各地和东南亚地区。

16. 把下面的句子依次填到横线上，衔接恰当的一项是(　　)。

(1) 上海交响乐迷中近六成的人收入并非十分丰厚，________

(2) 在防洪抢险中，________，终于保住了大坝，战胜了洪水。

① 难以承受百元上下甚至数百元的票价

② 难以承受数百元甚至百元上下的票价

③ 经过四个多小时的搏斗，同志们奋不顾身地跳进汹涌澎湃的激流

④ 同志们奋不顾身地跳进汹涌澎湃的激流，经过四个多小时的博斗

A. ①③　　　　B. ②③

C. ①④　　　　D. ②④

17. 依次填入下面一段文字中横线处的语句，最恰当的一组是(　　)。

什么是联想呢？联想就是见到甲而想到乙。通过甲唤起对乙的联想通

常有两种情形：一是甲和乙在性质上类似，例如，________，________；二是甲和乙在经验上接近，例如，________，________。

① 看到扇子想起萤火虫

② 看到蜡烛想到教师

③ 看到春光想到少年

④ 看到赤壁想起曹孟德

A. ①②③④　　　　B. ①③②④

C. ③②①④　　　　D. ③④①②

18. 根据各种文体对语言的要求，语言得体的一项是(　　)。

A. 自从新疆巴楚、伽师地区发生地震灾害以来，我市各界对灾区人民生活甚是关心，积极开展赈灾活动，捐款（包括实物折款）累计已逾百万元之巨。(广播稿)

B. 9 月 14 日，该犯与两个哥们一同到博物馆踩点，回来合计好行动步骤，当晚乘月黑风高之机，潜入博物馆，盗窃有价值文物多件。（法院布告）

C. 梅：落叶乔木，品种很多，性耐寒。叶子卵形，早春开花，花瓣五片，有粉红、白、红等颜色，味香。果实球形，未成熟时为青色，成熟时一般呈黄色，味极酸。(工具书)

D. 我校教室一共八间，有五间处在风雨飘摇之中，东倒西歪，气息奄奄，人命危浅，朝不保夕，希望教委伸出援助之手，拨款修整为荷。(某校给教委的报告)

19. 对下列各句中破折号的作用解释正确的一项是(　　)。

① 爸爸立刻叫我立正站好——每次他有什么严重的教训总是叫我们立正站好——然后他严肃地问我："为什么遇到担肥的人捏鼻子转头？"

② 我也知道补过的方法是：送他风筝，劝他放，我和他一同放。我们嚷着，跑着，笑着——然而他其时已经和我一样，早已有了胡子了。

③ 我不禁鼻子一酸——也许老人进去后就再也出不来了。

④ "唉，天可真凉了——"（这了字念得很高，拖得很长。)

A. ①表示插入　　　　②表示话题转换

③表示注释内容　　　　④表示声音延长

B. ①表示注释内容　　　　②表示话题转换

③表示插入　　　　　　④表示声音延长

C. ①表示话题转换　　　　②表示插入

③表示注释内容　　　　④表示声音延长

D. ①表示声音延长　　　　②表示话题转换

③表示插入　　　　　　④表示注释内容

（二）多选题

下面这篇文章在行文逻辑、文字运用等方面存在一些错误或不当之处，如语句顺序不当、语法错误、用词不当、错别字等，请仔细阅读，并回答文后的问题。

①随着无人超市的兴起，使又一次零售革命加速到来。②从百货商店到连锁商店再到大型超市，尽管零售的本质始终是围绕效率、成本与体验的“买买买”，虽然基于消费变革与技术变革，零售基础设施一直在变。③随着电子商务时代，人们的生活已经与网络密不可分。④信息、商品与资金的流动效率一直在升级，消费者的习惯和品味也在不断变化。⑤就国内而言，商家打通线上与线下的努力一直以来在进行。⑥而日本大型超市衰落，便利店挺进乡村，中国一些精品超市遇冷等现象，也未尝不是一件坏事。

⑦技术对商业的推动作用可能是决定性的。⑧无人超市之所以可能，主要是拿到了技术监管的“钥匙”，这离不开生物识别、4G 网络、移动支付等技术的开展。⑨高科技在超市的普遍应用，却让购物者如入“无人之境”，处处走不出“电子围栏”。⑩比如在某大型无人超市，当你拿起架上的货品，App 上购物车里就会相应增加此物，一旦放回，购物车马上自动增减。⑪这种科技感，既能让交易“不闻不问”，又组成了商品价值以外的体验价值。⑫应该说，“无人”并非新概念，街头自动贩卖机即是，但无人超市的最大卖点是全新的购物场景，而购物场景的多元化，恰恰行业人士被预言为新消费时代的趋势。

1. 以下选项是对①～④句的修改，其中修改正确的是（　　）。

A. ①句中介词的使用使句子缺少主语，“使”应该删除

B. ②句关联词使用不当，“虽然”应改为“但是”

C. ③句成分残缺，在“电子商务时代”后应加“到来”

D. ④句用词不当，“变化”应改为“上升”

2. 以下选项是对⑤～⑧句的修改，其中修改正确的是(　　)。

A. ⑤句语义重复，“以来”应该删除

B. ⑥句逻辑矛盾，“坏事”应改为“好事”

C. ⑦句句末的“的”应该删除

D. ⑧句用词不当，“无人超市之所以可能”应改为“无人超市之所以可行”

3. 以下选项是对⑨～⑫句的修改，其中修改正确的是(　　)。

A. ⑨句词语位置不当，“却”应该置于“处处”之前

B. ⑩句一面对两面，逻辑矛盾，“自动增减”应改为“自动减少”

C. ⑪句“组成了……体验价值”搭配不当

D. ⑫句“行业人士”应置于“被”之后

下面这篇文章在行文逻辑、文字运用等方面存在一些错误或不当之处，如语句顺序不当、语法错误、用词不当、错别字等，请仔细阅读，并回答文后的问题。

① 2017 年 8 月 4 日，中国科学技术馆与百度公司通过移动大巴方式将人工智能各项应用成果向社会展示。②与此同时，我国也将通过多种形式加快人工智能科普和应用，加速布置产业链，智能生活正向人们走来。

③ 作为新一代信息科技的代表，人工智能广泛受到国际社会的普遍关注。④近几年，发达国家企图抢占技术高点和发展先机，我国也不例外。⑤国务院在《新一代人工智能发展规划》中提出，到 2025 年人工智能成为我国产业升级和经济转型的主要动力，智能社会建设取得积极进展；到 2020 年人工智能总体技术和应用与世界先进水平同步，人工智能产业成为新的重要经济增长点。

⑥ 多年积累和攻坚，我国人工智能技术快速发展，在算法、大数据等方面具备领先优势，一些技术甚至带来合乎想象的效果。⑦比如，目前机器语音识别能力已经超过或接近人类。⑧然而，人工智能不只是炫耀，但是要发挥“四两拔千斤”作用，让社会生活变得更加便捷高效。

⑨ 此次和中国科学技术馆达成战略框架合作协议，第一步就是通过移动大巴的形式展示包括语音识别、智能家居等人工智能应用，后续还将把最新技术应用到科普项目中。⑩此外，百度将把 6 年来在人工智能领域的

创新成果对外开发，建立共享合作生态体系，加速技术成果应用落地。⑪工信部表示，将积极协调资源，推动人工智能技术转化为各类产品和各种应用，并将人工智能产业发展与一系列重大应用工程相结合，加快促进人工智能与各产业领域深度熔合，形成数据驱动、人机协同、跨界协作、共创分享的智能经济形态。⑫随着大数据、云计算和高性能计算等信息技术的快速发展，人工智能为促进经济发展、改变人们生活提供了强有力的技术支柱。

4. 以下选项是对①～④句的修改，其中修改正确的是(　　)。

A. ①句用词不当，“展示”改为“巡视”

B. ②句用词不当，“布置”应改为“布局”

C. ③句语义重复啰唆，删除“广泛”

D. ④句用词不当，“企图”应改为“试图”

5. 以下选项是对⑤～⑥句的修改，其中修改正确的是(　　)。

A. ⑤句中的“成为”和“取得”前应该加上“将”

B. ⑤句语序不当，“到2025年……”和“到2020年”两句应该互换位置

C. ⑥句句法错误，句首应加“经过”

D. ⑥句逻辑矛盾，“合乎想象”应改为“出乎意料”

6. 以下选项是对⑦～⑩句的修改，其中修改正确的是(　　)。

A. ⑦句不符合逻辑，“超过”与“接近”应该位置互换

B. ⑧句关联词使用错误，“但是”应改为“更是”

C. ⑨句缺少主语，应在“和中国科学技术馆”之前加“百度公司”

D. ⑩句用词不当，“开发”应改为“开放”

7. 以下选项是对⑨～⑫句的修改，其中修改正确的是(　　)。

A. ⑨前后表达不一致，应该将“后续”改为“第二部”

B. ⑩缺少成分，“领域”后应加“所取得”

C. ⑪句用词不当，“熔合”改为“融合”

D. ⑫句用词不当，“支柱”应改为“支撑”

下面这篇文章在行文逻辑、文字运用等方面存在一些错误或不当之处，如语句顺序不当、语法错误、用词不当、错别字等，请仔细阅读，并回答文后的问题。

① 在全球金融危机的暴风雨中，人类第四次技术革命拉开序幕。

② 美国数字集团创始人、物理学家马克·米尔斯在题为《科技引领的繁荣即将到来》的文章中写道：正如20世纪的技术革命为世界带来了曙光，目前人类因此又迎来了新一轮的技术革命。

③ 这次由大规模数据、智能化生产以及无线网络所引领的技术革命将导致经济增长和社会巨变。

④ 与前三次技术革命比较，第四次技术革命并不仅仅是某一项生产工具革命，而是从生活到生产广泛实现自动化和智能化。

⑤ 有专家认为，3D打印技术或许具有蒸汽机或电话那样的时代意义，很可能预报着新的工业革命。

⑥ 3D打印技术又称直接数字化制造或累计制造。

⑦ 欧洲空客公司的设计师们计划在2050年前实现“打印”制造飞机。2012年美国《时代周刊》将3D打印产业列为“美国十大增长最快的工业”，欧洲航天局公布了旨在“将3D打印带入金属时代”的技术，为飞机、宇宙飞船和聚变项目制造零部件。

⑧ 在过去30年，全球人均肉类消费量增加了一倍，到2050年世界人口将从现在的70亿增致90亿。

⑨ 微软公司总裁比尔·盖茨曾在自己的网站上写道：我们不能要求所有人都变成素食主义者，但是必须找到更多的办法来制造肉类，同时不消耗资源。

⑩ 英国《每日邮报》2012年7月介绍，美国宾夕法尼亚大学用糖、蛋白、脂肪和肌肉细胞等原料“打印”鲜肉与真肉相似的口感。

⑪ 因此，马克·米尔斯指出：智能生产将是自亨利·福特发动“大规模生产”以来的第一次结构性变革，对于它将令人类制造产品的方式发生巨大变化，如同农业革命对种植方式的改变一样。

8. 以下选项是对①~④句的修改，其中修改正确的是(　　)。

A. ①句介词词组使用不当，删除“在……中”

B. ②句逻辑错误，删除“因此”

C. ③句用词不当，“导致”应改为“推动”

D. ④在“与前三次技术革命比较”的“比较”前加“相”

9. 以下选项是对⑤~⑩句的修改，其中修改正确的是(　　)。

A. ⑤句用词不当，“预报”应改为“预示”

B. ⑦句语序不当，应该先2012再2050，“欧洲空客公司的设计师们计划在2050年前实现‘打印’制造飞机”应该置于句末。

C. ⑧句有错别字，“增致”的“致”应改为“至”

D. ⑩句法错误，“‘打印’鲜肉与真肉相似的口感”应改为“‘打印’的鲜肉与真肉具有相似的口感”

下面这篇文章在行文逻辑、文字运用等方面存在一些错误或不当之处，如语句顺序不当、语法错误、用词不当、错别字等，请仔细阅读，并回答文后的问题。

① 许多年来，建设城市、服务城市，干的是最苦最累的活，但他们中的绝大多数始终只是城市的暂住者，并没有享受城市发展更多福扯。②一些不合理的制度虽然把农民工挡在城市的便利和美好生活之外，久而久之更形成了一些“城里人”的优越感，用网友“默默”的话来说，那是“一种可悲的傲慢和偏见”。

③ 今年两会上，城镇化是一个热点话题。④许多代表委员提出，城镇化不只是建广场、盖房子，核心是“人的城镇化”。⑤《政府工作报告》也指出，城镇化是我国现代化建设的历史任务。⑥要遵循城镇化的客观规律，积极稳妥推动城镇化健康发展。

⑦ 在追寻“中国梦”伟大理想道路上，需要关注每一个个体的梦想实现。

⑧ 我国经济社会飞速发展，更应关注社会公平，其中即包括分配的公平、机会的公平，也包括人与人之间的平等相待，心与心之间的理解宽容。⑨如果说逐步缩小城乡差距还需要一个过程，那么在日常公共生活中，多一份尊重，少一些抱怨，多一些关心，少一些冷漠，无疑会形成一种正向的力量传导。

10. 以下选项是对①~④句的修改，其中修改正确的是(　　)。

A. ①缺少主语，再“建设城市、服务城市”后加“的农民工”

B. ①错别字，“福扯”应改为“福祉”

C. ②关联词不当使用，删除“虽然”

D. ④在“核心”之前加“城镇化的”

11. 以下选项是对⑤～⑨句的修改，其中修改正确的是(　　)。

A. ⑤缺少限定，《政府工作报告》应改为《×××政府工作报告》

B. ⑦助词“的”不当使用，应该在“道路”前加“的”，并将“每一个个体的梦想实现”中的“的”移至“实现”前

C. ⑧用词不当，“宽容”应改为“包容”

D. ⑨“少一些抱怨，多一些关心，少一些冷漠”中的“些”应改为“份”

第二章 片段阅读

古人云："书中自有黄金屋，书中自有颜如玉。"可见阅读的魅力无穷。北宋著名诗人、书法家黄庭坚说："士大夫三日不读书，则义理不交于胸中，对镜觉面目可憎，向人亦言语无味。"可见阅读对提高人的综合素质、增强人格魅力很重要。明代诗人于谦在《观书》一诗中写道："书卷多情似故人，晨昏忧乐每相亲。眼前直下三千字，胸次全无一点尘。活水源流随处满，东风花柳逐时新。金鞍玉勒寻芳客，未信我庐别有春。"在他看来，经常阅读，自有一股缭绕身心的别致"书香"，就像有不会枯竭的丰盛水源、盛开不败的鲜花绿柳，足见古人对阅读情有独钟。其实，对于任何人而言，阅读最大的好处在于：它让求知的人从中获得知识，让无知的人变得有知识。

第一节 概 述

一、阅读的概念及其分类

阅读是对文章（即书面语言）的加工和理解过程。有人认为，阅读是运用语言文字来获取信息、认识世界、发展思维，并获得审美体验与知识的活动。它是从视觉材料中获取信息的过程。

阅读因分类标准不一，种类也很多。一般可分为四大类：根据阅读时是否发音，可以分为音读、视读；根据阅读速度的快慢，可以分为速读、慢读；根据阅读效率，可以分为精读、速读、略读、泛读；根据阅读的动能与作用，还可以分为理解性阅读、记忆性阅读、评价性阅读、创造性阅读、探测性阅读和消遣性阅读，等等。

二、片段阅读

（一）片段阅读的概念

片段阅读又叫文段阅读、语段阅读，阅读的对象一般是一篇文章的一部分，但是这部分往往也是这篇文章在主题、结构或者语言表达等某个方面最有典型性或代表性的部分。通过阅读获取所需信息，完成阅读任务。片段阅读是一种综合性的阅读，其阅读目标明确、功利性强，不仅可以用来考查一个人的阅读理解能力、分析归纳问题的能力以及提炼和获取信息的能力，也可以用来考查一个人的综合素质。正是因为如此，目前公务员录用考试《行测》科目和事业单位招聘《公共基础知识》科目中的“言语理解与表达”都大量选用“片段阅读”类题型，以此检测考生的语言文字能力和综合素质。换言之，“片段阅读”已经成为国家人才选拔的工具。

采取有针对性的训练，掌握一定的答题技巧和方法，这对提高我们的阅读能力、归纳概括能力、分析问题能力以及提高工作效率都十分有利。

（二）片段阅读的类型

根据内容来划分，片段阅读主要有三种类型，即概括类、局部精读类和推断类；从提问方式的角度来划分，“片段阅读”又可以分为宏观题和微观题（细节题）。

概括类片段阅读是对片段的宏观、整体把握，问法一般是：

这段文字意在说明
这段文字旨在强调
对这段文字的内容概括最恰当的是
从这段文字，可以看出作者的态度是
……

局部精读类片段阅读是对片段的细节、局部把握，问法一般是：

下面说法正确的是
下面说法不正确的是
下列说法与原文不符的是
……

推断类片段阅读是根据片段已经提供的信息，对未知信息的推测，问法一般是：

这段文字接下来应该讲的是

这段文字接下来最可能讲的是

这段文字接下来最不可能讲的是

……

在阅读中我们可以根据问法对题型有一个大致的判断，以进一步指导阅读。

（三）片段阅读的步骤

片段阅读的基本步骤是：阅读——锁定答案的大致范围——确定答案。

第一步：阅读给定的题目、给定的材料和作答要求。一般次序是先读问题和作答要求，再读题干，最后读选项。

第二步：锁定答案大致范围。在阅读之后，结合提问方式，我们要排除一部分选项，以减少干扰项。

第三步：确定答案。也就是细致比较答案之间的区别，锁定正确答案。

由此可见，在片段阅读中，阅读是做题的基础，掌握一定的阅读技巧和方法，不仅可以节省大量的时间，还可以快速锁定答案。下面，我们就来重点学习阅读的基本技巧。

（四）片段阅读的技巧：十精读十略读

在片段阅读时，并不是平均用力，该精读的要精读，该略读的应该略读。“精读”即仔细、重点阅读，“略读”也叫“粗读”，也就是粗略地读、概括地读，甚至不读。那么，哪些应该精读，哪些可以略读呢？

1. 递进之后要精读，递进之前可略读

分句之间，如果后面分句的意思比前面分句的意思更进一层，前后分句之间就是一种递进关系。表示递进关系的典型关联词有“不但……而且……”等。

既然递进关系后面分句的意思要比前一分句更进一层，那么后面分句是重点所在。所谓的重点，也就是作者强调突出的观点，往往也就是片段的主旨所在，因此需要精读，递进之前可略读或不读。一级递进与二级递进同现时，二级递进是重点；若有多层递进，那么最后一层是重点。例如：

例2－1 随着全球气候变暖、冰层融化，南北极所蕴含的巨大能源资源、航道优势等被充分发掘出来，其战略意义愈发凸显。据估算，仅北极地区的煤炭、石油、天然气储量就分别占到全世界潜在储量的25%、13%、30%。同时，极地的战略位置也尤为重要。如今，为赢得竞争优势，不仅美国、俄罗斯、加拿大等极地国家纷纷根据各自的国家利益制定极地战略，而且一些非极地国家和集团也积极参与极地事务，使得极地地区形势骤然变化。作为新兴战略热点，围绕极地尤其是北极地区的国际斗争将日趋复杂和激烈。

这段文字意在强调：

A. 大国的积极参与使得极地地区形势复杂化

B. 各国应从全球战略高度看待极地地区问题

C. 围绕北极地区的国际斗争即将拉开帷幕

D. 极地成为世界各国战略博弈的热点地区

首先，该文段所问的问题是“这段文字旨在强调”，可见是一个宏观题。

文段由四句话组成：第一句以“随着”开头，介绍“极地战略位置重要”。“随着全球气候变暖、冰层融化，南北极所蕴含的巨大能源资源、航道优势等被充分发掘出来，其战略意义愈发凸显。”一般来说，背景材料在提炼主旨这类题目中不是重点所在，略读把握陈述对象即可。第二句用“据估算”开头，“据估算，仅北极地区的煤炭、石油、天然气储量就分别占到全世界潜在储量的25%、13%、30%。同时，极地的战略位置也尤为重要。”以此进一步补充说明“极地战略位置重要”，但是数据、案例同样不是文段重点所在，可略读。第三句典型关联词“不仅……而且……”出现了，“如今，为赢得竞争优势，不仅美国、俄罗斯、加拿大等极地国家纷纷根据各自的国家利益制定极地战略，而且一些非极地国家和集团也积极参与极地事务，使得极地地区形势骤然变化。”这个句子要精读，通过压缩，得到的意思是：“由于各国竞相参与，极地地区局势紧张。”主语依然是“极地”。第四句，也就是最后一句“作为新兴战略热点，围绕极地尤其是北极地区的国际斗争将日趋复杂和激烈。”再次从“新兴战略热点”的角度强调了极地重要的战略位置，省略的主语依然是“极地”。可见，四个选项中，选项A、B可以首先排除；C项中“斗争即将拉开帷幕”的“即将”与事实不符，实际情况是“已经拉开序幕”，因此C项是个干扰项，排除；所以答案是“D.极地成为世界各国战略博弈的热点地区”。

2. 转折之后要精读，转折之前可略读

如果前后分句之间的意思相反或相对，那么前后分句之间就是一种转折关系。后面分句说出的那层意思是说话人所要表达的重点所在，要精读。表示转折关系的典型关联词有“虽然……但是……”等。

在一个文段中，表示转折关系的关联词之后通常出现主题句。因此，转折之后要重点关注、仔细阅读，转折之前可略读或不读。强转折和弱转折同时出现时，强转折通常是重点。如：

例2-2 2017年8月7日，“共享单车第一股”永安行正式申购了，每股定价26.85元，预计发行2400万股。如果按计划成功发行，那么总价就是6.4亿元。火了一年多的共享单车终于在A股市场立足？但对这一行稍微了解的人都知道，共享单车在永安行的物业收入比重，2016年的数据是0.05%。另一边，在南京市场上挣扎了近8个月后，町町单车运营方人去楼空。如果此前悟空单车和3Vbike的倒闭还有些“样本不足”的疑虑，那仅仅一个半月后第三家折戟的共享单车企业，则可以说为一出既定的悲剧拉开了大幕。

与这段文字意思最相符的是：

A. 共享单车倒闭潮可能正在涌来

B. 共享单车终于在A股市场立足了

C. 共享单车盈利颇丰、前景广阔

D. “共享单车第一股”名副其实

就该例而言，第一步只要抓住关联词“但”就可以判断：主题句应该在转折连词也就是这个“但”字之后，“但”之前的文字不是文段的重点，只需略读。第二步，“但”之后的文字要精读。“但”之后的文字看起来也不少，由于案例本身不需要精读，这样一来“另一边，在南京市场上挣扎了近 8 个月后，町町单车运营方人去楼空。如果此前悟空单车和 3Vbike 的倒闭还有些‘样本不足’的疑虑，”这个长句也不需要精读了。因此，“但”之后真正需要精读的文字只有两个句子，即“对这一行稍微了解的人都知道，共享单车在永安行的物业收入比重，2016 年的数据是 0.05%”。和“仅仅一个半月后第三家折戟的共享单车企业，则可以说为一出既定的悲剧拉开了大幕”。前一句是说“永安行”作为“共享单车第一股”名实不符，后一句是说“共享单车企业拉开了倒闭潮的悲剧序幕”。因此，该题答案应该是“A. 共享单车倒闭潮可能正在涌来”。

3. 结论部分要精读，结论之外可略读

如果两个分句之间，一个分句说出原因，另一分句表示结果，那么这两个分句之间是一种因果关系。

表示因果关系的典型关联词有“因为……所以……”等，其中，“所以”引出的是结果。类似的还有“因此”“故”等。

在一个文段中，表示因果关系的关联词之后通常出现主题句。因此要精读，结论之外可略读或不读。需要注意的是，“之所以……是因为”用倒装的形式强调原因，这时原因部分需要精读。如：

例 2－3 民族的文化传统和历史的文化信息被大量地记载于历史经典文献中。除了经典文献，还有各种各样的历史文物，作为历史文化的载体被代代相传地保存下来。传统村落就是这样一个历史文化载体，相对于经典文献和文物，它所承载的有关中华民族文化的历史信息更具鲜活性，是中华民族文明发展史的“实证”。它比文字、文物更能真实地反映中华民族不同地域、不同族群的生产生活方式、道德伦理观念以及民族习俗风情。因此，我们有充分的理由重视传统村落，保护传统村落。

这段文字意在强调：

A. 保护传统村落对保护民族历史文化有着重要意义

B. 应采取多种方式和途径传承、保护民族历史文化

C. 传统村落是中华历史文化的重要载体和现实体现

D. 传统村落文化较之经典文献更能鲜活地展现历史

在该片段中，标志性词语“因此”出现在最后一句，可见，最后一句

是结论句，“我们有充分的理由重视传统村落，保护传统村落。”讲的就是保护传统村落的重要意义，对照该例中的四个选项，基本上就可以锁定选项A为正确答案。

选项B具有很强的迷惑性，虽然是对策表述，但是没有提及文段的主题词“传统村落”，偏离文段中心，且“采取多种方式和途径”文段也没有提及，是无中生有，所以排除选项B。选项C和D对应结论之前的内容，非重点，均应该排除。故正确答案为选项“A. 保护传统村落对保护民族历史文化有着重要意义”。

4. 必要条件要精读，条件之外可略读

两个句子，如果一句提出条件，另一句表示在满足条件的情况下的结果，那么这两句之间是一种条件关系。若这种条件是唯一、必要的，那么这个条件就是必要条件。

表示必要条件的标志性词语有“只有”“除非”“务必”等。

必要条件句引出的是解决问题的对策，通常是文段中的重点。因此，必要条件要精读，条件之外可略读甚至不读。如：

例2-4 自从1958年第一个永久起搏器被植入人体后，可植入医疗设备的制造商就在不断研究为其产品提供电能的各种方法。不可充电的锂电池目前较为普遍，在心脏病和神经源性疾病的移植设备中，不可充电的锂电池一般能够使用7年到10年，已经属于比较“长寿”的了。研究者认为，除非在生物电池领域取得突破性进展，否则植入式设备始终无法真正永久、可靠地工作。

这段文字意在说明：

A. 可植入设备目前主要用于医疗领域

B. 神经源性疾病的治疗需引入新技术

C. 供电能力目前是可植入设备的瓶颈

D. 可植入医疗设备的发展前景较广阔

在这个例子中，首先根据标志性词语“除非”“否则”找到必要条件句“除非在生物电池领域取得突破性进展，否则植入式设备始终无法真正永久、可靠地工作。”阅读可知，该段讲的是保证“植入式设备”正常工作的必要条件，寄希望于“生物电池”可以永久供电。而选项C正是这个观点的换一种说法，所以“C. 供电能力目前是可植入设备的瓶颈”为正确答案。

5. 总述部分要精读，分述部分可略读

行文脉络指的是文章的结构，其实就是作者写作思路的文字呈现。一个文段有一定的行文脉络，包括“总——分”“分——总”或“总——分——总”等。

总述的部分通常是文段的观点或解决问题的措施，也通常是文段的主题句。总述部分通常位于文段的关键位置，如首句、末句或承上启下句，做题时，在这些位置起着总述作用的句子要精读。分述部分是为了证明或解释总述部分的观点或措施，不是重点所在，因此可略读。如：

例2-5 消除贫困和饥饿，推动包容和可持续发展，不仅是国际社会的道义责任，也能释放出不可估量的有效需求。据有关统计，现在世界基尼系数已经达到0.7左右，超过了公认的0.6“危险线”，必须引起我们的高度关注。同时，全球产业结构调整给不同产业和群体带来了冲击。因此，我们要正视和妥善处理这一问题，努力让经济全球化更具包容性。

最适合作为这段文字标题的一项是：

A. 必须消除贫困和饥饿

B. 高度关注世界基尼系数

C. 建设包容型的世界经济

D. 妥善处理产业结构调整

这一题是个标题填入题。文段的标题往往也是文段的主旨所在，因此，该例也是一个宏观主旨题。

通过阅读可知，该文段的行文脉络为“总——分——总”式，开篇重点介绍“消除贫困和饥饿，推动包容和可持续发展”的重要性，总领整个语段。即“消除贫困和饥饿，推动包容和可持续发展，不仅是国际社会的道义责任，也能释放出不可估量的有效需求”。然后举例阐述证明：一个是数据统计，即“据有关统计，现在世界基尼系数已经达到0.7左右，超过了公认的0.6‘危险线’，必须引起我们的高度关注”。另一个是举例说明：“全球产业结构调整给不同产业和群体带来了冲击”，这两句话都属于叙述部分。最后又用“因此”总结：“因此，我们要正视和妥善处理这一问题，努力让经济全球化更具包容性。”呼应前面的观点“消除贫困和饥饿，推动包容和可持续发展”。可见，段首、段尾句才是文段的重点，选项“C. 建设包容型的世界经济”是重点内容的同义替换，所以答案就是选项C。

6. 主句部分要精读，方式状语可略读

遇到长难句时，我们要把握句子的主干，即句子的主语、谓语、宾语。句子的枝叶，即定语、状语、补语，是为修饰句子的主干服务的，可以省略不看。“的”连接定语和中心语，“地”连接状语和中心语，“得”则连接补语和中心语，这些助词是句子枝叶的标志。如：

例2-6 随着通信技术的进步，当今社会，政府执政的舆论环境已发生了明显的变化，各种舆论可以借助网络、短信等现代传播工具，跨越时空迅速传递，使意见空间加大，意见力度增强，而决策透明度的增加和公民民主参与意识的增强，又加大了政府的舆论压力。在这样的背景下，政府对“舆情危机”的处理，需要改变以往的被动方式，针对新出现的情况，及时采取新的方式来应对。

对这段文字概括最准确的是：

A. 说明政府在新舆论环境下有必要转变应对方式

B. 对比不同时期政府舆论宣传的客观环境与方式

C. 剖析政府执政的舆论压力不断增大的外在原因

D. 分析通信技术发展与舆论环境变化之间的关系

“随着……”和“在这样的背景下，”都是方式状语，可略读，该文段的主题句是最后一句话“政府对‘舆情危机’的处理，需要改变以往的被动方式，针对新出现的情况，及时采取新的方式来应对”。由此可以判断，正确答案为选项“A. 说明政府在新舆论环境下有必要转变应对方式”。

7. 解决问题要精读，目的本身可略读

解决问题的举措或方法往往是必要条件，一般也是重要的，所以该部分的文字要精读。表示“解决问题”的词语主要有“必须”“需要”“应该”等等，由这些词语引导的句子要精读。

引导目的的词语主要有“为了”“要想”“想要”等，由这些词语引导的句子一般略读。如：

例2-7 高校专业的设置应该是高校、政府、市场以及社会等多种力量多重考量的结果，过于强调某一方面必然会导致失衡。要实现相对合理和均衡，就要在制度上提供平台，比如确保大学在设置专业时经过教授委员会或学术委员会等专门机构的集体论证。教育主管部门也应推动并尊重现代大学治理模式，在专业设置上给专业组织更多的自主权。在消除不合理的制度因素之后，社会在评价高校专业时，才能有可能以理性平和的心态看待不同专业的就业状况，而不是把就业率的红牌等同于“专业不好”。

这段文字意在强调：

A. 教育主管部门应给予大学更多的自主权

B. 制度建设是保证专业评估合理性的基础

C. 高校的专业设置应该考虑多方面因素

D. 就业率不是评价专业好坏的唯一标准

该例第一句就出现了标志性词语“应该”，由这个词语引导的句子要精读。整个文段的基本思路是：开篇提到高校的专业设置是多种力量多重考量的结果，可见文段集中谈论的问题是“高校专业的设置”。接下来文段分别从制度平台和给予教育部门更多自主权两个角度进行了详细说明，尾句进一步论证专业设置考虑多方面因素带来的好处，故文段首句为重点，即强调高校专业设置应该考虑多种因素，而选项“C. 高校的专业设置应该考虑多方面因素”表述正确，所以答案就是选项C。

A、B两项的“自主权”及“制度建设”分别都是高校如何设置专业的具体措施，内容片面，而且选A就应该选B，所以A、B都应该排除；D项对应段尾句，说的是高校专业如何设置，而非对高校专业进行评价，所以，选项D也应该排除。

8. 文段观点要精读，举例本身可略读

举例的标志性词语有“比如”“正如”“例如”“以……为例”“类似的例子举不胜举”等等。此外，故事、数据的陈述部分均可作为举例。

举例是为了说明前后观点，例子本身不重要，所以阅读时可略读或不读。围绕举例的选项也是命题人设置的陷阱，应首先排除。这类题目重点是找到实例前后的观点。如：

例2-8 已发掘的皖南花鼓戏一百多个传统剧目中，大多是喜剧，表现劳动人民的优秀品质和情操，并且爱憎分明，是非清楚，好人好事受到表扬，不良行为受到批判讽刺，因此受到人民的喜爱。《扫花堂》歌颂了农民淳朴火热的爱情和深厚真挚的阶级感情；《打补丁》表扬了劳动人民互助互爱的精神；《打瓜园》描写了农村孩子的天真可爱，洋溢着浓郁的乡村气息。同时，皖南花鼓戏保存、发展了民间优美、粗犷的歌舞表演艺术，唱腔质朴、明快，具有民歌风味。

对这段文字的内容概括最恰当的一项是：

A. 皖南花鼓戏的剧目大多非常接地气，雅俗共赏

B. 喜剧风格和浓郁的乡土气息是皖南花鼓戏鲜明的特色

C. 皖南花鼓戏的歌舞表演艺术优美而粗犷

D. 皖南花鼓戏唱腔明快，是徽文化的重要组成

首先，根据“文段观点要精读”“举例本身可略读”，这段文字从“《扫花堂》……”至“洋溢着浓郁的乡村气息”都是举例，可以不读，这样一来文字阅读量至少可以减去三分之一，精读余下的部分可知：该段文字讲述的是“皖南花鼓戏”的特色和为人民喜闻乐见的原因。第二步细读选项可知最接近正确答案的是选项B。第三步排除干扰，锁定答案：选项A、C概括不够全面、准确，选项D“是徽文化的重要组成”一说，上段文字并未提及。所以答案是选项“B. 喜剧风格和浓郁的乡土气息是皖南花鼓戏鲜明的特色”。

9. 反面论证之前要精读，反面论证之后可略读

反面论证是从相反的角度证明正面的观点。反面论证的标志性词语有“否则”“不然”“如果不”“没有”等。有时像“问题在于”这类的短语，也可以起到反证的作用。

反面论证本身不重要，阅读时可略读甚至不读。看到反面论证时，应重点看论证指向的前面的观点，即“反面论证之前要精读，反面论证之后可略读”。

例2-9 人的反应速度仅在毫秒量级，而硅基芯片却可以达到纳秒量级，未来机器全面超越人类已是大势所趋。再考虑到技术进步两年之内翻

一番的事实，超级智能将在不远的将来莅临人世。有人会讲，既然目前机器只能在单项具体能力上超越人，那么机器永远只可能是人的工具。问题在于，机器的速度快数倍于人类，机器要毁灭人类，并不需要比人类聪明，它只需“一根筋”地将某件事以人类来不及反应的速度做完。

这段文字意在说明：

A. 人工智能危机确实存在且迫在眉睫

B. 人工智能在单项能力上超越人类但不会威胁人类

C. 人工智能没有人类聪敏，不会全面超越人类

D. 人工智能可在速度方面战胜人类但不会威胁人类

这个例子有四句话，可以分为三个层次：第一句和第二句提出观点：主题句是“未来机器全面超越人类已是大势所趋”；第三句“有人会讲……”是从反面举例论证，可以略读。正确答案为选项“A. 人工智能危机确实存在且迫在眉睫”。

这个例子有一个特殊之处：第四句“问题在于，机器的速度快数倍于人类，机器要毁灭人类，并不需要比人类聪明，它只需‘一根筋’地将某件事以人类来不及反应的速度做完。”是对前一句所陈述观点“机器永远只可能是人的工具”的反证。也就是说，该例存在“反证之反证”。“反证之反证”相当于双重否定，其实是进一步补充说明这个文段的观点“人工智能没有人类聪敏”“但是在反应速度方面会全面超越人类”，强调重申“人工智能会危及人类”安全。

10. 援引之后要精读，援引本身可略读

援引就是我们通常所说的引用。援引是为了引出观点或证明观点，包括正向援引和反向援引两类。正向援引指作者的观点与援引的观点基本一致；反向援引即作者的观点与援引的观点背道而驰。[①] 援引作为一种辅证手段，本身不重要，作者的观点才是重要的。“人们通常认为”“一般认为”“有人认为”通常是错误的观点，这些标志性词语后面的句子可以略读。重点看援引之后的正确观点。如：

---

① 雷槟硕．如何在判决书中援引指导性案例——以《关于加强和规范裁判文书释法说理的指导意见》为背景［J］．法律方法，2019（3）：183–196.

例2-10 现在许多学者在讨论“全球变暖”这一话题时，常将其作为“科学问题”来讨论。实际上，在涉及这种超长时段的复杂问题时，现在许多标准的科学验证方法都是有局限性的，因而从历史的角度来讨论这个问题，有其特殊意义。但众所周知，历史学家在建构历史时，必须依赖史料之外的东西，而“全球变暖”涉及长时段的气候变迁，文字记载往往十分缺乏，只能通过地质材料间接推测；而且地球不是人类，它的行为和规律，不可能借助“史料之外的东西”来推测。所以，________。

填入画横线部分最恰当的一句是：

A. “全球变暖”目前仍然是科学所无法确定的问题

B. 将“全球变暖”视为一个历史问题显然是不妥的

C. 讨论“全球变暖”比通常的历史学课题难度更大

D. 积累丰富准确的地质材料形成证据链很难实现

空在文段尾句的语句填空题，需注意所填入句子与上文的关系，根据“所以”可知，所填入句子为对上文的总结。

文段首先援引：现在许多学者在讨论全球变暖时，常将其作为一个科学问题，紧接着通过“实际上”转折说明这种看法的局限性，再以“因而”引出结论，说明应该从历史的角度看待这个问题。随后文段通过“但”转折，说明历史学家需依赖“史料之外的东西”，而全球变暖文字记载较缺乏，且地球也无法通过“史料之外的东西”推测。故文段意在表明，应通过历史角度看待全球变暖问题，但通过历史的角度看待这个问题，是存在一些困难的，对应选项为C项：讨论“全球变暖”比通常的历史学课题难度更大。

选项A，缺少“历史”这一概念，无法准确总结上文，排除；选项B“将‘全球变暖’视为一个历史问题显然是不妥的”，与文段“从历史的角度来讨论这个问题，有其特殊意义”表意相悖，排除；选项D，“积累丰富准确的地质材料”并非文段论述重点，文段重在讨论将全球变暖视为历史问题存在的困难，且“很难实现”无中生有，排除。

综上所述，快速准确阅读的方法很多，也有一定的规律可循，如果我们掌握了一定的阅读和做题技巧，不仅可以节省很多时间，提高阅读效率，也可以提升我们的阅读能力和书面语言的表达能力。

第二节 概括类片段阅读解题方法

一、概括类题型分类

概括类的题目，主要包括主旨概括和标题填入等类题型。

主旨概括是片段阅读题的基础题型，是做好标题填入题的基础，着重考查学生概括归纳阅读材料的中心、主旨的能力。标题填入即给文段选择恰当的标题，重点测查学生对一段文字中心的理解能力。

二、主旨概括类片段阅读解题方法

（一）主旨概括的概念

主旨概括要求考生通过阅读一段文字概括归纳或者把握中心主旨。主要考查考生“概括归纳阅读材料的中心、主旨；根据上下文内容合理推断阅读材料中的隐含信息；判断作者的态度、意图、倾向、目的”等综合分析理解能力。其中，主旨观点型题目，在片段阅读中所占比重最大。

（二）主要提问方式

主旨概括类提问方式主要有：“这段文字的主旨是”“这段文字主要谈论”“这段文字作者意在强调/说明”“这段文字主要支持的观点是”等等，其中，“主要”“主旨”“主题”“观点”“概括最准确”“中心”“核心”等是此类型题目提问的标志性词语。正确答案应该是对文段内容、主旨的归纳、总结。

理解文段的过程是一个提炼与综合的过程，具体而言，就是分析文段有几层意思，再对这几层意思加以归纳、概括。这就要求考生能够理清各句之间的关系，善于抓关键词、关键句。

（三）答题步骤

第一步，先读问题，有针对性地答题。

在做片段阅读题时，不要急于阅读片段文字，要先看一下后面的问题，然后带着问题去读片段中的文字，使阅读具有目的性，不会因盲目而浪费时间，从而提高做题速度。

例2－11 人才是科技创新最关键的因素。必须充分尊重科技人才，保障科技人才权益，最大限度激发科技人才的创造活力。要深入推进科技领域简政放权、放管结合、优化服务改革，推行科研管理清单制度，实施更加方便简约有效的规则，赋予科研院所和高校更大的科研自主权，赋予创新领军人才更大的人财物支配权。要加大成果处置、收益分配、股权激励、人才流动、兼职兼薪等政策落实力度，使创新者得到应有荣誉和回报，增强科技人员的持久创造动力。

对这段文字概括最准确的是：

A. 要保障科技人才权益，最大限度激发科技人才的创造活力

B. 要深化科技体制改革，充分调动科技人员积极性

C. 要赋予科研院所、高校和创新领军人才更大的人财物支配权

D. 使创新者得到应有荣誉和回报，提高其福利增加其收入

【解析】第一步，读问题。由“对这段文字概括最准确的是”，可知是主旨概括题。

第二步，再读四个选项。可知选项 ACD 似乎都是选项 B 的一部分，都是具体措施，即怎么做。

第三步，最后读片段内容，对答案进行检测。第一句强调了人才的重要性；第二句尊重人才的必要性和目的“最大限度激发科技人才的创造活力”；第三句怎么做；第四句怎么做以及这样做的效果。

第四步，确定正确答案为选项 B。

（四）阅读的基本方法

1. 抓住关键词，把握主旨

每一个片段都有它想要强调的内容，这些内容一般又是通过带有提示性的词语引出来的，我们把这些引出片段主旨的词语称为“关键词”。

关键词分为两类：一是关联词。关联词是句间关系承载的主体，同时也是文段主旨句的标志所在。如转折关联词“但是”，因果关联词“所以”，递进关联词“而且”等，这些词后通常是文段的主旨句。因为这些词语是偏正复句的关联词，偏正复句的意思都是有所侧重的，这些词引出的意思是文段强调的意思。二是片段中的另外一些带有强调性的词语，如“最重要的是”“基础是”“关键是”等，这些词引出的意思是文段所要强调的意思。

例2-12 2017年底，王老吉凉茶的品牌持有方——广药集团负责人宣布：喝王老吉可延长寿命大约10%。这一结论是通过对576只大鼠样本为期两年的安全性实验得出的。实验发现，王老吉凉茶实验组的大鼠存活率优于对照组，显示长期饮用王老吉凉茶可延长动物寿命。然而事件中所提到研究项目是通过大鼠实验进行观测，可是由于大鼠与人属于不同物种，在大鼠试验中取得的结论并不一定适用于人体，而且该试验的性质和目的是毒理学安全性评价，而不是功能评价。

这段文字意在强调：

A. 喝王老吉可延长寿命的观点值得质疑

B. 喝王老吉可延长人的寿命大约是10%

C. 喝王老吉延长寿命目前不成熟，将来或可行

D. 该试验的性质和目的是为延缓人的寿命

这个片段中的关联词“然而”对段意和作者立场观点的把握起到很重要的提示作用。

解析：B项“人的寿命”应改为“大鼠的寿命”；C项“喝王老吉延长寿命将来或可行”，材料未提及；D项材料未提及。因此，该片段正确答案是选项A。

2. 抓住关键句，把握主旨

片段中，有一些特殊的句子考生需要重点关注，它们往往是该段的主旨所在。比如首尾句、启承句、引用句和发表议论的句子。有些文段的首句或者尾句就是文段的主旨句，有些则对分析主旨起着相当重要的作用。因此在阅读文段时，要特别关注这样的句子。

(1) 在段首

“在段首”就是在段的开头第一句。段首是个醒目的位置，它特别能引起读者的注目。把段中主句放在段的开头处，以领句地位出现，领起下文，一般来讲限定了段旨，就围绕这个中心铺陈展开下文。因此，答题者要注意在一段的开头处把握主旨句，从而能了解全段中心，进而全面清晰地理解把握全段内容。如：

例2-13 要集中力量继续重点帮助贫困群众发展有特色的种养业项目。依靠科技进步，优化品种，提高质量，增加效益，以有利于改善生态

环境为原则，加强生态环境的保护和建设，实现可持续发展。以市场为导向，选准产品和项目，搞好信息服务、技术服务、销售服务。积极推进农业产业化经营，按照产业化发展方向和要求，对具有资源优势和市场需求的农产品生产，进行连片规划建设，形成有特色的区域性主导产业。引导和鼓励具有市场开拓能力的大中型农产品加工企业到贫困地区建立原料生产基地，为贫困农户提供产前、产中、产后系列化服务，形成贸工农一体化、产供销一条龙的产业化经营。增加财政扶贫资金和扶贫贷款，改善贫困地区的基本生产生活条件。

（2005 年国考《申论》试卷）

该例中，段首句“要集中力量继续重点帮助贫困群众发展有特色的种养业项目”即是该片段的关键句、主旨句。

（2）在段尾

特别要注意所给资料有这样一类：先列举事例，而后概括、归纳或引出结论类的句子，这最后一句，往往就是该段的主旨。如：

例2－14 由于农民没有制度化的权益表达渠道，也缺乏有效的司法救济，不堪重负和欺压的农民只能选择越级上访；而农民越级上访一旦成功，县乡村三级具体责任人就可能遭受丢掉“乌纱帽”等重大损失。为防止权益受损害的农民“运用法律武器”到法院起诉，一些基层政权明确要求法院在农民负担、计划生育、社会治安综合治理等方面不予立案。这样一来，保障在“全社会实现公平和正义”的法院就对最需要司法救济的受害农民关紧了大门，由此造成了遍布全国各地的农民上访现象。

（2005 年国考《申论》试卷）

该例中，“这样一来，保障在‘全社会实现公平和正义’的法院就对最需要司法救济的受害农民关紧了大门，由此造成了遍布全国各地的农民上访现象”即是该片段的主旨所在。

（3）在段中

“在段中”是指关键句出现在文段的中间位置。

在什么情况下会出现这种现象呢？当段中主句既是上半段的结论，又是下半段的前提时（属于承上启下），只好放在段的中间了。如：

例2-15 比如现在发生了一起非常大的交通事故，那么，医疗救护单位应当怎么救，交通部门怎么疏散交通，广播系统怎么呼吁部门给予协助，群众不要围观以免造成拥堵，这需要各部门之间的配合，一起完成社会救助行动。因此，我们认为更重要的是在制定突发公共事件的应急预案时，把握应急预案的本质就是一个工作原则、组织分工、责任分工以及协调机制。比如水灾、地震过后往往有大病，所以不是简单把水灾或者地震的事故处理了，事后还要有后续的步骤。另外，大的自然灾害过后还要有重建工作，第一步要救人，第二步防疫，第三步恢复建设，这需要国家投入和社会机制相结合。

（2006年国考《申论》试卷）

该例中，处于两个“比如”之间的句子就是承上启下句：“因此，我们认为更重要的是在制定突发公共事件的应急预案时，把握应急预案的本质就是一个工作原则、组织分工、责任分工以及协调机制。”也是该片段的主旨所在。

（4）兼置于段首、段尾

关键句兼置于段首、段尾这种情况，通常会出现在资料比较长的片段中。人们常常把段旨放在段的开头的领句的位置，又让它在段的末尾以结句的方式再次出现一次。这一般属于前后照应，对段旨反复申说。如：

例2-16 2000年12月1日下午2时30分左右，东莞市厚街镇赤岭村邮电所旁一房屋倒塌，造成8人死亡、28人受伤住院的重大事故。该房占地面积约600平方米，1992年由村委会建成一层临时建筑租给个体户叶某，再由叶某租给各类人员作饮食小商铺用。今年9月，叶某又开始在原建筑物上边加建两层，打算开旅馆。事故发生前已施工至第三层。经调查，该房屋是典型的“五无”工程，1992年动工时，即无土地使用证、无办理报建手续、无资质设计、无资质施工。今年加层又没有办理报建手续，并由无资质人员设计，无资质包工头施工。该房建在5米宽的水沟上方，水沟边用松木桩作基础，加层后地基载力不足，是导致倒塌的直接原因……

据媒体报道，所塌之楼绝非一个特例。不经报批而建造楼房在珠江三角洲的小城镇十分普遍，在东莞甚至根本就没有私楼加盖须报批的明文规定可循。

（2003 年国考《申论》试卷）

在该片段中，反复出现诸如此类的句子："经调查，该房屋是典型的'五无'工程""无土地使用证、无办理报建手续、无资质设计、无资质施工""不经报批而建造楼房在珠江三角洲的小城镇十分普遍"，实际上也是在告诉读者本片段意在揭示违章搭建产生的原因和危害。

3. 通过行文脉络，把握主旨

近年来，随着片段阅读字数的增加，难度也在不断增大，文段的主旨不容易被发掘出来。这就需要考生分析文段的行文脉络，把握文段的内在逻辑，从而概括总结出主旨。这是对考生的分析、理解能力更高层次的考查。例如：

例 2－17 为什么 UC 浏览器在以低端智能手机为主的新兴市场上如此受欢迎?《华尔街日报》给出的答案是：UC 浏览器成功的一个原因是它占用内存很小，并能以类似门户网站的方式来显示新闻，像足球等运动的分数和其他内容。初次上网者更喜欢选择能"一举多得"的浏览器。

对这段文字的内容概括最恰当的是：

A. 美国《华尔街日报》意在为 UC 浏览器做推销

B. UC 浏览器仅仅活跃在低端智能手机市场上

C. 初次上网者更喜欢 UC 浏览器的"一举多得"

D. UC 浏览器受欢迎的主要原因在于其实用性

从材料的第一句就可以判断，片段主旨是探讨 UC 浏览器在新兴市场大受欢迎的原因，后面的两句话分别从两个角度——新闻传播界和用户的角度进行了回答，这些回答相当于答案。因此，对该段文字的内容概括最恰当的是选项 D。

4. 排除干扰选项，选出正确答案

为了考查考生的分析、理解能力，命题人通常设置一些迷惑性选项来干扰考生。这些迷惑性选项主要存在以下错误：

（1）偷换概念。选项或者和文段陈述的对象不一致，或者扩大、缩小陈述的范围。

（2）以偏概全。选项只是文段的细枝末节，不能涵盖全部内容。

（3）无中生有。选项所说的内容是文段中某些词语的组合，所表达的意思与文段没有丝毫的联系。

（4）选项运用过于肯定或绝对意义的词语，剑走偏锋。

掌握以上规律，可以迅速排除一些错误选项。例如：

例2－18 教学效果提高的关键取决于任课教师的实际能力、责任心及授课的水平，最终体现在学生的考试成绩以及实际的理论水平和业务能力上，这就需要对任课教师进行测评。学校对任课教师的考核与评价，一是通过学生网上打分、督学及相关人员的听课评价进行，二是建立了一套科学的评价系统。笔者认为，对任课教师的评价要本着公平、符合实际以及科学的原则，特别是对学生的评价应进行正确的教育和引导，使测评工作逐步规范化和科学化。

这段文字意在强调：

A. 对任课教师进行测评要规范化和科学化

B. 要加强对任课教师的考核与评价

C. 对任课教师进行测评的原因

D. 对学生的评价应进行正确的教育和引导

该片段的四个选项中，A、D 概括都不够准确，谈的是如何评价；C 仅仅概括本段第一层的意义，都属于“以偏概全”。因此，正确的答案是选项 B。

三、标题填入类片段阅读解题方法

（一）标题填入类片段阅读的概念及提问方式

标题填入题实际上是中心理解题的变形，即在标题填入题的外衣之下隐藏着一颗中心理解题的心。做题思路和中心理解题基本一致：内容上需匹配文段主旨，即文段核心话题；形式上需短小精悍、生动形象。

标题填入题的常见提问方式是：“最适合做本段文字标题的是”“这段文字接下来最可能谈论的是”等。

（二）把握文体与语体的对应关系

标题填入题的解题关键之一是要区分好文段内容所属的文体，然后根据不同的文体和语体风格来运用相应的解题技巧。

文体，是指独立成篇的文本体裁（或样式、体制），是文本构成的规格和模式，它反映了文本从内容到形式的整体特点，属于形式范畴。

语体（a register of language），是人们在各种社会活动领域，针对不同对象、不同环境，使用语言进行交际时所形成的常用词汇、句式结构、修辞手段等一系列运用语言的特点。语体可以分为口头语体和书面语体。书面语体主要有四种类型，分别是：文艺语体、政论语体、科技语体以及事务性语体。

文艺语体又称“艺术语体”“文学语体”，适应以艺术形象反映社会生活需要而运用全民族语言所形成的语言体式。其特点是：形象性、情意性。

政论语体是适应社会政治生活交际需要而运用全民族语言所形成的语言体式。其特点是：逻辑性、严谨性。

科技语体是适应科学技术领域交际需要而运用全民族语言所形成的语言体式。其特点是：准确性、简约性、明晰性及规范性。

事务性语体是适应事务交际场合、目的需要运用全民族语言所形成的语言体式。其特点是：准确性、简洁性、程式化。

文体与语体之间存在一定的对应关系，见表2-1所列。

表2-1　文体与语体的对应关系

文体	语体	写作目的	语言特征
记叙文	文艺语体	感人以形 动人以情	形象性、情意性。追求形象的生动性、语言的艺术性和以情动人
议论文	政论语体	晓人以理 导人以行	逻辑性、严谨性。科学论证的逻辑性、说理性与艺术描绘的形象性、情感性相交织
说明文	科技语体	给人以知 教人以用	准确性、简约性、明晰性及规范性。要求平实、谨严、简明
应用文	事务性语体	以实用为本	准确性、简洁性、程式化。具有严格的程式、规范的语言和准确严肃的风格

（三）基本类型和解题技巧

1. 新闻类标题填入题

新闻类文章一般简洁新颖、表述客观。文段是一则具有时效性和真实性的新闻简讯。这种文体结构由标题、导语和正文三部分组成，而导语又起到至关重要的作用，因此，提炼导语的主干成分就成为新闻类文体阅读的解题关键。

新闻类文体风格是简洁、明快且客观、规整，通常此类文段有较为固定的结构：标题（副标题）——导语——正文。大体技巧就是快速寻找、总结归纳“导语”，即文段的主题句，注意查找文段事件的几大要素：时间、地点、人物、事件、结果。

例2－19 手机垃圾短信有“骚扰型”“黄段子”、小道消息；有“陷阱型”，多是骗取用户钱财；有广告短信，短信业务的确给运营商们带来了丰厚的利润，但有些短信正成为一种“信息公害”，让人不堪其扰。现在应尽快完善相关监管法规，先管住短信服务提供者。垃圾短信这颗毒瘤，迟早是会被根除的。

最适合做这段文字标题的是：

A. 垃圾短信成为信息公害

B. 垃圾短信为何屡禁不止

C. 法律监管垃圾短信尚未到位

D. 切实治理垃圾短信

该题是典型的标题填入题。通过阅读可以推断此文段为一篇新闻报道，文段围绕的是“垃圾短信”展开，意在呼吁对其加以整治。导语句为“现在应尽快完善相关监管法规，先管住短信服务提供者。”本句的同义替换项为D。

2. 说明文类标题填入题

说明文的文体风格是客观平实，用朴实简练的语言阐述一个事物。说明文类标题填入题的解题技巧就是提炼说明对象的主要内容，全面概括说明对象的各个要素。如：

例2－20 通常而言，鸟类坚韧而又灵活的羽毛是由角蛋白纤维构成的。这些角蛋白纤维勾在一起组成一个平面，进而形成羽毛。羽毛有很多种：飞羽的各个羽支连成一片，使鸟能够飞行；廓羽覆盖鸟全身，使身体呈流线型；绒羽蓬松柔软，用来保护鸟类体温；尾羽长而坚硬，便于在飞行中转向、平衡、减速。

最适合做本段标题的是：

A. 鸟类羽毛的使用

B. 鸟类的各种羽毛

C. 鸟类羽毛的功用

D. 鸟类羽毛的结构、种类及功能

通过阅读可以推断此文段为一篇说明文类标题填入题，寻找说明的主体成为解题关键。通过阅读可知本题是以鸟类羽毛的结构、种类、功能为主体进行详尽阐述的，故答案为选项 D。

3. 议论文类标题填入题

议论文的文体风格为论点明确、论证有力。论点就是文段论述的话题，论证方式通常是围绕论点举例论证。因此，议论文类标题填入题的解题技巧就是提炼文段的论点或解决问题的对策。如：

例 2－21 1708 年，清政府组织外国传教士帮助绘制中国地图，历经 10 年成功绘制的《皇舆全览图》在当时已达到很高的科学水平，走在了世界前列。对于这样一幅全新的中国地图，中国人和外国人的做法完全不一样：清政府把它作为密件珍藏于内府，束之高阁；而那些参加测绘的外国传教士把资料带回西方后整理发表，使得西方人在相当长的一个时期内对中国地理的了解远远超过中国人。很多东西，你拥有了，不一定会体现出它的价值，只有用了，它的价值才能充分体现出来。

最适合做本段文字标题的是：

A. 中国人和外国人处事方法不一样

B. 只有使用才能体现出物品的价值

C.《皇舆全览图》的不同命运

D. 走在世界前列的中国科学

通过阅读可以推断此文段为一篇议论文类标题填入题，因此找出论点成为解题关键。文段以《皇舆全览图》在清政府被“珍藏于内府，束之高阁”，而在“参加测绘的外国传教士把资料带回西方后整理发表”的不同命运，引出话题："很多东西，你拥有了，不一定会体现出它的价值，只有用了，它的价值才能充分体现出来"，而选项 B 即为这句话的同义替换。故正确答案为选项 B。

4. 抒情散文类标题填入题

什么是散文文体呢？有广义和狭义两种概念。广义的散文，在古代指的是一切不押韵的文章；在现代指的是除去诗歌、小说、戏剧、影视文学之外的一切叙事性、议论性、抒情性的文体。这样，就有了抒情散文、叙事散文和议论散文等的分类。狭义的散文则专指抒情散文。这种题型由于文体风格复杂多变而使得对文段的归纳总结、逻辑推理呈现一定难度，考生要特别注意语气、语感所呈现的文风。如：

例 2－22 一个人离开你的视线，只消失几秒钟，你便会给他一个评论，正视的时候却不行。聪明的人，一定把后背比前脸看得更加重要。这后背就是自己的一个雕像。雕塑是由别人操作的，材料和尺度则完全由自己提供。我们并不奢望把每个人都塑造成完人，但至少自己"走过去"别让别人戳脊梁骨。

最适合做本段文字标题的是：

A. 看好你的背影　　B. 背影比前脸更重要

C. 人过留名，雁过留声　　D. 背影是一个人的德行和名声

本题属于抒情散文类标题填入题。注意问题都以第二人称"你"的口吻进行阐述，则应选择统一口吻的标题类型；此外，这段文字说明了背影的重要性，提醒人们要塑造好自己的背影。用"看好你的背影"做标题，既新颖、独特、具有吸引力，又能给人以警戒和忠告。故正确答案为选项 A。

5. 叙事散文类标题填入题

叙事散文是散文中的一类，主要采用叙事抒情的方法，即通过一个事件的描述来抒发情感。其中所抒发的情感就是文章的中心思想。因此应当将关注点放在叙事的内容主体和所抒发的情感方面。如：

例 2－23 美国经济学家保罗·费德曼每拿到一个研究合同，总会买面包圈分给大家。后来他养成了习惯，每到周末都会在办公室放一筐面包圈让大家吃。为了收回成本，他在面包筐旁放了一个篮子，标有建议价

格。结果这个没人看守的收款篮收回了95%的面包钱。后来，他辞职专卖面包圈。每天一早，他将面包圈和收款篮放好。几年后，费德曼赚的钱和原来当研究分析师时一样多。

最适合做这段文字标题的是：

A. 一个关于诚实的试验　　B. 一个靠智慧赚钱的故事

C. 一种新的销售方式的产生　　D. 把生意当作一种经济学实验

本题属于非典型标题填入题，为叙事散文类标题填入题。通过阅读可知这是一个过关"试验"的叙述，试验的主体是有关"诚实"，而不是"赚钱"或"销售"，因此B、C、D不选。这个文段出自经济学家的一个非常著名的假设：自私自利是人的本性。人们在从事经济活动时，都以追求自己最大的经济利益为目的。很多经济学理论都把"经济人"这个概念作为基本出发点。然而另一些人却不愿意相信赤裸裸的自私就是号称万物主宰的"人"的全部，因为人还拥有独一无二的天赋——道德。通过文中的"没人看守"可以看出，经济学家保罗·费德曼相信人们是"诚实的"，因此做了一个关于诚实的"无人看管的面包圈"的试验。故正确答案为选项A。

6. 杂文类标题填入题

杂文是一种直接、迅速反映社会事变或动向的文艺性论文。其特点是"杂而有文"，短小、锋利、隽永，富于文艺色彩和诗的语言，具有独特的艺术感染力。有一定的议论，又不是典型的议论文体。解题难点在于总结归纳出隐藏在文段中的论点。如：

例2-24　成语中的数字运用很多，如一鼓作气、百废俱兴。非整数也进入了成语，如半途而废、半壁江山。还有两个成语：一举两得、一箭双雕。"两"和"双"是数字"2"的不同表示方法。多数成语都是由四个文字组成的，数目字有时还被"连用"，如五光十色、三头六臂。也有成语纯粹由数字组成，如三三两两、一五一十。

最适合做这段文字标题的是：

A. 成语与数字的关系　　B. 成语数字趣谈

C. 数字成语与成语数字　　D. 成语用遍数目字

本题属于非典型标题填入题，为杂文类标题填入题。这段文字第一句话即表述了所要阐述的主要内容——成语中的数字运用。后面文字分别举例介绍了非整数成语、“2”的变形成语、数字连用成语、纯粹数字成语等。因此最适合做这段文字标题的是“成语数字趣谈”，B 项正确。文段主要讲述成语而非数字，A 项不正确。C 项和 D 项不是文段所涉及的。

又如：

例 2-25 “80 后”这个词，最早于 2001 年出现在网络论坛中，指的是一批活跃于网络论坛的出生于 20 世纪 80 年代的诗人。2003 年开始，它更多指的是一批被商业运作出名的生于 1980 年以后的写手。2004 年底，随着“80 后作家”的批量涌现，这个词逐渐被用来指称整个 20 世纪 80 年代出生的年轻人群体。

最适合做这段文字标题的是：

A. “充满希望”的一代

B. “80 后”的由来

C. 用新视角理性看待“80 后”

D. “80 后”引起社会的广泛关注

本题属于非典型标题填入题，为杂文类标题填入题。这段文字表述的意图明确，脉络清晰。“80 后”这个词，最早于 2001 年出现……，2003 年开始……，2004 年底……，由此可以看出，本文主要阐述“‘80 后’的由来”。B 项符合题意。

再如：

例 2-26 “点击此处设为首页”，这句提示在 2000 年的时候遍布各个网站。不论中文网站还是英文网站，都会习惯性地在右上角添加上这么一条，生怕电脑白丁们不知道如何设置首页。可 2005 年之后，这种“善意”的提示仿佛一夜之间消失了，就如同一份报纸省略掉了自己的征订热线一样，大网站不再过分热情地推荐首页设置。

这段文字接下来最可能谈论的是：

A. 网页形式变迁的原因　　B. 首页设置的提醒并非善意

C. 如何避免网络陷阱　　D. 网络行为更具跟风的特点

本题属于非典型标题填入题，为杂文类标题填入题。文段对比 2000 年和 2005 年网站首页设置的变化，接下来可能是将揭示其内在的原因，为什么会有这样的变化，是读者感兴趣的问题。故正确选项为 A。

7. 文字应用类标题填入

文字应用类题型是标题填入题的“变种”题型，因此在这里归为非典型标题填入题。提问方式为“本段文字最适合应用于……”。做这类题目要善于通过对文段中那些“倾向性词语”进行情境体会，从而推段文字应用范围。

倾向性词语包括：

（1）隐匿性的言语——只可意会的态度与观点。

（2）暗示性的言语——以暗示的方式表达语义。

（3）讽刺性的言语——善意的幽默、恶意的讽刺。

（4）反义性的言语——明为表扬，实为批评。

（5）试探性的言语——拐弯抹角，逐渐向本题靠拢。

例 2－27 春天的气息唤醒了慵懒的细胞，满目的烂漫引导我们向往着花开四季，锦绣的人生与桃花的惊艳给了我们感官与精神的双重慰藉。我想，也许每个人的内心深处都保留着这么一丝天马行空的浪漫，每个女人都曾经将自己化身为那个自由的洛丽塔女孩，家是我们思想的延伸，装点其中便有了主人思维的精髓，内心的渴望。在这里，我们有了这样的“艳遇”。

如果上述文字是一断广告语，那么它最适合于：

A. 花卉展销　　　　B. 家具推介

C. 图书销售　　　　D. 旅游宣传

“春天的气息”“满目的烂漫”“锦绣的人生与桃花的惊艳”为隐匿性的言语，体会到色彩、气氛等；“天马行空的浪漫”“自由的洛丽塔女孩”为暗示性的言语，乃美感的暗示；这些倾向性言语创造了诗意和美的意境，引起我们内心装点家的渴望，最后一句起过渡作用，也可以看成是点题之笔。正确答案为选项 B。

（四）标题填入题应该注意的问题

第一，高度概括。在阅读完语段以后，要迅速找出语段的主旨句，在此基础上，毫无遗漏地概括出语段的主要内容。

第二，有吸引力。标题是文章的重要组成部分，标题的选择一定要有让读者过目不忘的感觉。

第三，符合文体。不同的文体，对标题的语言风格要求是不一样的。议论文要求严谨，说明文强调朴实，新闻简讯注重大众化，散文故事看重文艺性。

例2－28 微软中国分公司在招聘员工时，出了一道这样的考题：有12个小球，其中只有1个质量与其他11个不同，如果只给你三次测试机会，在30分钟时间内，你怎样才能挑出这个球？绝大多数应聘者费尽了周折，在规定时间内也没琢磨出结果。之后，有一个青年依旧在考场里苦思冥想，几个钟头后，还在做着实验。考官发现后问，有结果了吗？青年摇头。最终，这个青年被公司录用。理由是：他的智力和能力都不够出色，但毅力可嘉；一个成功的企业想可持续地发展，除了需要聪明才智外，不能缺少持之以恒的毅力，而此人身上体现的正是这种精神。

最适合做本段文字标题的是：

A. 招聘难题　　B. 智商测试

C. 微软招“笨人”　　D. 企业需要有恒心的青年

这一道题，答案选D也可以，但是为什么选C呢，就是因为C选项具有生动形象的特点。

第三节　局部精读类片段阅读解题方法

局部精读类是片段阅读三大种类之一。这类题型又可以细分为：词句理解、代词指代、细节判断。词句理解题型要求应试者对文段给定的词语或语句进行解释，着重考查应试者对规定语境中特定词语或语句的理解能力；代词指代题型重在考查应试者理解文中出现代词所指代的含义；细节判断题型重在对文段中提到的细节进行甄别。标志性的提问形式是“下列判断不正确的是”“下列哪种推断是正确的”，等等。

局部精读类虽然有词句理解、代词指代、细节判断三种题型，但它们有着共同的解题流程，可分为三个步骤：原文关键信息的提取、识别陷阱类型、根据陷阱类型排除不正确选项。

一、原文关键信息的提取

（一）寻找中心句和关键词

1. 中心句

段首句或段尾句：文段的中心句有时会出现在文段的开头或结尾，因此段首句和段尾句要特别注意。

直接中心句或间接中心句：有些题目的主旨在材料中已有直接的明确的表述，这类句子即是该段的段旨所在，就是直接中心句；而有些题目的中心句比较隐蔽，需要进行概括提炼，这类就是间接中心句。

2. 关键词

如果文段中的中心句不明显，我们可以寻找关键词，亦是解题的关键。关键词包括重点词语、专有名词、标志性的词语和情感态度类词语。

（1）重点词语、专有名词、标志性的词语。如：最关键的是、最重要的是、优先目标是、表明了、说明了、强调了，等等。

（2）情感态度类词语。这类词语多为一些关联词和副词，能够透露、反映出人物观点态度和行为倾向。

态度情绪类词句主要有：所谓，即便，但，然而，如果……那么……，事实上，毕竟，当然，等等。强调性词句主要有：如果……必将……，不仅……更是……，不是……而是……，不仅仅……还……，等等。行为倾向类词句主要有：应当是，只有……才……，若要……必须，除非……才，等等。

（二）判定材料涉及几种事物、几重关系

判定材料涉及几种事物，有助于我们从宏观上把握文段涉及的核心对象，以及对象之间的关系，便于我们排除关系错误或者以偏概全的选项。

单一事物、单一观点相对比较简单，识别多重事物及其观点间的关系相对比较复杂。这些关系包括：因果关系、并列关系、条件关系、递进关系、转折关系、对比关系（类比、反比）和衬托关系（正衬、反衬），等等。

二、识别陷阱类型

（一）概括不当

概括不当主要包括：概括不全、以偏概全、过于绝对、无中生有、混淆是非、偷换概念，等等。

概括不全即是对文段的概括不全面、不准确，没有找准中心句或关键词。以偏概全即是以部分代整体，或以全局替代局部、以一般替代个别。过于绝对是指用确定性极强的语词来概括，走极端。无中生有是指题干中没有提及此项内容，选项中却凭空出现。混淆是非是指故意把错误的说成正确的，把正确的说成错误的。偷换概念是将题干中的词语偷换成一些相似或意思相近的词语，实际上改变了主体客体、已然未然、时态、数量、归属、类别、条件、话题（偷换、扩大、缩小）和程度（轻重、缓急、深浅、大小）。

（二）推断不当

推理不当多用于细节判断题，主要包括：强拉因果、因果倒置、以事实代推论，以及复句关系不当，等等。

强拉因果是指把没有因果关系的说成是因果关系。因果倒置又叫作"倒因为果"，即是把事情发生的原因和结果颠倒。以事实代推论，是指给出的选项并非推论的结果，而是直接摘抄文段内容或原文。复句关系不当主要是指并列关系、递进关系、转折关系、因果关系不当，以及关联词误用或搭配不当。

三、排除错误选项

例2－29 动态口令技术采用一种称之为动态令牌的专用硬件，内置电源、密码生成芯片和显示屏，密码生成芯片运行专门的密码算法，根据当前时间或使用次数生成当前密码并显示在显示屏上。认证服务器采用相同的算法计算当前的有效密码。用户使用时只需要将动态令牌上显示的当前密码输入客户端计算机，即可实现身份的确认。由于每次使用的密码必须由动态令牌来产生，只有合法用户才持有该硬件，而用户每次使用的密码都不相同，即使黑客截获了一次密码，也无法利用这个密码来仿冒合法用户的身份。

以下对“动态口令技术”理解不正确的是：

A. 用户的密码按照时间或使用次数不断动态变化且每个密码只能用一次

B. 认证服务器在不同时间产生的密码不同是因它使用的计算方法不尽相同

C. 动态令牌上显示的当前密码是用户实现身份确认的唯一有效密码

D. 用户每次使用的密码都是由认证服务器即时算出的，其安全性极高

本题属于词句理解题型，对应的解题方法是识别陷阱类型中的概括不当。B选项属于混淆是非，由“根据当前时间或使用次数生成当前密码并显示在显示屏上。认证服务器采用相同的算法计算当前的有效密码”可知，不同时间产生密码的不同是因当前时间或使用次数存在不同，但认证服务器每次采用的算法是相同的。其他三项都能由原文推导出来。所以，本题正确答案为选项B。

例2－30　今年2月份，科尔尼公司对全球134家大公司进行调查时，85%的公司表示今年将保持或增加外国直接投资。在这次调查中，95%的公司决策人表示对目前世界经济的担心甚于去年，但他们当中2/3的人表示，外国直接投资将保持去年的水平。

文段中的“他们”，指代的是：

A. 科尔尼公司的工作人员

B. 调查中85%的公司人员

C. 调查中95%的公司决策人

D. 134家大公司中的决策人

本题属于代词指代题型，本题对应的解题方法首先将代词“他们”在原文中定位，“他们”所在的分句是：“但他们当中2/3的人表示”。前文提到“95%的公司决策人表示对目前世界经济的担心甚于去年”可发现，“他们”可指代对象是“95%的公司决策人”，后将答案C代替原文中的指代词，变成“但调查中95%的公司决策人当中2/3的人表示”，结合前后文，发现代入后短文意思没有变化。所以，本题正确答案为选项C。

例2－31　野生金丝楠木属于国家二级保护植物。其自然生长环境大约是在海拔1500米以下的阔叶林之中，这些地方常年温热凉爽，既没有热带雨林的酷暑炙烤，也没有高纬度地区的冰雪覆盖，温和湿润的地区气

候，刚好满足了它们生长的需要。金丝楠木往往要生长50年以上才开始生长芯材，而芯材就是它们最为名贵之处。木材行业有一句话：不长芯材的树种再好也好不到哪去。虽然这句话有些绝对，但也体现出芯材的可贵之处。由于金丝楠木的芯材生长也需要一定的时间，所以金丝楠木至少要生长100～150年才能够成材。成材的标准就是芯材占据整个树干80%以上，达到95%左右时就是该树木的最佳状态。而人的平均寿命在74岁左右，这意味着即使我们从小开始种金丝楠木，等到死亡的那一刻也无法将山上的金丝楠木出售，所以很少人会愿意种植金丝楠木。

下列说法与文意相符的是：

A. 金丝楠木生长缓慢，树芯生长也需要一定的时间

B. 人们之所以不愿意种植，是因为金丝楠木不赚钱

C. 金丝楠木虽然名贵，但种植金丝楠木却很难获得经济效益

D. 金丝楠木属于国家二级保护植物，乱砍滥伐会受法律制裁

细节判断题型，本题对应的解题方法是识别陷阱类型中的概括不当。选项A偷换概念，“树芯”与“芯材”非同一概念；选项B将想象当必然，并非“金丝楠木不赚钱”，而是因为短期内很难产生效益；选项D以偏概全，“金丝楠木”与“野生的金丝楠木”非同一概念。所以，本题正确答案为选项C。

第四节　推导类题型的解题方法

推断类题型还可以进一步分为劝导说服类和排序衔接类。

推导类题型解题同局部精读类一样，作答一般可以分三个步骤，即原文关键信息提取、直接解题或识别陷阱类型，根据陷阱类型排除错误选项。下面结合具体例题一一介绍。

一、劝导说服类题型

（一）分类

劝导说服类又分为三种题型：推上下文、观点态度、寓意启示。

推上下文：根据上文或下文内容，推断下文或上文的内容。

观点态度：要求考生通过阅读来把握作者的态度观点、倾向性或者对

某事的评价。

寓意启示：根据题目给出的信息让人们领悟某种道理或给人以启示。

（二）解题方法

例2-32 不久前，比尔·盖茨在接受《麻省理工技术评论》采访时呼吁，为减少温室气体排放，美国和其他富裕国家应该放弃食用牛肉。但社会各界对盖茨的言论并不买账。有人说，美国有72.6万人从事肉牛生产行业，不吃牛肉将引起大规模失业。有人说，盖茨言行不一，他此前明明表示自己还会食用真肉做的汉堡。有人说，盖茨有足够财力来选择吃什么，但人造肉的昂贵会给大众带来经济压力。考虑到产业发展和被采访者的具体语境，这三条反对意见在逻辑上可能都站不住脚，真正的重点只有一个：人造肉是否会和大众产生更紧密的联系——尤其是当它漂洋过海来到中国。目前来说，由于某种水土不服和“需求悖论”，谨慎的回答是：暂时不会。

接下来讨论的是：

A. 为减少温室气体排放，人类应该放弃食用牛肉

B. 想让人造肉通过中餐形成引爆点并不容易

C. 只有发展到大批量生产，人造肉才能为大众接受

D. 人造肉价格昂贵，会给大众消费带来经济压力

本题属于推上下文题型，对应的解题方法是识别陷阱类型中的推断不当。该文段意在破解人造肉市场的“中国式困局”，选项A是背景。选项C“大批量生产”非“大众产生”，是对“人造肉是否会和大众产生更紧密的联系”句的误读。选项D属于“这三条反对意见在逻辑上可能都站不住脚”中的“三条意见”之一，已经被否定。排除选项A、C、D。选项B是片段最后两句话的概括，所以正确答案为选项B。

例2-33 只有同时兼顾公平与效率两个方面的税制才是最好的税制，这是无需证明的。但就具体的税种来说，往往不是低效率、高公平，就是高效率、低公平，高效率、高公平的最优结合是少有的。就某一具体的税种来说，往往不是以效率为主导，就是以公平为核心，二者并重并不一定是理想状态。

这段话主要支持这样一种观点，即就某一具体税种来说：

A. 是公平与效率之间的妥协

B. 兼顾高效率和高公平不是最好的

C. 兼顾高效率和高公平才是最理想的

D. 应以效率为主导以公平为核心

本题属于观点态度题型，主要考察推断类中的劝导说服类，本题的对应的解题方法是通过寻找中心句和关键词，对重要词句进行理解，合理推断隐含的信息和观点。文段中“高效率、高公平的最优结合是少有的”说明很难做到兼顾高效率和高公平；结合上文对“二者并重并不一定是理想状态”进行推断：当二者不能并重，只能根据实际情况进行平衡调节。D选项明显地与原句“往往不是以效率为主导，就是以公平为核心”矛盾。B、C选项没有准确把握作者想要表达的观点，都太绝对。所以，本题的正确答案为选项A。

例2－34　妈妈花2000元给亚莉买了一架电子琴，可亚莉生性好动，对音乐没有什么兴趣，电子琴渐渐落了灰。不久，亚莉妈妈的同事介绍说有一位音乐学院钢琴专业的老师可以给亚莉做家教。这个时候你觉得亚莉妈妈会做何决定呢？亚莉妈妈决定请家教，理由是：“电子琴都买了，当然要好好学，请一个老师教教，要不这个琴就浪费了！”于是，每月500元的付出又坚持了半年，最终不得不放弃了。

以上文字告诉我们的道理是：

A. 教育要尊重孩子的性格和爱好

B. 做事情需要有自己的主见

C. 凡事要三思而后行

D. 懂得放弃才能避免更大的损失

本题属于寓意启示题型，主要考察推断类中的劝导说服类，本题对应的解题方法是识别陷阱类型中的推断不当，妈妈买了电子琴，亚莉不愿意学，妈妈又怕电子琴浪费，于是又请了家教，然而最终结果只是徒增成本。这个故事告诉我们一个道理：当进行了一项不理性的行动后，应该忘记已经发生的行为和所支付的成本，首先考虑这项活动之后需要耗费的精力和能够带来的好处，再综合评定它能否给自己带来正效用。故D选项最为符合。A选项表述没有问题，但没有切中文段主旨；B选项和C选项表述过于片面，属于概括不全。所以，本题正确答案为选项D。

二、排序衔接类题型

（一）分类

排序衔接类又分为三种题型：文段位置、语句衔接、词句排序。

文段位置：此类题目通常择取文章的一段文字为题干，逆向考察该文段在该篇文章中的位置或者在文段中所起的作用。

语句衔接：文段确定了语境，并在语句中留出部分空白，要求应试者在其中填上最恰当的语句。

词句排序：给出若干个句子，要求重新排列并组合成语意连贯的一段话。

（二）解题方法

例2－35 中国古代民间有句俗语："衙门口朝南开，有理没钱莫进来。"________。2015年4月1日，习近平同志主持召开中央全面深化改革领导小组第十一次会议，《关于人民法院推行立案登记制改革的意见》是此次会议审议的文件之一。会议强调，改革人民法院案件受理制度，变立案审查制为立案登记制，目的是要通过改进工作机制、加强责任追究，切实解决人民群众反映强烈的"立案难"问题，保障当事人诉权。

根据这段文字，填入空格处最恰当的一个句子应该是：

A. 意思是当时的官府黑暗，老百姓没钱打不赢官司

B. 意思是古代的官府大门都朝南开，衙役贪婪不办实事

C. 意思是衙门成了摆设，百姓常常陷入"求告无门"的境地

D. 意思是古代也有像样的衙门，老百姓有钱就可以打赢官司

本题属于语句衔接类题型。本题对应的解题方法是识别段际逻辑不当。第一步原文关键信息提取，这句话应该是对前一句的解释。第二步厘清段际逻辑，根据语义及逻辑关系总体把握，该片段采用的应该是古今对照的论证方式，将文段大致分两层：第一、第二句说的是古代情况，余下的部分讲的是今天情况。第三步排除错误选项：选项A偷换概念，"莫进来"在此应该是"立案难"，而非"打不赢官司"。选项C以偏概全，忽视了语境"中国古代民间"，"百姓"前面缺少限定"古代"。选项D无中生有，完全把意思搞反了。所以正确答案为选项B。

例2-36　按照先后顺序，将下列句子排成一段文字。

① 抬阁一般在每年的腊月二十七、二十八左右开始，一直持续到正月十五元宵节左右。

② 他们的表演内容大多是为百姓所熟知的历史故事、民间野史与神话传说，要想将这些历史题材的故事编排好，也是相当费心思的。

③“抬阁”，在许多地方又被称作“台阁”“重阁”等。简单来说，“抬”就是用肩膀扛，而“阁”或为“亭台楼阁”的模型，或为木架、载人之平台、铁架。

④ 抬阁一般选用3~10岁的幼童作为演员，他们经过训练后就可以穿上戏服在“阁”上即舞台上进行表演。

⑤ 而“阁”一般由多名强壮的男性用肩膀扛着，正是因为抬阁要肩抗费力气，所以表演者一般只选用小演员。

⑥“抬阁”之所以能够入选非物质文化遗产，是因为“抬阁”是一项集戏曲、文学、美术、力学、造型、杂技、音乐、舞蹈为一体的中国特色艺术。

排列正确的应该是：

A. ②④①③⑥⑤　　B. ③①⑥④⑤②

C. ④①③⑤②⑥　　D. ⑥⑤②④①③

本题属于词句排序题型。本题对应的解题方法是识别陷阱类型中的段际逻辑不当。第一步原文关键信息提取，本段主要介绍民间艺术“抬阁”。第二步别陷阱类型，厘清段际逻辑，根据语义及逻辑关系总体把握，将句子大致分两层：③①介绍“抬阁”；⑥④⑤②介绍“抬阁”列入“非遗”的原因及具体如何表演。再根据陷阱类型排除错误选项：首先，②开头的代词“他们”不能放在段首，否则指代不明，排除选项A；其次，将④放在段首也很突兀，所以排除选项C。其次⑤不能紧紧连接在⑥之后，排除选项D。所以正确答案为选项B。

例2-37　按照先后顺序，将下列句子排成一段文字。

① 出现在我们面前的是一座美丽的小城。

② 城中有一条小河流过，河水清澈见底。

③ 到了扎兰屯，原始森林的气氛就消失了。

④ 白砖绿瓦的屋舍悠然地倒映在水中。

⑤ 走出小城，郊外风景幽美，绿色的丘陵上长满了柞树。

⑥ 丛生的柳树散布在山丘脚下。

排列正确的应该是：

A. ③①④②⑥⑤　　B. ③①②④⑤⑥

C. ③②④①⑥⑤　　D. ⑤⑥③①②④

本题属于词句排序题型，主要考察推断类中的排序衔接，本题对应的解题方法是识别陷阱类型中的逻辑顺序不当，这六句话写的是一段游踪，得先理清作者足迹的先后顺序。从整体看，是由进城写到出城。由此可知应把③句放在句首，而且让①句接在其后。因为②④句都是写城中所见，而②句句首“城中”，与①句句末的“小城”，恰好构成“顶真”修辞手法，故可初步把前四句顺序定为③①②④。又因为⑤⑥句都写出城后所见。⑤句句首的“走出小城”对下文有领起的作用，故⑤应该在⑥前。所以，本题的正确答案为选项 B。

练习题

一、单选题

1. 阅读是对文章也就是对书面语言的(　　)过程。

A. 加工和理解　　B. 认识和了解

C. 记忆　　D. 音读

2. 阅读分类标准不一，种类很多。根据阅读的效率，一般可分为(　　)。

A. 音读和视读　　B. 速读和慢读

C. 精读和略读　　D. 朗读和默读

3. 阅读的方法很多，也有一定的规律可循，如果我们掌握了一定的阅读和做题技巧，可以节省很多时间，提高阅读效率。在以下关于阅读的技巧和方法的选项中，不正确的是(　　)。

A. 主句部分要精读，方式状语可略读

B. 举例本身要精读，文段观点可略读

C. 反面论证之前要精读，反面论证之后可略读

D. 总述部分要精读，分述部分可略读

4. 阅读的方法很多，也有一定的规律可循，如果我们掌握了一定的阅读和做题技巧，可以节省很多时间，提高阅读效率。在以下关于阅读的技巧和方法的选项中，不正确的是(　　)。

A. 必要条件要精读，条件之外可略读

B. 递进之后要精读，递进之前可略读

C. 解决问题要精读，目的本身可略读

D. 分述部分要精读，总述部分可略读

5. “概括不当”主要包括以下类型：概括不全、以偏概全、过于绝对等。在以下关于“概括不当”类型的解释中，不正确的选项是(　　)。

A. 概括不全，即将肯定说成否定或否定说成肯定，是非颠倒，或答非所问

B. 以偏概全，即以部分代替整体，以个别代替一般

C. 过于绝对，即语言表达过于肯定或否定，剑走偏锋

D. 无中生有，即相关选项在题干中没有提及，将想象当必然

6. “概括不当”主要包括以下类型：过于绝对、无中生有、混淆是非、偷换概念等。在以下关于“概括不当”类型的解释中，不正确的选项是(　　)。

A. 过于绝对，即语言表达过于肯定或否定，剑走偏锋

B. 无中生有，即相关选项在题干中没有提及，将想象当必然

C. 混淆是非，即将肯定说成否定或否定说成肯定，是非颠倒，或答非所问

D. 偷换概念，即对文段的概括不准，没有把握要点，或要点不全，有遗漏

二、判断题

1. 片段阅读主要有三种类型，即概括类、推断类和局部精读类。(　　)

2. 概括类题型是对片段细节、局部的把握；推断类题型是根据片段已经提供的信息，对未知信息的推测；局部精读类题型是对片段的宏观、整

体把握。(　　)

3. 阅读的方法很多，也有一定的规律可循，一般情况下，援引本身要精读，援引之后可略读。(　　)

4. 如果我们掌握了一定的阅读和做题技巧，不仅可以节省很多时间，提高阅读效率。一般情况下，反面论证之后要精读，反面论证之前可略读。(　　)

5. 在主旨类题型中，概括能力的考察方式往往体现在选项被设置为“概括不当”。(　　)

三、多选题

1. 阅读的方法很多，也有一定的规律可循，如果我们掌握了一定的阅读和做题技巧，就可以节省很多时间，提高阅读效率。在以下关于阅读的技巧和方法的选项中，正确的是(　　)。

A. 递进之后要精读，递进之前可略读

B. 转折之后要精读，转折之前可略读

C. 结论部分要精读，结论之外可略读

D. 条件之外要精读，必要条件可略读

2. 在以下关于阅读的技巧和方法的选项中，正确的有(　　)。

A. 必要条件要精读，条件之外可略读

B. 转折之前要精读，转折之后可略读

C. 总述部分要精读，分述部分可略读

D. 结论部分要精读，结论之外可略读

3. 阅读的方法很多，也有一定的规律可循，如果我们掌握了一定的阅读和做题技巧，可以节省很多时间，提高阅读效率。在以下关于阅读的技巧和方法的选项中，正确的有(　　)。

A. 主句部分要精读，方式状语可略读

B. 解决问题要精读，目的本身可略读

C. 文段观点要精读，举例本身可略读

D. 反面论证之前要精读，反面论证之后可略读

4. 推理不当即根据原文信息，得出一个不恰当的结论。以下各选项中，属于推理不当的主要包括(　　)。

A. 强拉因果　　　　　　　　B. 因果倒置
C. 以事实代结论　　　　　　D. 复句关系不当

四、实训题

1. “英雄”是民族最闪亮的坐标，也是文艺创作不朽的主题。在一定意义上引领着青年观众审美习惯的影视创作更是当仁不让地扛起了当代英雄叙事的大旗。“生命高度”体现在一个人为民族独立、国家富强、人民幸福、人类和平做出的贡献上，而“生命厚度”则在于一个人的经历、感受、思想、成长轨迹和情感脉络。的确，越来越多影视作品中的英雄形象开始走下神坛，如《战狼2》中的冷锋会因为愤怒而意气用事，会因为伤痛而意志消沉；《红海行动》中的铮铮硬汉石头，却携带着与之格格不入的糖果；《可爱的中国》中的方志敏会在简陋的婚礼中假装和爱人拍了一张结婚照……这些可爱动人的情节，透射出一种人格感染力，让英雄形象具有更加动人的真实感。

这段文字所要陈述的观点是（　　）。

A. 英雄形象引领青年观众的“三观”
B. 英雄叙事，有厚度才能有高度
C. 英雄叙事，有高度才能有厚度
D. 走下神坛的英雄最受观众喜爱

2. 古人有言，“无恒业者无恒产，无恒产者无恒志。”自古以来，人们都把就业称为民生之本、安国之策、和谐之基。就业是经济发展的“晴雨表”“压舱石”。没有稳定的就业，就没有稳定的收入、稳定的消费、稳定的经济增长。中央经济工作会议把就业专门作为一项议题加以研究，并列入2020年要抓好的重点工作之一，提出“稳定就业总量”“提升就业质量”等具体要求，就是要充分利用就业稳定、就业质量提高这一有利于扩大内需的条件，促进经济结构调整和内需增加，促进经济持续稳定发展，形成经济发展和扩大就业的良性循环。

这段文字意在说明（　　）。

A. 稳就业是经济发展最基本的保障
B. 经济发展的目标就是要稳定就业
C. 稳就业是党和政府重要责任担当

D. 调整经济结构可进一步扩大就业

3. 什么样的文章是好的，什么样的文章是不好的，得有一个标准。曾有一篇叫《参观纽约庞贝馆》的文章写道："公元前七十九年八月二十四日晚上，一声惊天动地的巨响，意大利的维苏威火山爆发，顷刻之间，毁灭了罗马帝国全盛时代的两个古城——庞贝城和克窟拉隆城。"这里的介绍完全是错误的，时间不对，地点也不对。维苏威火山爆发不是公元前七十九年，而是公元七十九年。而且，克窟拉隆城也译错了。刚好《光明日报》在前几个月发表了一篇题为"埃尔克拉罗人之谜揭开了"的文章，就是讲的这个事情。"埃尔克拉罗"是对的。这本来是篇知识性的文章，结果时间和地点都弄错，是十分严重的问题。

对这段文字的主旨概括最准确的是（　　）。

A. 文章之间存在高低优劣之差别

B. 好文章的标准就是要讲求练字造句

C. 知识性的文章对时间和地点的要求更高

D. 准确、严谨与否是区分文章优劣的标尺

4. 作别过去，迎接未来，奋斗的脚步永不停歇。在奋斗的过程中，我们不可能一帆风顺，可能会有迷茫、无助，会面临风风雨雨甚至会遇到难以想象的惊涛骇浪，但只要深谙"________""逆水行舟，不进则退"的道理，坚定信心、坚守航向，心如磐石不动摇、咬住青山不放松，永不言败、永不认输，披荆斩棘、勇往直前，在新时代的奋斗路上跨越一个个"雪山""草地"，征服一个个"娄山关""腊子口"，就能够用驰而不息的奋斗之笔书写新时代的新答卷，当好努力奔跑的追梦人。

填入横线处的句子最恰当的是（　　）。

A. 不积跬步无以至千里

B. 行百里者半九十

C. 不入虎穴焉得虎子

D. 差之毫厘谬以千里

5. 在2018年的全球癌症数据中，全球癌症新发病例1000多万，中国400多万，中国癌症患者5年生存率为30%多——癌症的检出率确实有所提高，但患者的死亡率并没有相应的大幅度减少。对此，中国科学院院士

韩启德先生曾提出一个可能性：多数情况下，我们只是发现了更多没有症状和体征的、原有条件下不能发现的、进展很慢（甚或不会增长，甚或能自动消失）和不会转移的、即使不发现不治疗也无碍的所谓“早期癌症”，癌症的发病率和治愈率也随之大幅度提高。简言之，就是“双早”让我们“增加”很多肿瘤病例，但其中不少是十分懒惰的肿瘤——你不发现它们，它们也不会有多大能耐。不管它们，它们也就自生自灭了，不会对你造成什么太大的影响。

与这段文字所要表达的观点不符的是（　　）。

A. “早发现、早治疗”一说引起了学界反思

B. 癌症有些是可以自生自灭，无需治疗的

C. 对于癌症，正确的做法是“早发现、早治疗”

D. 近年来，中国的癌症检出率的确有所提高

6. 近年来，我国青少年近视患者呈现低龄化、度数高的特点，严重影响身心健康。事实上，如果是真性近视，无论中低度还是高度近视，都不可逆。假性近视实际上是调节痉挛，是由于长时间高强度近距离用眼，导致睫状肌持续紧张收缩不能放松所致。对这种类型的“近视”，通过放松调节，多看远处，必要时辅以睫状肌麻痹药物使用，是可以恢复部分视力的。但需要指出的是，所谓假性近视，不过是即将步入近视的一种过渡状态，临床上很少有一直能维持视力而不近视的青少年近视患者。到目前为止，全世界还没有发现任何一种方法能够逆转真性近视或者阻止假性近视转变成真性近视。现有的任何方法，都只能延缓近视发生的时间和进展速度。

根据这段文字，可以知道（　　）。

A. 真性近视不可治愈，假性近视是可以治愈的

B. 假性近视不可治愈，真性近视是可以治愈的

C. 到目前为止，真假性近视都是不可以治愈的

D. 临床上很少有不近视的青少年，人人都近视

7. 计算机信息科学中对于人脸的研究早已有之。20 世纪 70 年代初，犹他大学的弗雷德里克·帕克等人对计算机模拟人脸动画进行了深入研究。21 世纪以来，参数化模型和面部肌肉模型的融合技术得到进一步发

展。这些研究成果常应用于影视作品、游戏娱乐等。如《阿凡达》惟妙惟肖的虚拟人物造型,《速度与激情》系列电影中逝去的主角再度出镜,《美国队长3》的钢铁侠重回青涩年华等。基于计算机图形技术的易容术可以在屏幕上实现返老还童、死而复生,但达到这种精度的呈现往往需要耗费大量的计算成本,通常的实现方法是对替身进行面部捕捉后,再辅以计算机建模、后期特效等专业环节。因此,如此酷炫的技术在前些年与普通人无缘。

这段文字接下来最可能讲的是( )。

A. 22世纪计算机模拟人脸的成果

B. 变脸平民化正在野蛮生长

C. 在网络空间,眼见不再为实

D. 计算机实现返老还童的方法

8. 文化创意产品重在“创意”两个字,如何能做到创意呢?首先要研究人们的生活。人们在今天想要获得什么样的信息?人们的生活需要什么样的内容?人们在用什么样的手段接收信息?只有一直跟踪人们的社会生活需求,才能做出让人们满意的文创产品。其次便是挖掘自己产品的内涵,只有把内涵充分挖掘出来,和当下的社会生活对接,才能够影响人们。当然,还要不断地追踪先进的科学技术。科学技术的发展永无止境,所以我们利用科学技术手段和用科学技术进行传播的能力是无限大的。新经济时代,文化创意产业想要更加吸引眼球,就必须进入更多的领域,去那些我们没有探索过的领域。

对这段文字的主旨概括最准确的是( )。

A. 文化产品的创意需要“内外兼修”

B. 文创产品做到内容与形式相适应

C. 文化创意要紧随科学科技发展

D. 文创产品要兼顾实用性和艺术性

9. 市场需要竞争,但是如果没有政府的“有为”,克服市场竞争当中可能出现的市场失灵现象,企业就不容易抓住竞争中的机会。新经济通常规模很大,它会赢者通吃。赢者通吃有好处,可以马上出现几个世界500强的大企业,例如阿里巴巴、腾讯、谷歌等,但是变成通吃的赢者以后,大企业在市场上占据垄断地位。如果这些企业只是利用它在科技、经济领域的优势来获取竞争力，这无可非议。但是我们知道，一旦企业占据垄断地位、积累了财富以后，很容易会利用垄断地位争取政治地位，甚至去影响政策走向，妨碍科技或者经济的进一步发展。因此，政府要在允许一定的垄断的情况下加以治理，但与此同时，不能对新产业和新技术获得市场机会造成妨碍。

这段文字所要陈述的观点是（　　）。

A. 政府市场治理允许并鼓励一定的垄断

B. 市场竞争的危害及其所产生的原因

C. 政府治理与市场竞争之间关系密切

D. 政府在新技术新产业发展中不可缺位

10. 灾难就是灾难，不该变成“炖鸡汤食材”，也不该沦为“打鸡血素材”。针对在网上刷屏的“澳洲山林大火 VS 大兴安岭火灾”一文，“北京消防”政务公众号发表了《中国确实一直很厉害，但我们更希望这一身本领无用武之地》予以回应。众人诺诺，直士谔谔。说出常识其实并不容易。而“北京消防”更为难得之处，就是未被颂词遮望眼，也未居功以自矜，而是从消防人视角表达了对“在灾难上唱赞歌”的态度。这就是常识：有态度，有温度，不煽动，不迎合，与“人性”“正义”在一个水平面上。就像英国文学家斯坦霍普说的：常识是我所知道的最高的通情达理。

这段文字所要陈述的观点是（　　）。

A. “澳洲山林大火 VS 大兴安岭火灾”的网文不实

B. 中国消防与澳大利亚消防之间不存在可比性

C. “北京消防”最难能可贵之处在于通情达理

D. 灾难不应该被赞扬，“北京消防”道出了常识

11. 国际医学期刊《柳叶刀》（The Lancet）发表最新论文指出，T 淋巴细胞损伤可能是导致患者病情加重的重要因素。在 99 例患者中，多数患者淋巴细胞的绝对值降低。这一结果表明，新型冠状病毒 2019-nCoV 可能主要作用于淋巴细胞，尤其是 T 淋巴细胞。病毒颗粒通过呼吸道黏膜扩散，感染其他细胞，产生一系列免疫反应，引起外周血白细胞和淋巴细胞

等免疫细胞的改变，使得部分患者急性呼吸窘迫综合征和感染性休克进展迅速，最终导致多器官功能衰竭。因此，及早发现和及时处理危重病例至关重要。淋巴细胞总数的大量减少表明冠状病毒吞噬了许多免疫细胞，抑制了机体的细胞免疫功能。

与这段文字所要表达的观点相符的是（　　）。

A. 淋巴细胞的低绝对值可作为诊断新冠肺炎的参考指标

B. T 淋巴细胞损伤是新冠肺炎患者病情加重的唯一原因

C. 新冠病毒主要作用于呼吸道黏膜导致患者器官功能衰竭

D. 多器官功能衰竭导致急性呼吸窘迫综合征和感染性休克

12. 越来越多证据表明，全球持续变暖，其影响范围和程度不断增加，由此引起的冰冻圈灾害在频率、强度和造成的损失上都有增加趋势。冰冻圈的快速变化，对区域社会经济系统产生了广泛而深刻的负面影响，主要体现在对干旱区绿洲农业、寒区重大工程、寒区畜牧业、冰雪旅游业等产生综合影响。中国冰冻圈主要处在西部地区，经济水平较为落后，应对冰冻圈变化的能力有限。目前，适应仍然是应对冰冻圈变化的主要途径。冰冻圈变化对社会经济系统的综合影响分析是适应冰冻圈快速变化的基础，其适应性管理战略则是减轻冰冻圈快速变化不利影响、降低自然和社会经济系统损失。

对这段文字的主旨概括最准确的是（　　）。

A. 积极探究适应冰冻圈变化路径的意义

B. 阐述冰冻圈变化对社会经济系统的影响

C. 适应是我国应对冰冻圈变化的唯一途径

D. 探究冰冻圈变化与社会经济系统的联系

13. 按照先后顺序，将下列句子排成一段文字。

① 研究人员锁定住出现这一现象的恒星系统，相当于在茫茫星海中进行初筛，然后再用传统方法寻找这些在恒星系统内蹦跶的行星。

② 人类总是致力于揪住跟我们玩捉迷藏的星星。

③ 当一颗行星近距离绕着恒星运行时，它的大气会大量消散，这就发出了“我在这里”的信号。

④ 找到了，就要研究，以此来反观自身，在和其他恒星系统的对比

中，更进一步了解自己生存的太阳系。

⑤ 他们已经省事高效地发现了 6 颗系外行星。

⑥ 不管它们多么远，多么不起眼，也要将它们看分明。

排列正确的应该是（ ）。

A. ①④⑥②⑤③　　B. ③①⑤②⑥④

C. ⑥②④①⑤③　　D. ②①③④⑥⑤

14. 按照先后顺序，将下列句子排成一段文字。

① 光的脚步太快，仅仅十分钟，天就大亮，整个草湖的样貌清晰可见。

② 黎明，广袤的草湖十分静谧，一丝微风都没有，应该是草湖收容了昨夜狂暴的风与滂沱的雨。此时，湖面上乳雾升腾，难以察觉的光正在一点一点亮起来。

③ 现在是六点钟，太阳放出红光在天上画了一道金红的边，不由得让人心生欢喜，鲜红的太阳就要喷薄而出。

④ 我看见，长在高处的红柳，由暗变亮只花费几分钟，轮廓由模糊到清晰的微妙变化也只是几分钟。

⑤ 仅仅两分钟后，太阳露出鲜艳的脸庞，万道金光照在湖面上，鸭子们不约而同地叫起来，争先恐后用翅膀拍打水面，几只水鸟鸣叫着，翅膀划开水面，箭一般飞进太阳的光晕里，随后就消失不见。

⑥ 忽然湖面上的一切好像都停止了活动，仿佛都在等待，仿佛都有了仪式感。

排列正确的应该是（ ）。

A. ①④⑥②⑤③　　B. ③①⑤②⑥④

C. ②④①③⑥⑤　　D. ⑤②①③④⑥

15. 按照先后顺序，将下列句子排成一段文字。

① 这是学界首次在邻近夏商王朝的腹心地带发掘专业冶铜遗址，填补了冶金考古的空白，具有重要学术意义。

② 二里头和二里岗时期遗迹里，均出土大量铜炼渣、残炉壁等。

③ 2018—2019 年，在多次勘察的基础上，联合考古队，在西吴壁遗址开展大规模考古工作，初步搞清了遗址范围与聚落结构。

④ 该遗址面积达110万平方米，兼有仰韶、庙底沟二期、龙山、二里头、二里岗及周、汉、宋等时期遗存，其中以二里头、二里岗时期的冶铜遗存最具特色。

⑤ 西吴壁遗址位于山西省绛县古绛镇西吴壁村南，中国国家博物馆等单位于21世纪初在运城盆地开展区域系统调查时发现该遗址。

⑥ 此外，二里岗时期灰坑中发现仿铜陶礼器、磨制石磬等遗物，指示遗址在二里岗时期具有较高等级。

排列正确的应该是（　　）。

A. ⑥①④②⑤③　　B. ③①⑤②⑥④

C. ②④③①⑥⑤　　D. ⑤③④②⑥①

16. "中等收入陷阱"这个概念流传甚广。坦率而言，这个概念本身并没有太大的学术价值和现实意义。首先，从二战以来，全球绝大多数的国家经济到了中高收入阶段之后便停滞不前，但仔细研究这些国家经济停滞不前的原因，则完全不同。其次，一个国家经济发展究竟到了哪个阶段开始停滞不前，可以说几乎没有规律。再次，经济发展的历史一再昭示，没有任何一个国家的经济增长一直保持高速。最后，研究一些国家经济经历高速发展之后陷入停滞的原因会发现，最主要的并非收入到了某个阶段就会必然出现这种情况，大多是因为在收入分配、产业升级及整体改革方面没有抓住好的时间窗口，从而丧失了从中高收入突破进入高收入的机会。

这段文字意在强调（　　）。

A. "中等收入陷阱"一说其实是一个伪命题

B. "中等收入陷阱"仅限于全球中等收入国家

C. 落入"中等收入陷阱"是指经济是否陷于停滞

D. 一个国家经济发展到了哪个阶段没办法鉴定

17. 近日，中国城市科学研究会发布的《2019城市数字发展指数报告》从数字环境、数字政务、数字生活、数字生态4个一级指标及20个分指标，对各城市作了评分。在总指数和多项分指标中，一些二线城市甚至三四线城市都取得了明显超越其GDP水平的排名。杭州、上海、武汉、深圳、北京、郑州、广州、南京、宁波、青岛凭借出众的成绩，组成了"数字一线城市”十强阵容。除了排位第二的上海，前三名均为二线城市：杭州摘得头名，武汉成为“探花”。数字发展正在深刻影响各地的经济社会发展和社会治理，已经成为推动区域发展再平衡的力量。

这段文字所要陈述的观点是（　）。

A. 经济体量不大的城市在数字服务方面容易胜出

B. 中国一线城市排名是以数字发展为评价指标

C. 中国城市的格局，正被数字时代重新塑造

D. 对一个城市来说，数字发展比 GDP 更重要

18. 文化是一个国家和民族独特的精神标识。文化对于国家的关系犹如地球的磁场之于地球上的物质，人类的所有行为和国家的一切活动都在被文化潜移默化地影响着、悄无声息地制约着。创新是引领社会发展的第一动力，文化创新是推进国家治理现代化的内生驱动力。换言之，文化创新牵引着人类社会的变迁，也驱动着国家治理现代化的进程。文化的变迁与创新推动着国家治理现代化，国家治理现代化内蕴文化的变迁与创新。文化创新可以为国家治理提供强大的精神动力、价值导向和智力支持，把文化力量注入国家治理体系中，必将对推进国家治理现代化产生积极的促进作用。

对这段文字的主旨概括最准确的是（　）。

A. 文化创新是一个国家和民族独特的精神标识

B. 文化对推进国家治理现代化产生促进作用

C. 国家治理现代化的进程会推动文化的发展

D. 文化创新是推进国家治理现代化的内驱力

19. 中国消费者协会近日发布的《消费维权认知及行为调查报告》显示，约六成受访者对当前消费环境表示放心，但所购商品或服务“品质不如意”成为困扰受访者的最主要问题，服务“打折”和商家跑路被认为是预付卡消费的最大隐患；47.9%的受访者对当前维权途径感受“一般”，“维权过程复杂”严重影响受访者对维权途径的感受，处理效率低和责任认定难也成为当前消费者维权的痛点。的确，从既往的太多案例来看，维权者投入的时间精力太多，额外投入的费用太高，很多时候“追回一只鸡，得杀一头牛”；有的消费者即使展开了较长的维权行动，却往往会陷

入未保存相关证据、处理效率低、责任认定难等困境。这些都影响了消费维权的积极性，一些人既想维权，又害怕维权。

这段文字所要陈述的观点是（　　）。

A. 维权意识增强，消费者权益得到保护

B. “过程复杂”已成为消费维权的痛点

C. 消费者大多数对当前维权环境表示放心

D. 呵护消费维权意识，保障消费者合法权益

20. 我国古代长期占主导地位的儒释道，都关注和解决人成为理想人的问题。换言之，他们都关注和解决人的发展问题。在人发展的实践基础上，产生、发展了丰富的关于人的发展的种种意识。如以文野之分、人文化成、“文明以止”等为核心的文明意识；以鸟兽不可与同群、君子不器为核心的人文意识；以人能群、隆礼重法、家庭国家天下密不可分为核心的社会意识；以天下为公，选贤与能为核心的公共意识；以先天下之忧而忧后天下之乐而乐、天下兴亡匹夫有责为核心的使命意识和责任意识……这些意识内容既是我国古代关于人的发展观念进一步发展为系统思想的心理土壤，也是我国古人运用关于人的发展观念于社会实践中的具体表现。

这段文字所要陈述的观点是（　　）。

A. 中国古代人学发达，思想内容丰富

B. 中华传统文化历来讲求天人合一

C. 中国古代人学思想是儒释道思想的写照

D. 中国自古以来都不乏人学的研究

21. 现代鸟类的起源可以追溯到兽脚亚目恐龙，这是恐龙演化树上一个主要为肉食性种类的分支。从麻雀到大雁，从鸵鸟到猫头鹰，它们与迅猛龙或强大的霸王龙之间有什么共同之处？所有这些鸟类都可以追溯到一类双足恐龙，它们主要是肉食性动物，被称为兽脚亚目恐龙。兽脚亚目恐龙最早出现于2.31亿年前的三叠纪晚期。最早的鸟类与兽脚亚目恐龙有很多共同之处，包括羽毛和产卵。然而，某些特征——比如持续的、有动力的飞行——将古代鸟类与其他兽脚亚目恐龙区分开来，并最终定义了现代鸟类的支系。今天，所有非鸟类恐龙早已灭绝，但是鸟类是否可以被认为是真正的恐龙？一句话：“鸟类是活着的恐龙，就像我们是哺乳动物一样。”

与这段文字所要陈述的观点一致的是（　　）。

A. 恐龙并没有灭绝，它们演化成了飞鸟

B. 因为鸟类是哺乳动物，所以是“活着”的恐龙

C. 今天所有的鸟类都是兽脚亚目恐龙的后代

D. 早期的鸟类都是肉食动物而非杂食动物

22. 由于油价暴跌以及新冠病毒疫情的冲击，美国不良债务，包括收益率比美国国债高出至少 10 个百分点的公司债，以及以低于每美元 80 美分的价格交易的贷款，已经从此前的 2140 亿美元膨胀到现在的 5330 亿美元，在不到两周内增加了逾一倍。美国油气行业是重灾区，该行业的不良债务现在超过 1280 亿美元。新债王冈拉克在 2019 年就曾经多次警示，下一次经济危机很可能源于债务问题。当前，作为压垮骆驼的最后一根稻草——新冠肺炎疫情和石油价格战已经落下，而由此造成的不良债务的飙升也初露端倪，接下来可能就是由于债务问题引起的连锁反应，企业和金融机构像多米诺骨牌一样接连倒下……笔者认为，这才是打向美国经济“七寸”的棍子。

这段文字所要陈述的观点是（　　）。

A. 美国不良债务使得油气行业成为重灾区

B. 美国经济滑入衰退，企业、金融机构纷纷倒闭

C. 美国油价暴跌是打向美国经济“七寸”的棍子

D. 不良债务飙升，这是美国债务危机的前奏

23. 诸多数据显示，电视剧依然是“客厅文化”的重要载体。一大批都市题材电视剧不断将触角延伸至各个行业，展现行业魅力或行业发展的同时，也满足了人们对不同行业的好奇心。聚焦房地产中介行业的《安家》，以“房”展现人生百态，构建了一幅富有时代气息的鲜活社会图景；“以庭审为中心”的检察大剧《决胜法庭》，从检察官群体在办案中抽丝剥茧、还原事实真相的独特视角切入，全景展现了检察工作和检察官这一职业及其从业者的新风貌；《奋进的旋律》讲述了党的十八大以来，制造业的转型和发展，以及国有和民营企业之间合作共赢的故事，折射了中国从富起来到强起来的发展历程……年代剧《新世界》，以小人物的故事表现新中国成立前夕的时代洪流变迁，激发了爱国情怀。

与这段文字所陈述的观点不符的是（　　）。

A. 优秀的电视剧丰富了人们的精神文化生活

B. 只有小人物的故事才能最真实地展示生活

C. 大批优秀电视剧通过荧幕呈现了社会百态

D. 不少剧集通过小人物的生活折射了岁月变迁

24. 企业服务市场光靠砸钱抢市场是远远不够的。市面上支持云视频的远程办公软件有很多，但是能够真正满足用户需求的却很少。不少主流的在线办公产品，都脱胎于原公司内部使用办公软件，天生带有的基因就是在一个闭环的关系链条中。然而，用户在实际工作中经常需要跨企业开会，但不同企业使用的视频会议软件并不相同，而且由于不是通讯录好友也无法快速发起会议邀请。也许，从 To C 做起的腾讯，天然地更能懂得用户的真实需求。他们敏锐地察觉到用户的这一痛点，并针对性地上线了“腾讯会议”。腾讯会议在设计之初就支持微信、QQ、小程序、web、App 多端随时随地入会。

对这段文字的主旨概括最准确的是（　　）。

A. 只有出色的产品才能真正满足用户的需求

B. 腾讯会议最本质的优势在于开放和连接

C. 拥有闭环关系链条才是主流在线办公产品

D. 用户的需求给企业服务市场提供了新契机

25. 现代信息网络技术、微电子技术和虚拟技术，把人们的视野扩展到一个全新的领域。人们不仅可以借助计算机技术建立作战实验室，把对历史经验的归纳和对未来的预测融为一体，将计算机自动推理与专家经验指导结合起来，而且能通过合成动态的人工模拟战场、造就逼真的作战环境，为战略理论研究开启新的渠道和广阔空间。许多国家以此为依据，提出新的作战原则和理论，并在此基础上形成了本国的国家安全战略，从而实现了国家安全谋划从经验决策到科学决策的转变。

这段文字意在强调（　　）。

A. 现代科技有助于科学制定国家安全战略

B. 现代信息网络技术的发展革新了战争方式

C. 国家安全谋划正从经验决策向科学决策转变

D. 作战原则和理论依赖于科学技术的创新和发展

26. 一百多年前，美国《生活》杂志曾刊发这样的图片：上半部分，几对穿着考究的男女正准备赴宴；下半部分，几尊人体骨架被对应地摆放在同一位置。这一戏谑又略带惊悚的图景，反映出人们对科技新进展——X 射线一知半解又怀揣好奇的心态。而社会发展至今，公众真有了一种被"透视"之感，这是因为网络时代个人隐私信息泄露的程度令人瞠目。

这段文字接下来最可能讲述的是（　　）。

A. 人们对 X 射线一知半解又怀揣好奇的心态

B. 网络时代，公民隐私要穿上"铁布衫"

C. 美国《生活》杂志所刊发的这类图片的去向

D. 社会发展至今，X 射线可能会泄露个人隐私

27. 北京市采取的公交优先战略除了是为奥运会创造畅通的交通环境外，更重要的是有助于培养北京市居民的公交意识和某种程度上的公民意识，北京市居民的这两种意识塑造对北京市的长远发展是一笔财富。

这段文字主要讨论的是（　　）。

A. 北京奥运会　　B. 奥运会的交通环境

C. 北京人的两种意识　　D. 北京市公交的优先战略

28. 量子通信绝不会"泄密"，其一，体现在量子加密的密钥是随机的，即使被窃取者截获，也无法得到正确的密钥，因此无法破解信息；其二，分别在通信双方手中具有纠缠态的 2 个粒子，其中 1 个粒子的量子态发生变化，另外一方的量子态就会随之变化，即任何观察和干扰，都会立刻改变量子态，引起其坍塌。而且，被传输的未知量子态在被测量之前会处于纠缠态，即同时代表多个状态，例如一个量子态可以同时表示 0 和 1 两个数字，7 个这样的量子态就可以同时表示 128 个状态或 128 个数字：0–127。量子通信的这样一次传输，就相当于经典通信方式的 128 次。

对这段文字概括最准确的是（　　）。

A. 量子通信是建立在量子纠缠理论基础之上的新的通信方式

B. 与经典通信相比，量子通信具有绝对安全和高效率等特性

C. 根据量子理论，量子通信无法被破译因而是绝对安全的

D. 量子通信技术优势明显，将引领通信技术的未来和发展方向

29. 针对九寨沟火花海决堤等一系列自然景观受损情况，国家地震安全性评定委员会副主任、中国地震局地质研究所研究员、副所长徐锡伟对新京报记者表示，九寨沟秀丽的景色本来就是自然风光，它们本身就是不同时期大地震等构造运动的产物，其形成属自然地理演化过程。徐锡伟分析，新的地震把火花海的堤坝破坏了，这纯属十分正常的自然地理演化过程，如果人为堵上决口，反而得不偿失。他解释说，地震本身就是一种自然力量，现在是利用自然的力量，把九寨沟的景观重新进行了塑造，这些景观在遭到地震这个自然的力量破坏后我们再去进行人为修复就会成为人为景观，而不是自然景观。

与这段文字意思不符的是（　　）。

A. 建议人为复原九寨沟火花海等景区

B. 不建议人为复原九寨沟火花海等景区

C. 九寨沟是不同时期大地震等构造运动的产物

D. 新的地震对九寨沟的破坏纯属自然地理演化过程

30. 向人类学习非常有趣，制造良好的操作装置或机器人是非常吸引人的。事实上，我们正在模仿太极拳的动作，尝试分析这些动作并从中学习。你可以捕捉这些动作，或者将这个动作复制到机器人身上。结果是只要一个动作就够了。真正的问题在于你如何从中概括，而要这么做的话，你需要从运动中捕捉人的动作，再把它放到人的模型上。而且模仿人类涉及模仿人的骨骼系统。你可以为这个动作建立模型。

这段文字主要介绍的是（　　）。

A. 向人类学习是一件非常有趣的事

B. 有人正在尝试模仿人类的太极拳动作

C. 模仿人类涉及模仿人的骨骼系统和肌肉

D. 对人类行为进行数字化模仿的含义

31. 一旦有人被感染（艾滋病毒），那么此人一生都会被感染。目前，我们还没有办法来清除这个病毒感染，因为病毒基因组总是以转录静止的状态，藏在免疫系统的不同空隙中。当然，我们现在已获得了抗艾滋病毒的有效药物。某些药物可以抑制逆转录酶，其他则可抑制衣壳蛋白的进程。并且这些药物都可以抑制十到二十年的病毒感染。但要记住的是，首先，即使这些药物可以抑制病毒感染，病毒也会以潜伏的形式藏在这些人体内。其次，尽管这些药物会发挥效力，这些人的T辅助细胞也会缓慢减少。

根据这段文字，以下说法正确的是（　　）。

A. 人类要完全消除艾滋病毒感染事实上不是不可能

B. 人类要完全消除艾滋病毒感染事实上绝对不可能

C. 某些药物可以长期抑制艾滋病毒的感染

D. 人类现在已获得了治愈艾滋病毒的有效药物

32. 伴随着我国的城市化进程，越来越多城市一面饱受“垃圾围城”之困，另一面也面临“无地可埋”的窘境。作为高度节约土地资源的无害化处理方式，垃圾焚烧发电前景广阔，但也备受误解和争议。到底该如何趋利避害，让垃圾焚烧发电为更多人所接受，考验着城市的文明程度和治理水平。

接下来最可能讲的是（　　）。

A. 兴建垃圾焚烧发电站会产生大量有害气体，会污染环境

B. 兴建垃圾焚烧发电站考验着城市的文明程度和垃圾治理水平

C. 与传统的处理方式相比较，垃圾焚烧是最佳选择

D. 越来越多城市不得不选择垃圾焚烧发电的处理方式

33. 沿着古丝绸之路，中国将丝绸、瓷器、漆器、铁器传到西方，也为中国带来了胡椒、亚麻、香料、葡萄、石榴。沿着古丝绸之路，佛教、伊斯兰教及阿拉伯的天文、历法、医药传入中国，中国的四大发明、养蚕技术也由此传向世界。更为重要的是，商品和知识交流带来了观念创新。比如，佛教源自印度，在中国发扬光大，在东南亚得到传承。儒家文化起源中国，受到欧洲莱布尼茨、伏尔泰等思想家的推崇。这是交流的魅力、互鉴的成果。

这段文字主要介绍的是（　　）。

A. 古丝绸之路见证了昔日的繁华和今天社会的发展变化

B. 古丝绸之路促进了中国和西方经济的大发展、大繁荣

C. 古丝绸之路带来了人们知识的交流和观念的创新

D. 古丝绸之路既是通商易货之路又是知识交流之路

第三章　论证评价

长期以来，人们总是以为语言是一种沟通工具，必须要熟练地掌握它、使用它。实际上，这种认识仅仅是从语言的交际功能出发的。从语言和“说话人”的关系这层意思来看，语言是个“多媒体”——既可作为工具，同时也是心智能力的一种反映。语言也是思维的工具，思维活动，尤其是抽象思维活动，必须借助于语言，而不能离开语言单独进行，即语言是思维的工具，是外壳；思维是语言的内容，是内核。一个人的思维能力与水平基本不受语言表述能力的限制，但语言表述能力一般会受思维能力的影响。①

第一节　论证与论证评价

一、何谓论证

在日常的学习、生活和工作中，我们经常要用到论证。那么什么是论证呢?

(一) 论证的概念

论证是对概念、判断、推理的综合运用，是根据已知为真的判断确定某一判断真实性的思维过程。②

论证由论题、论据和论证方式三个要素组成（表3－1）。

---

① 陈新政．论皮亚杰关于语言和思维的关系［J］．华中师范大学学报（人文社会科学版），1989（3）：5.

② 凌匡．概念阐释：议论的起点，思维的基石——以材料作文“方圆”“碰撞”为例［J］．课程教材教学研究，2018（3）：4.

表3-1 论证三要素区别一览表

论证	论题	在论证中需要确定其真实性的判断	论证什么
	论据	用以确定论题真实性的判断	用什么论证
	论证方式	把论题和论据联系起来的逻辑形式	怎样论证

论题是论证的核心，是在论证中需要确定其真实性的判断，是回答“论证什么”的问题。在议论文中，论题通常表现为论点。论据是用来确定论题真实性的判断，回答“用什么论证”的问题。论证方式是将论题和论据有机结合起来的逻辑形式，论证方式是论证的手段，它所回答的是“怎样论证”的问题。

（二）论证与推理

任何论证都是某种或某几种推理形式的具体运用。论证与推理既有联系又有区别。

1. 论证与推理的密切关系

首先，论证离不开推理。推理是论证的基础和手段，论证方式是论证过程中所有推理形式的总和。论证过程中，可以只用一个推理，也可以运用一系列推理。只有在论证过程中运用的所有推理形式都符合推理的规则，其论证方式才能是正确的，才能从论据必然地推出论题。

其次，论证的各组成要素与推理的各组成部分之间存在着一定的对应关系：论题相当于推理的结论；论据相当于推理的前提；论证方式相当于推理形式。

一个好的推理有三个条件：一是前提可接受；二是前提与结论相干；三是前提对结论形成支持。

一个好的论证也应该符合以下标准：一是论据可接受；二是论据与论点相干；三是论据对论点形成支持。

2. 论证和推理的区别

论证和推理既有联系又有区别，其区别主要表现在以下几个方面：

第一，思维方向不同。论证一般是先有论题后找论据，再用论据对论题进行证明；而推理一般是先有前提，然后根据有关规则推出结论。论证和推理的思维方向正好相反。

第二，逻辑结构不同。论证往往由一系列的推理形式构成，结构比较复杂；而推理的结构比较单一。

第三，错误的原因不同。论证的错误有三个方面的可能性：一是论题方面的逻辑错误；二是论据方面的错误；三是论证方式方面的错误。在这三个方面的错误中，只有第三个方面的逻辑错误是由于违反了推理的规则而引起的。

二、何谓论证评价

论证是人们用于交流、表达思想的重要途径，是说服并影响他人观点和立场的有力工具，论证理论的核心是论证评价。近年来，“论证评价”出现在事业单位联考《综合应用能力》B（即社会科学专技类）和《综合应用能力》C 类（即自然科学专技类）笔试科目试题中，成为国家人才选拔的工具，以此来测查应试者的逻辑思维能力。

（一）论证评价的概念

论证评价，即是对一个论证的方法、漏洞、焦点以及论证的有效性等进行评判，指出论证中存在的错误，分析论证未能达到预期目标的原因。[①]

这些错误大致包含概念不明确、判断不准确、推理不严密，论据不充分等方面，主要考察应试者运用逻辑方法，对自然科学和社会科学领域的现象、数据、问题和观点等进行分析、判断、推理和论证的能力。

（二）论证的规则

要保证论证的有效性，就必须遵守一定的规则，这些规则涵盖了论题、论据和论证方式三方面（图 3－1）。

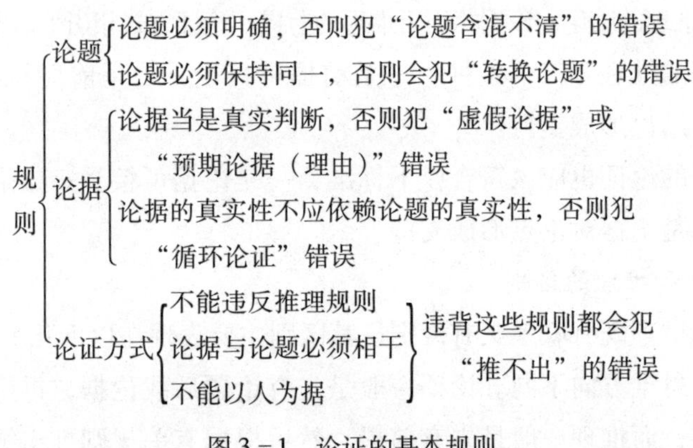

图 3－1　论证的基本规则

---

① 张玫瑰，桂起树．非经典逻辑观与法律论证的评价——兼论苏珊·哈克逻辑哲学思想［J］．湖南科技大学学报（社会科学版），2007，10（3）：7.

在论题方面，一是论题必须明确，否则犯“论题含混不清”的错误；二是论题必须保持同一，否则会犯“转换论题”的错误。

在论据方面，一是论据当是真实判断，否则会犯“虚假论据”或“预期论据（理由）”的错误；二是论据的真实性不应依赖论题的真实性，否则犯“循环论证”的错误。

在论证方式方面，一是不能违反推理规则；二是论据与论题必须相干；三是不能以人为据。违背这些规则都会犯“推不出”的错误。

（三）论证评价一般步骤

在论证的过程中，遵守上述规则，可以减少或避免论证错误，但是如何对一个论证的有效性快速作出判断，还需掌握一定的步骤。

1. 快速阅读，寻找论点和关键词

论证评价，通常会围绕一个论题，从论题、论据和论证这三个方面进行考查，而其中论题错误司空见惯。

如何快速找到论题？一般而言，有两大技巧：一是通过位置，如开头句、结尾句或承上启下句，具体可以参见“片段阅读”主旨概括类主旨句的寻找方法；二是通过结论性提示词，结论性提示词后面的信息往往就是结论。常见的结论提示词包括：

因此……，所以……，由此可见……，我（们）认为……，可以推断……，这样说来……，结论是……，简而言之……，显然……，其结果……，很可能……，表明……，由此可得出……，这证明……，等等。

在找到论题之后，紧接着就要勾画出论题中的关键词。关键词有两种：一种是名词或名词性短语，通常为论题中的主语和宾语，这里经常会出现偷换概念的逻辑错误。另外一种，就是绝对化表述的词语，如“最、关键、根本、唯一、第一、首要、核心、只要……就……”等，这里经常会出现以偏概全、只言一面不及其余等逻辑错误。如：

例3-1 因为冰盖融化，冰盖反射太阳的面积减少，反射太阳的热量也减少，从而使气温升高，导致气候变暖，所以北极冰盖的消退是导致全球气候变暖的根本因素。

通过结论提示词“所以”，可迅速确定该论题为：“北极冰盖的消退是导致全球气候变暖的根本因素”。该论题中有两个关键词，“北极冰盖”和

"根本因素"。首先"北极冰盖"跟论据中的"冰盖"概念不一致；其次，由前面的论据得不出"根本因素"这个结论，因为导致全球气候变化除了冰盖消退的原因外，还有很多其他重要原因，如人为温室气体的过度排放。

2. 仔细审视论据，留心案例和数据

论据是为论题服务的。论据要遵循三条基本原则，即真实性、针对性、全面性。用虚假的、尚未发生的事实来做论据，违背的就是论据的真实性原则，常见的错误有"预期论据（理由）"。在论据中出现"可能、预计、估计"这样的字眼，也需要格外注意，很可能所列举的论据跟论题没有必然的逻辑关系，违背的就是论据的针对性原则，常见错误包括诉诸权威、诉诸众人等。论据片面、不具有代表性，违背的就是论据的全面性原则，常见的错误有以偏概全。此外，出现数据，要学会分析是否存在不看本质、数量决胜的陷阱。如：

例3-2 全球社交媒体用户平均每天花费2.4小时在社交媒体上，而阿根廷和菲律宾的社交媒体用户则比较活跃，每天都花费超过4小时，Face book拥有超过13亿的月活跃用户，排名第一。QQ和QQ空间紧随其后，QQ的月活跃用户数有8亿之多，QQ空间也有超过6亿活跃用户。可以看出，Face book依然是全球最受欢迎的社交平台，但QQ和QQ空间的用户总和超过了Face book。

该例很明显是通过列数据得出结论的，需要仔细分析数据，看其中是否存在统计学谬误。分析得出，由"Facebook拥有超过13亿的月活跃用户，QQ以及QQ空间分别拥有8亿多和6亿多的月活跃用户"其实推不出"QQ和QQ空间的用户总和超过了Face book"，因为，一方面"用户总和"和"月活跃用户"并非同一概念，另一方面，QQ和QQ空间用户存在部分重合，其用户总和不能是两者简单相加。前者犯了"混淆概念"的逻辑错误，后者犯了"不看本质"的逻辑错误。

3. 认真分析论证方式，筛选错误点，锁定漏洞

论证方式是在论题和论据之间建立联系的过程。通过论据和结论，也就是论题，能快速确定论证类型，对照论证类型的相应错误点，逐一筛选即可锁定论证方式中存在的错误。常见的错误主要包括类比论证中的类比

不当，因果论证中的归因不全、因果倒置、滑坡论证等。如：

例3－3 树木最安静，所以树木的寿命比动物长很多倍。因此，人要是能更安静，寿命也会相应增加。

通过材料中结论提示词“因此”，能迅速确定该例的论题为“人要是能更安静，寿命也会相应增加”。“树木最安静，所以树木的寿命比动物长很多倍”即为论据。该例的论证方式属于类比论证，用“树木”跟“人”来进行类比，属于类比不当。因为“树”与“人”属于不同的物种，两者之间不能进行简单类比。

总之，论证评价有基本的规则和作答步骤。掌握了基本规则和作答步骤，了解论证常见错误，把握辨析错误的主要方法，不仅能提高我们做题的效率，还能有效提高我们的逻辑思维能力。

第二节 论证常见错误类型及其辨析方法

论证评价主要错误类型有论据不充分、概念不明确、判断不准确、推理不严密、认识片面、类比不当、不看本质、忽视变化等。对于这些比较容易混淆的论证错误，我们该如何区分呢？下面将一一介绍。

一、论据不充分

论据不充分即论据不足以支持论题。主要包括论据错误、论据不相干、预期论据、非此即彼等。

（一）论据错误

论据错误是指违背了论据必须“真实、典型、准确”的原则。出现无中生有、张冠李戴、移花接木、论据片面、论据不具有代表性或典型性等情况。如：

例3－4 三亚一定会吸引很多游客。因为三亚漂亮的雪山会吸引无数游客。

众所周知，位于海南的三亚是没有雪山的，作为该例论据的“三亚漂亮的雪山会吸引无数游客”本身就是无中生有，因此该论证是无效的、错误的。

（二）论据不相干

论据不相干即论据与论题在逻辑上缺乏相互关联。具体主要包括：诉诸权威、诉诸无知、诉诸众人、诉诸情感（表3-2）。

表3-2　论据不相干的种类

	分类	表现形式	提示词
论据不相干	诉诸权威	简单地以权威人物的声望、言论，代替对观点的论证	某专家说、某学者认为、某名人指出
	诉诸无知	断定一件事物是正确的，只是因为它未被证明是错误的，反则反之	不是……就是……
	诉诸众人	借助流行的见解、公众的热情、群体的利益或者习惯的行为方式等手段，来使人接受其论题	大多数人认为、一般认为、人们普遍以为
	诉诸情感	采用某些调动感情的手法，来代替对某个论题的证明或反驳	

1. 诉诸权威

诉诸权威的特点在于，简单地以权威人物的声望、言论，代替对观点的论证。这类错误可以通过提示词来确定。常见提示词有：某专家说、某学者认为、某名人指出，等等。如：

例3-5　人工智能研究专家说，AI会取代人类，人类会成为机器人的奴役。既然专家都这么说了，那肯定就是真的了。

该例中的第一句“人工智能研究专家说”出现了提示词，该句后面引导的就是一个不相干的错误论据，以“诉诸权威”这样的论据来论证，该论证就存在“论据不相干”的逻辑错误。

2. 诉诸无知

诉诸无知指的是人们断定一件事物是正确的，只是因为它未被证明是错误的，或断定一件事物是错误的，只因为它未被证明是正确的。例如：鬼魂一定是存在的，因为现今都没有人能证明鬼魂不存在。该论证以“诉诸无知”这样的论据来论证，就犯了“论据不相干”的逻辑错误。

3. 诉诸众人

诉诸众人是一种借助流行的见解、公众的热情、群体的利益或习惯的行为方式等手段，来使人接受其论题的论证方式。由于这种论证并不以事实为基础，或者并没有根据论据和论题之间的关系来证明论题，因而在逻辑上是不成立的。如《战国策·魏策二》记载有这样一则故事：三个人谎报市上有虎，于是听者就信以为真。成语“三人成虎”所揭示的正是“诉诸大众”的论证错误。这类错误还可以通过提示词来确定。常见提示词有：大多数人认为、一般认为、人们普遍以为，等等。

4. 诉诸情感

诉诸情感即是采用某些调动感情的手法，来代替对某个论题的证明或反驳。比如，在莎士比亚的《尤里乌斯·恺撒》一剧中，安东尼企图证明恺撒没有想做独裁者的野心，但又举不出有力的证据。于是，就以恺撒英勇善战，身上有十几处伤痕和恺撒留下遗嘱把自己的财产分给人民等等来影响群众的情绪，这就是诉诸情感的论证错误。

（三）预期论据

预期论据是指用本身真实性尚待证明的命题充当论据，起不到证明的作用。

这种错误常见的形式是论证者通过遗漏一个可能假的或不可靠的关键性论据，在结论中重复这个可能假的论据，制造出一种错觉，这种错觉使得一个不充分的论据看起来好像为结论提供了充分的支持。

预期论据可以通过提示词来确定。常见提示词有：“可能……必然……”，“现在……将来……”，“预计……所以……”，等等。如：

例3-6 某国人口总量自2005年开始下降，预计到2100年，该国人口总数将只有现在的一半。因此，该国政府应实施鼓励生育的政策。

在该例中，提示词“预计”后导出的“到2100年，该国人口总数将只有现在的一半”就是一个靠不住的论据。因为从2005年到2100年中间存在许多不确定的因素。用此靠不住的论据来证明论题，所犯的错误就是“预期论据”的逻辑错误。

（四）非此即彼

非此即彼也叫“非黑即白”。这种谬误实际上就是忽视了第三种情况的存在，论证只考虑了两个极端，这就像在黑与白之间本来有很多中间色，却非要人们或者选择黑或者选择白。简言之，在论证中否定一个观点，从而就认可另一个相反的观点，就是非此即彼。其实，这两个极端的观点都有可能是错误的。

例3－7 喜爱运动的松鼠其平均寿命不到10年，而喜欢安静的乌龟其平均寿命则超过100年。因此，好静的个体更长寿。

实际上影响寿命长短的因素很多，不仅有运动与静止的习惯问题，还有先天遗传、社会环境等，不考虑可能存在的诸多因素，仅仅通过“喜爱运动的松鼠”与“喜欢安静的乌龟”之间的不当类比，简单得出“好静者长寿”的结论，显然是错误的。此外，该例也犯了“类比不当”的逻辑错误。

二、概念不明确

所谓概念不明确即从论据、论证到结论，没有保持概念的确定性，前后概念发生转移。具体包括概念界定不准确、概念混淆、偷换概念等。如：

例3－8 没有煮熟的豆浆对人体有害，生豆浆中含有皂角素，能引起恶心、呕吐、消化不良，还有一些酶和其他物质，如胰蛋白酶抑制物，能降低人体对蛋白质消化能力。故而，常喝豆浆需要慎重。

该段前提是“没有煮熟的豆浆对人体有害”，而结论是“常喝豆浆需要慎重”。前提中“没有煮熟的豆浆”也就是“生豆浆”，与结论中的“豆浆”是不同的两个概念，该例就存在“偷换概念”，因此，其论证存在“概念界定不准确”的错误。再如：

例3－9 只会死读书的人，进入社会取得的成就还不如不读书的人。可见，读书对孩子将来的发展毫无用处。

在该例中，作者将“死读书的人”与“读书的人”概念混淆，最终得出了错误的结论“读书对孩子将来的发展毫无用处”。因此，该论证存在“概念界定不准确”的错误。

三、判断不准确

判断不准确又叫判断失当，具体包括两种情况：第一种情况是指概括分析错误，即结论与原文观点不符；第二种情况是主观臆断，出现“必然、肯定、根本、一定”等绝对化表述。错误类型主要包括前后矛盾、与实际不符、主客倒置、偶然误为必然、可能误为现实、部分误为整体等。如：

例3－10 许多人认为，生命在于运动，其实，这种科学理论是值得商榷的。恰恰相反，生命在于静止，理由如下：

第一，运动场上短跑运动员猝死的新闻时常见诸报端，而居家静养的猝死者则鲜有耳闻。

第二，喜爱运动的松鼠其平均寿命不到10年，而喜欢安静的乌龟其平均寿命则超过100年。因此，好静的个体更长寿。

第三，说生命在于运动，这本身就是一个伪命题。人只要活着，其呼吸就在进行，血液就在流淌。人只要活着，运动就在进行。

第四，并不是运动越多，寿命就越长，事实证明，再多运动也不能保证高寿，再多运动也换不来生命奇迹。

第五，树木最安静，所以树木的寿命比动物长很多倍；人只要能更安静，寿命也一定会相应增加。

第六，哈佛大学的一项研究数据表明：少量的运动能降低死亡率20%，适量的运动能降低死亡率40%。

在这段论证中，作者所要证明的观点是：“生命在于静止。”第七段由“哈佛大学的一项研究数据表明：少量的运动能降低死亡率20%，适量的运动能降低死亡率40%”，两个论据都说的是运动能降低死亡率，说明运动是有好处的，所证明的论题应该是“生命在于运动”，而无法推出“生命在于静止”，论据和结论之间相互冲突，属于前后矛盾的逻辑错误。

四、推理不严密

推理不严密即推理过程中逻辑关系不成立，或推理不能得出唯一的结果，存在其他可能。具体包括两种情况：第一种情况是指强加因果，生拉硬拽导致逻辑关系不成立；第二种情况是结论不唯一，有多种可能，真假不定。存在的论证漏洞包括强拉因果、倒因为果、归因不当、得不出结论等多个方面。如：

例 3－11 同样近 30 年来，M 市 6—8 月出现持续 3 天以上高温的总次数为 27 次，20 次都是在 2000 年以后出现的，2018 年 6 月和 7 月，M 市已经分别出现了一次持续 3 天以上的高温。既然 2018 年 M 市出现 3 天以上持续高温的次数已经超过了近 30 年来的平均值，那么 8 月份 M 市不会出现 3 天以上的持续高温天气。

该段论证由“2018 年 M 市出现 3 天以上持续高温的次数已经超过了近 30 年来的平均值”，推出结论“8 月份 M 市不会出现 3 天以上的持续高温天气”存在论证错误。因为题干的论据和结论之间不存在必然的推理关系，属于强拉因果的逻辑错误。

例 3－12 大量癌症相关的家族遗传病学研究发现，某些基因突变，比如 BRCA1/2 对于卵巢癌和乳腺癌，以及 NF1 对于儿童神经细胞瘤，能够极大增加突变基因携带者患癌的概率。这些可以看作支持“癌症能够诱导基因发生突变”在流行病学和统计学上的间接证据。

该段论证的论据是“某些基因突变能够极大增加携带者患癌概率”，也就是说某些基因突变导致癌症，而其所支持的论题是“癌症能够诱导基因发生突变”，论题与论据前后循环，逻辑关系不成立，推理不严密。

五、认识片面

认识片面的错误反映在逻辑上就是思考问题过于片面，以偏概全、抓住一点不及其余、顾此失彼、走向极端等。如：

例 3－13 北极地区的永久冻土层融化对于地球的温室效应形成了一个动态的反馈过程：永久冻土层的解冻会导致甲烷气体释放而引发增温，更加温暖的气候会导致更深层的永久冻土层融化，产生新的甲烷释放。因此，随着北极永久冻土层的融化，全球气候变暖的速度必将不断加快。气温的不断上升，会对各种动植物的生存产生诸多或利或害的影响，而这进而会危害人类的健康。

该段论证由“气温的不断上升，会对各种动植物的生存产生诸多或利或害的影响”推出“这进而会危害人类的健康”。既然对动植物的影响“或利或害”，就不一定都是害，故不能推出会危害人类的健康这种绝对性的结论，该论证存在“认识片面”的错误。

六、类比不当

类比不当即是在论证过程中，将两个本来没有可比性的事物牵强附会地拉在一起进行比较，从而得出荒谬的结论。类比不当，从逻辑上看是论证方法有误。如：

例3－14 树木最安静，所以树木的寿命比动物长很多倍；人只要能更安静，寿命也一定会相应增加。

该段论证中“树木”属于植物，“人”属于“动物”，两者之间没有可比性，不能通过简单的类比，得出正确结论。

七、不看本质

不看本质包括表面定论、数量决胜。其中的数量决胜是指单纯数字观点的思维定式，即只考虑事物的数量而忽视事物的性质及其他因素。如：

例3－15 通常认为，医科大学附属医院比社区医院和私立医院要好。这其实是一种误解。例如，本地区的医科大学附属医院和社区医院或私立医院相比，医生人数少15%，治愈率低30%，总利润和医务人员收入也少很多。另外，医科大学附属医院的医生大多身兼数职：教学、科研、治病。由此可见，当你不得不在医科大学附属医院和社区医院或私立医院之间进行选择时，最好不要选择前者。

该段论证的陈述仅仅从数字的角度进行。只靠几个数据的陈列就匆忙得出结论，而没有考虑到事物的其他方面的性质：例如虽然医生的人数少15%，但是如果这些医生都是国内顶尖的医生和专家，能够以一当十；虽然治愈率低30%，但是医院收治的不治之症的病人多；虽然总利润少很多，医务人员收入也少很多，但是这是因为医院的收费标准制定得很低，倾向于社会福利性质等等。从这些推理可以看出该段论证是站不住脚的，仅仅从几个表面的数字就妄下断言，显然犯了数量决胜的错误。

八、忽视变化

忽视变化包括静止地看待事物、没有发展的观点眼光、忽视地域时间及环境条件的变化等多个方面。如：

例3-16 近年来，M国的科技竞争力得到了显著提升。2000年之后，该国充分重视论文产出。美国《科学引文索引》（SCI）显示，十多年来，M国发表的论文数量大幅增加。2002~2016年，SCI收录的该国论文由2万余篇增至171026篇，平均每年增加1万余篇。可以预见，2017年该国被SCI收录的论文将超过18万篇。

该段论证由“平均每年增加1万余篇论文”，预见“2017年该国被SCI收录的论文将超过18万篇”存在论证错误。因为平均增长并不代表匀速增长，影响论文发表的因素很多，每年发表的数量有可能出现起伏。该段论证忽视环境条件的变化，犯了忽视变化的错误。

练习题

一、单选题

1. 论题是论证的核心，是在论证中需要确定其真实性的判断，是回答(　　)的问题。

A. 用什么论证　　B. 论证什么

C. 怎样论证　　D. 何时论证

2. “树木最安静，所以树木的寿命比动物长很多倍；人只要能更安静，寿命也一定会相应增加。”这段论证中存在的主要错误是(　　)。

A. 不看本质　　B. 概念不明确

C. 认识片面　　D. 类比不当

3. “只会死读书的人，进入社会取得的成就还不如不读书的人。可见，读书对孩子将来的发展毫无用处。”这段论证中存在的主要错误是(　　)。

A. 概念不明确　　B. 论据不相干

C. 认识片面　　D. 判断不准确

4. “通常认为，医科大学附属医院比社区医院和私立医院要好。这其实是一种误解。例如，本地区的医科大学附属医院和社区医院或私立医院相比，医生人数少 15%，治愈率低 30%，总利润和医务人员收入也少很多。另外，医科大学附属医院的医生大多身兼数职：教学、科研、治病。由此可见，当你不得不在医科大学附属医院和社区医院或私立医院之间进行选择时，最好不要选择前者。”

这段论证中存在的主要错误是(　　)。

A. 概念不明确　　B. 论据不相干

C. 不看本质　　D. 判断不准确

二、判断题

1. 论证由论题、论据和论证方式三个要素组成。论题是论证的核心，是在论证中需要确定其真实性的判断，是回答“论证什么”的问题。(　　)

2. 论证是人们用于交流、表达思想的重要途径，是说服并影响他人观点和立场的有力工具，论证理论的核心是论证评价。(　　)

3. 论据不充分即论据不足以支持论题。(　　)

4. 概念不明确即从论据、论证、到结论，没有保持概念的不确定性，前后概念发生转移。(　　)

三、多选题

1. 一个论证，一般由以下哪几个要素组成？(　　)

A. 论题　　B. 论据

C. 论证　　D. 推理

2. 一个好的推理有 3 个条件，即(　　)。

A. 前提可接受

B. 前提与结论相干

C. 前提对结论很重要

D. 前提对结论形成支持

3. 要保证论证的有效性，就必须遵守一定的规则，这些规则主要包括(　　)。

A. 论题必须明确

B. 不能违反推理规则

C. 论据当是真实判断

D. 论据与论题必须相干

四、实训题

1. 请认真阅读给定材料，指出其中存在的 4 处论证错误，并分别进行简要评述，每条不过 150 字，论证错误主要包括论证中的概念不明确、推理不严密等。

中国很多家长希望他们的子女能考入“211”或者“985”这样的好大学，他们认为这样有利于其子女在以后的竞争中处于优势，家长们的这种观点是有问题的，显然他们过于急功近利，在读书问题上忽视了对孩子们兴趣的培养。确实，孩子长大后能否在某个领域表现得出类拔萃，往往取决于他们能否在成人后从事自己最感兴趣的职业。所以，作为父母，更应该注意培养其子女的兴趣，而不是竭尽全力帮助他们追求考入好的大学。

许多家长可能还不知道，像傅以渐、王式丹、毕沅、林召棠、王云锦、刘子壮、陈沆、刘福姚、刘春霖这些人，他们虽是清代的状元，但后人很少知道并提及他们；而以下历史上大名鼎鼎的人物：顾炎武、金圣叹、黄宗羲、曹雪芹、李渔、吴敬梓、蒲松龄、洪秀全，竟全是当时的落第秀才。由此可见，落第秀才对中国历史文明发展的贡献要远远大于状元。具有讽刺意味的是，落第秀才正是当时人们眼中科举考试的失败者，而状元显然是成功者。既然如此，现今的中国家长又何必削尖脑袋逼迫他们的孩子去追求高考的高分甚至是“状元”呢？

还有更多的历史证据和事实可以说明上述说法的正确性，正如某位著名物理学家所言：人生无限，真正的考场其实从来不在学校。因此，家长们真的没有必要在意其子女在学校里（包括大学）的成绩是否足够优秀。

2. 请认真阅读给定材料，指出其中存在的 4 处论证错误，并分别进行简要评述，每条不超过 150 字。论证错误主要包括论证中的概念不明确、判断不准确、推理不严密、论据不充分等。

因为冰盖融化，冰盖反射太阳的面积减少，反射太阳的热量也减少，从而使气温升高，导致气候变暖，所以北极冰盖的消退是导致全球气候变暖的根本因素。

因在全球气候控制和环境保护方面的卓越贡献，美国前副总统戈尔荣获2007年诺贝尔和平奖，他在获奖演说中预言：北极冰盖正在急剧减少，最早可能会在7年后的夏天消失殆尽，时至2014年夏天，北极冰盖不仅没有消失，其覆盖面积反而有所扩大，并且其厚度也有所增加。戈尔的预言落空，表明全球气候再也不会变暖了。

美国北极冰盖监控机构发布的最新报告显示，2014年北极冰盖大约占北冰洋海域面积的15%，覆盖面积是2006年以来的最高值，达到562万平方千米，2012年至2014年间北极冰盖的面积增长了43%，丹麦气象局采用了不同于美国的监测技术，其报告显示北极冰盖的覆盖面积至少为北冰洋海域面积的30%。冰盖面积从2012年的270万平方千米增长至2014年的440万平方千米，增长幅度达63%，可见上述两个机构关于北极冰盖面积变化的研究结论是相悖的。

面对冰盖面积增加的现实，戈尔办公室依然坚持认为北极冰盖减少的大趋势并未逆转，因为导致全球气温升高的其他因素的状况并没有根本改善，并且有不断恶化之势，他们认为，到2015年夏天北极冰盖面积还有可能减少到100万平方千米以下，可见戈尔的预言是正确的。

3. 请认真阅读给定材料，指出其中存在的4处论证错误，并分别说明理由，每条不超过100字。

数字化出版的出现对传统图书产生了极大的冲击，但是电子书是不可能完全取代纸版书的。

理由主要有以下五点：

第一，电子书和纸版书是两种不同的信息载体，它们各有自己的优点和缺点。电子书最大的缺点就是阅读时愉悦感不如纸质书，容易造成人们视觉和心理上的疲劳，而纸质书有电子书所不能取代的优点，闲时手捧一本书，手指触碰书页的那种感觉是电子书所替代不了的。

第二，读者的阅读习惯不可能在一朝一夕改变，会有一个很长的过渡期。由上可见，短期内纸版书阅读仍将是人们获得信息的主要形式。

第三，阅读是一种文化感受，其载体应该以一种质朴的、本真的、饱满的方式展示给读者，而电子书所呈现的则是虚拟的、呆板的、抽象的符号，在阅读的体验上远远不如纸质书，阅读纸质书犹如喝一杯甘醇的香茶，而电子书仅仅是一杯难以解渴的白开水。

第四，纸质书也是不断发展进步的，从线装到胶装，从平装到精装，纸质书在呈现方式、阅读体验等方面，不断地适应人们不同的需求。其实，电子书本身也是由纸质书发展而来的，所以，不存在电子书取代纸版书的问题。

第五，由于互联网非常发达，电子书的获得非常便捷，得之容易往往不被珍惜。这么多年，我没有完整地看完一本电子书，因为我更偏爱读纸质书，读了电子书就好像没读过似的。

4. 请认真阅读给定材料，指出其中存在的4处论证错误，并分别说明理由，每条不超过150字。常见的论证错误主要包括论证中的概念不明确、判断不准确、推理不严密等。

2015年1月，全球活跃互联网用户是总人口数的42%，而2014年同期这个比例是35%，可以推测，到2020年全球互联网用户将超过总人数的70%。

在地域分布上，发达国家或地区使用互联网的人数比例普遍较高，比较极端的是，百慕大、巴林和冰岛的互联网用户数几乎等同于该国家或地区的人口总数，而朝鲜和南苏丹使用互联网的人数不及其总人口数的0.1%，由此可见，互联网普及度和国家或地区的经济发展水平成正比。

全球网民平均每天使用网络时长为4.4小时，菲律宾最高，平均每天超过6小时，可见菲律宾人喜欢上网。泰国、越南、印度尼西亚和马来西亚人同样不容小觑，平均每天上网的时间都超过了5小时。

几乎70%的英国人在网上购物，德国、韩国、美国和澳大利亚网购人数都超过了其总人口数的50%。南亚和东南亚电子商务普遍不发达，泰国、菲律宾和印度网购人数均不到其总人口数的20%。网购英国日用品的平均价格是每件12美元，网购美国日用品的平均价格是15美元，而网购菲律宾日用品的平均价格则为1美元，可见，日用品从菲律宾网购比从英、美网购便宜。

全球社交媒体用户平均每天花费2.4小时在社交媒体上，而阿根廷和菲律宾的社交媒体用户则比较活跃，每天花费超过4小时。Facebook拥有超过13亿的月活跃用户，排名第一，QQ和QQ空间紧随其后，QQ的月活跃用户数有8亿之多，QQ空间也有超过6亿活跃用户。可以看出，Facebook依然是全球最受欢迎的社交平台，但QQ和QQ空间的用户总和超过了Facebook。

5. 请认真阅读给定材料，指出其中存在的5处错误，并分别说明理由，每条不超过100字。

近日，某市场调研机构预测，到2035年，全球将拥有近2100万辆无人驾驶汽车。这一数字远高于该机构在2014年1月预测的1180万辆。由此可见，汽车厂商和科技公司将加快无人驾驶汽车领域的探索步伐。

为了迎接无人驾驶汽车的到来，H国政府计划在未来十年投入巨资拉动无人驾驶汽车技术的发展，与此同时，H国一些地方政府立法准许无人驾驶汽车出现在公路上，这意味着无人驾驶汽车将会很快和普通汽车一样在该国迅速普及，并迅速进入普通民众的家庭。

H国某大学的研究人员对无人驾驶汽车的安全性关注已久，他们从10家已上路测试无人驾驶汽车的公司中随机选取了A、B、C三家公司进行研究分析，将这是三家公司无人驾驶汽车测试时的安全数据与2013年H国普通车辆的安全记录进行比对，发现二者的事故比约为9：2。可见，无人驾驶汽车的交通事故率比普通汽车更高，无人驾驶技术的安全性低。另外，该研究还显示，每年普通汽车发生的事中，都有人员伤亡，而无人驾驶汽车发生的事故中没有任何人员死亡，说明无人驾驶汽车比普通汽车安全性要高。

一项民意调查结果显示，有35%的成年人表示他们不会购买无人驾驶汽车，就说明65%的成年人对无人驾驶汽车的安全性能比较放心。

6. 阅读给定材料，指出其中存在的4处论证错误并分别说明理由。请在答题卡上按序号分条作答，每一条先将论证错误写在“A”处（不超过75字），再将相应理由写在“B”处（不超过50字）。

20世纪80年代，M市高温首日经常出现在6月中下旬至7月，到21世纪，往往还没到6月中旬，M市气温就会蹿至35℃以上，仅有两年的高温日到7月才出现，1981年以来，M市6—8月高温日出现越来越频繁，可见，M市首个高温日的出现时间越来越早，21世纪后每年首个高温日出现时间肯定早于20世纪80年代。

在M市，一年中最热的时候莫过于7月，1997年以来，高温日数逐渐增多。截至2018年7月中旬，2018年M市高于35℃的日子已有6个，比往年7月的平均数还多2个。可以确定，这一年M市7月的高温日总数将是1997年以来最多的一年。另外据统计，M市7月的高温日整体多于6月和8月，照此趋势，2018年8月的高温日可能不会超过7月。

近30年来，M市7月的夜温越来越高，1999年以来7月的夜间最低气温普遍超过23℃，所以2018年7月下旬M市夜间的最低气温不会低于23℃。

同样近30年来，M市6—8月出现持续3天以上高温的总次数为27次，20次都是在2000年以后出现的，2018年6月和7月，M市已经分别出现了一次持续3天以上的高温。既然2018年M市出现3天以上持续高温的次数已经超过了近30年来的平均值，那么8月份M市不会出现3天以上的持续高温天气。

30年来，M市“城市热岛效应”愈发显著，城区与郊区的平均气温差值越来越大。2018年7月M市各区平均气温偏高，均超过26.7℃。其中市中心2个城区气温最高，其次是环市中心的其他4个城区，2个郊区的气温最低。（注：高温日为日最高气温≥35℃）

第四章　事务文书写作

这一章我们将学习几种比较常见的事务文书的写作。通过学习，培养大家分析问题、解决问题的能力，提高办事效率和写作水平。

一、事务文书的概念

事务文书是指党政机关、企事业单位以及社会团体在日常公务活动中，用于沟通信息、安排工作、总结得失、研究问题的具有很强实用性的应用文章。

与公务文书相比较，两者都具有咨议调研、规范约束、喻事明理和留存备查、沟通情况等作用。但是公务文书是国家法定公文，具有法定的作者、规范的体式和处理程序。事务文书不是法定公文，事务文书的特点是：作者广泛、程序简便、行文宽泛、体式灵活。

二、事务文书的种类

事务文书的种类很多，具体主要包括：计划、调研报告、工作研究（理论文章）、讲话稿、发言稿、会议记录、启事、简报、汇报材料、工作总结、述职报告，等等。

本章我们主要介绍计划、调研报告、简报、汇报材料以及讲话稿、发言稿的写作。

第一节　计　划

一、计划的概念

计划是机关、团体企事业单位根据党和国家的方针政策以及上级的指示，结合本地区、本单位的实际情况，对一定时期内的全面工作或某项活动作出预想性的部署和安排时使用的文书。[①] 计划是对未来一定时期内的工作目标、任务、措施和实现步骤等而做出的预测和设想，并把这些设想写成系统化、条理化的书面材料。

二、计划的种类

计划是一个笼统的称呼，常见的“设想、规划、打算、安排、意见、要点、方案”等，都是人们对今后工作或活动做出的部署与安排，因而，也都属于计划范畴。计划的名称不同，与计划的长短、范围、内容翔实与否关系密切。

相比较而言，设想是初步的，富有创新性，供参考的粗线条计划；规划是带有全局性的、长远性的和方向性的计划；安排、打算常用于时间较短、内容具体，并偏重于工作步骤和方法的计划；意见是政策性和原则性较强，内容较完整的计划；要点是对一定时期内的全局工作或中心工作所作的简要安排；方案则是对某项工作从目的、要求、方法到具体步骤都做出较为全面的部署与安排，一般要求周密，专业性较强。计划的分类见表4－1所列。

表4－1　计划的分类

名称	时　间	内　容	范　围
设想	长期	对工作任务做粗线条的非正式的安排，富有创新性	本单位、本部门
规划	一般3年以上	涉及面广，内容较概括，大轮廓	本单位、本部门
打算	近期内	提出任务，但其中的指标、措施较粗略	本单位、本部门
安排	短期内	任务明确，内容较单一，措施较具体	本单位、本部门
意见	一个阶段内	布置任务，交代政策，提出要求，制定措施，内容较完整，政策性、原则性较强	上级对下级

---

① 夏京春．应用文读写教程［M］．北京：人民日报出版社，2013：131.

（续表）

名称	时　间	内　容	范　围
要点	一定时期内	布置主要任务，交代政策，提出原则性要求	下级对上级 本单位、本部门
方案	近期、短期	就某项任务、课题的具体实施，从目的、要求、方式、方法等方面作全面安排，专业性较强	本单位、本部门

除了使用的名称不同外，计划按性质分，有综合性计划、专题计划等；按内容分，有生产计划、工作计划、学习计划、实验计划等；按范围分，有个人计划、单位计划、地区计划等；按时间分，有远景计划、年度、季度、月份计划和旬、周的安排等。

三、计划的格式及写作

计划的写作一般有两种情况：一是普通计划，这类计划写法较灵活，可以成文表述，也可以列表表述，格式比较自由；二是文件计划，此类计划可作为行政公文的附件上报或下发，有一定的书写格式。下面我们主要介绍文件计划的写作。

文件计划一般由以下部分构成：标题、正文、结语、落款。

（一）标题

文件计划的标题直截了当，不转弯抹角，一般不需要文采式或形象生动的标题。主要有以下几种格式：

（1）由计划单位名称、计划时限、计划内容、计划名称四要素组成的完整式标题，如《××市××局××××年工作计划》。

（2）省略式，即视实际需要省略某些标题要素，有的省略时限，如《××公司营销方案》；有的省略单位，如《2020 年工会工作要点》；有的省略单位和时限，如《毕业生就业工作计划》。注意：凡省略单位的标题必须在正文后署名。

（3）公文式，即由发文机关名称、事由、文种组成。如《××总公司关于××××年机构改革工作的方案》。

若计划尚不成熟或未经批准，则在标题后或正下方注明其成熟度，如

"草案""讨论稿"等字样，并加上圆括号。

（二）正文

计划正文一般由前言、主体和结语构成（图4－1）。

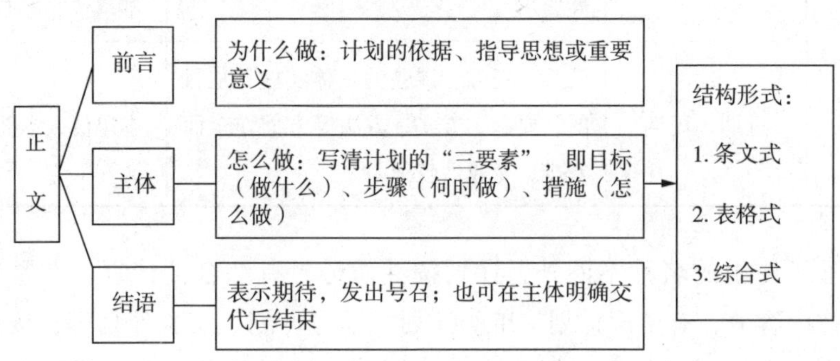

图4－1　计划正文的结构

1. 前言

交代为什么要制定计划，即回答"为什么要做"的问题。

前言一般包括以下内容：

（1）说明制定计划的依据：如"根据……""遵照……""鉴于……"等，用作依据的可以是工作的情况所需、形势所迫、国家的文件精神、单位的规章制度等；

（2）概述本单位的基本情况，分析完成计划的主、客观条件；

（3）提出总的任务和要求，或指出完成计划指标的意义；

（4）指出制定计划的目的。如用"为了……""为……"等词语，直接阐述制定计划的目的。

然后通常以"为此，特制订计划如下"或"为此，需抓好以下几方面的工作"为过渡语，引出主体部分。

2. 主体

主体部分一般必须写清以下三方面的内容：

（1）目标任务：交待做什么。写明计划要达到的目标、指标和要求，包括做哪些事，明确其数量和质量等。通俗地说目标任务就是写清楚"做什么"。

（2）措施：具体写明怎么做、谁来做。要写清楚采取何种办法，利用什么条件，由何单位、何人具体负责，如何协调配合以完成任务。

(3) 步骤程序：明确何时完成、达到什么标准。要写明实现计划的程序和时间安排，从而对实现计划起到监督和约束作用。步骤即写明“何时完成”以及每个阶段“达到什么标准”。措施、步骤程序，可以分开写，也可以将措施和步骤程序放在一起写。根据计划的内容和表述的需要，可以把计划写成条文式、图表式，或条文、图表结合式。不便在正文里表述的内容，可另作“附件”。

(三) 结语

可以说明计划的执行要求，也可以提出希望或号召，或展望实现计划的景况，鼓舞动员为完成计划而努力工作。也有的计划不专门写结语。

(四) 落款

写明制定计划的单位名称或个人姓名，最后标明时间。

四、计划写作注意事项

(一) 基础材料要准确

用做计划文书的各种基础材料，不能有假。如果以假材料为依据，推测出来的设想，将使计划很难实现。

(二) 任务指标有余地

计划文书里所提出来的任务，各种措施要求，一定要实事求是，在任务、措施上应留有余地，允许有上升的空间。在充分调动群众积极性的基础上，经过努力，可以实现和超额完成计划。

(三) 使用朴实的语言

计划文书与总结、调查报告不同，不需要生动、形象的语言。计划文书的内容，都是要求人们未来去做的，只有理解明白，才能做，才能执行。所以，语言要朴实无华，不能似是而非、模棱两可，特别是任务指标决不能含糊，一定要清清楚楚，表达准确。如：

例4-1 请指出下面这则计划中存在的问题，并进行修改。

中国银行××支行第四季度工作计划

今年的工作十分繁忙，尤其是第四季度的工作，如何把本季度的工作搞好，作下列计划：

(1) 抽出时间认真学习中央有关基建改革的文件。

(2) 深入单位了解完成工作量的情况和资金支用情况，为审查好年终决算打下基础。

(3) 了解建设单位明年的计划安排和完成情况，以便做好明年的信贷计划工作。

(4) 认真与建设单位对清计划，避免超计划支出。

从格式上，这则计划没有执行时间和落款。

从内容上来讲，该份计划的目标和任务并不明确，也缺乏具体的措施和步骤，形同虚设。如第一条“抽出时间认真学习中央有关基建改革的文件”，“抽出时间”及“中央有关基建改革的文件”，前者带有很多的不确定性，后者缺少限制，在有限的时间学习完成所有的“中央有关基建改革的文件”的任务，并落到实处，实际上不可能。此外，每一项工作谁牵头做，分几步做，做到什么程度，都没有明确。

在语言表述方面，啰唆而不够准确，较多口语化。如“今年的工作十分繁忙，尤其是第四季度的工作”可以直接改为“今年第四季度的工作十分繁忙”；口语化的词语如“抽出时间”“搞好”等，都应改为相应的书面语，最好是能够量化。

由于时间关系，其他就不一一指出。

第二节　调研报告

一、调研报告的概念

调研报告是对社会生活以及自然界的各种情况和问题，进行一定的调查，并对调查所获得的材料进行深入分析、研究和总结，在此基础上撰写而成的书面报告。

调查和研究是调研报告的重要环节。调查，应该深入实际，准确地反映客观事实，不凭主观想象，而应该按事物的本来面目了解事物，详细地占有材料。研究，即在掌握客观事实的基础上，认真分析，透彻地揭示事物的本质。因此，调研报告具有较高的信息情报价值和新闻价值。

二、调研报告的分类

根据调研报告的不同功能，我们可以将调研报告分为：反映情况类调研报告、介绍经验类调研报告、揭露问题类调研报告等三类。

反映情况类调研报告的功能是向读者反映情况，提供信息。

介绍经验类调研报告和揭露问题类调研报告，其功能是向读者提供现实生活中成功或失败的典型个案，通过对典型个案的深入调研，不但了解事情的过程，效果（结果），还要分析形成这种情况的主客观原因，从而帮助读者认清事物的真相，学习到可供借鉴的经验或总结出可以吸取的教训。

三、调研报告的格式和写作

调查报告一般由标题、署名、引言、开头、正文和结语等部分组成。

（一）标题

调研报告的标题有三种形式：

一是公文式，用单标题概括调研对象、内容、文种等三部分内容。如《市环保局关于××发电厂对生态环境以及附近居民的影响的调研报告》，调研报告的“文种”还常常以“……调研附记”“……调研札记”“……的考察”等形式出现。

二是主题式，用单标题概括内容或主题，主题句式的标题有两种形式：一是陈述式，如《强化危险化学品监管，保障机组安全运行》；二是提问式，如《企业市场快速响应机制如何建立》。

三是新闻式，即双标题，正标题揭示调研的内容或主题，副标题缩小范围，反映调研的单位、内容、文种，如《明晰产权起风波——对××市一集体企业被强行接管的调查》。

（二）署名

标题下面署名，写出调研单位，或调研者个人姓名及所在工作单位。

（三）开头

开头部分，又称作引言部分。该部分的作用是概括介绍有关情况，为下文展开做好铺垫。所以，调研报告的前言要简明扼要，信息含量大，站在适合于下文展开的角度。一般应该交代清楚以下要素：

(1) 调研目的。简要地叙述为什么对这个问题（工作、事件、人物等）进行调查；

(2) 调研时间、地点、对象、范围、经过；

(3) 调研方法。调查研究采用什么方法；

(4) 调研对象。调查对象的基本情况、历史背景；

(5) 调研结论。调查后的结论概说。

对一篇调研报告来说，上述要素具体写哪些，可根据调查目的来确定，不必面面俱到。

前言一般采用叙述的表达方式。写法大致有三种：

第一种是写明调研的起因或目的、时间和地点、对象或范围、调研的经过与方法，以及人员组成等情况，从中引出中心问题或基本结论。

常用的调查方法有：

(1) 普遍调查法。即普查，是指在一定范围内，对所有对象进行全面的调查，以获得完整、系统的资料。

(2) 典型调查法。在一定的范围内，选择能够代表总体状况的典型深入的调查。

(3) 抽样调查法。即在需要调查的客观事物的总体中抽取一部分进行调查，以此来推断总体情况。

(4) 实地观察法。即亲身深入调查第一线，通过观察、访谈等方式，获取真实、可靠的情况。

第二种是写明调研对象的历史背景、大致发展经过、现实状况、主要成绩、突出问题等基本情况，进而提出中心问题或主要观点。

第三种是开门见山，直接概括出调研的结果，如肯定做法、指出问题、提示影响、说明中心内容等。

总之，前言应起到画龙点睛的作用，要精练概括，直切主题。

(四) 正文

正文是调研报告的主体部分，是前言的引申和展开，也是结论的根据所在。

正文部分一要全面具体地反映调研所掌握的情况；二要对有关情况做出分析。不同类型的调研报告，正文的写作内容也各有侧重。

反映情况类调研报告正文主要对调研对象的情况进行较为全面而详尽

的反映，介绍情况应抓住要害和特点，特别要注意反映那些变化了的、新鲜的、独特的新动向，介绍情况应分门别类，可以根据对象的不同特点、不同类型或区域特点介绍。

介绍经验类调研报告的正文主要内容有：(1) 用成绩说话，要在工作的项目、规模、效益等方面用统计材料说明工作所取得的成绩，达到令人信服的目的；(2) 介绍取得成功的经验、做法，选准工作取得成效的根本经验，从方法、过程、措施、步骤等方面进行陈述，并用工作的实绩加以具体的说明介绍；(3) 分析优越性，总结先进工作所带来的各种效益和成功经验的先进性所在。

揭露问题类调研报告正文主要有：(1) 存在的问题，这部分属于基本情况介绍。要用数字和具体事实说明问题的严重程度，所造成的后果，以及损失的程度，以准确把握问题的性质。(2) 分析问题产生的原因，这是反映问题的关键环节。因此，原因分析要抓准，就问题找原因，分清主客观原因，辨别人为因素与外在因素，便于采取相应的改进措施，使问题尽快得到纠正和解决；(3) 提出改进建议，针对问题或调研对象的实际情况，提出具体可行的改进建议或措施，建议应针对性强，切实可行，对调研对象有参考利用的价值。

正文的结构方式。常见的是将正文内容分为几个部分，每一部分用序号或小标题概括。

主要结构模式有：(1) 横式结构。由浅入深、逐步深入。(2) 纵式结构。根据工作过程和进展，由先到后，步步演进，但调研报告很少陈述工作的每一过程，所以这种结构使用相对较少。(3) 并列结构。将调研对象或内容不分主次先后，一一介绍。(4) 对比结构。调研的往往是两个单位或两种情况，通过各方面情况的对比，比出优劣，找出差距。

(五) 结语

结语的功能是归纳前文，进一步补充完善。典型经验的调研报告往往在结尾指出不足或有待改进提高之处；反映情况、揭露问题的调研报告在结尾提出建议；研究分析型调研报告结尾多用于总结全文，得出结论。不论采用何种形式，结尾都应该确有必要，对全文是不可缺少的补充或完善。如正文完结，内容已阐述清楚，全文应当自然结束，不写结语。

四、调研报告写作应注意的问题

（一）必须掌握符合实际的丰富确凿的材料

必须掌握符合实际的丰富确凿的材料，这就要求我们必须深入一线，获得反映真实情况的第一手资料。

（二）梳理归纳，找出问题的症结所在

对于通过调研或其他方式获得的大量的直接和间接资料，要做艰苦细致的整理归纳工作。调研报告切忌面面俱到，要在第一手材料中，筛选出最典型、最能说明问题的材料，对其进行分析，从中揭示出事物的本质或找出事物的内在规律，得出正确的结论，总结出有价值的东西，这是写调研报告时应特别注意的。

（三）用词力求准确，文风朴实

写调研报告，应该使用概念成熟的专业用语，非专业用语应力求准确易懂。

（四）要逻辑严谨，条理清晰

调研报告要做到观点鲜明，立论有据。论据和观点要有严密的逻辑关系，条理清晰。论据不单是列举事例，讲故事，逻辑关系是指论据和观点之间内在的必然联系。

第三节　简　报

一、简报的概念

简报，就是简明扼要的情况报道。它是由党政机关、企事业单位、群众团体内部编发的，向上级反映情况、汇报工作，向平级或下级通报情况、交流经验、传递信息的一种事务文书。[①] 一般在党政机关、社会团体、企事业单位内部运转。简报虽不能代替正式公文，对受文单位的工作一般只有指导作用而不具有指令性，但却是使用最普遍、最广泛、最常见的应用文书之一。简报常用于向上级报告工作和业务情况，便于上级了解情

① 夏京春．应用文读写教程［M］．北京：人民日报出版社，2013：125.

况，及时做出指示，指导工作；也可用于平级与下级之间沟通情况，交流经验，以利于开展与推动工作。

二、简报的种类

简报的名称很多，一般叫“××简报”，也有叫“××反映”“××动态”“××简讯”“××快报”“内部参考”。依照不同的标准可将简报分为不同的类型。按照时间可分为定期的简报、不定期的简报、临时简报。按照内容可分为工作简报、生产简报、学习简报、科技简报、商业简报、会议简报。按照问题的涉及面可分为专题简报、综合简报。按照发送范围可分为公开简报、指定范围的简报。

三、简报的作用

简报可以起到“下情上达、上情下达、横向沟通”等作用，是机关单位的“耳目”和“参谋”。具体来说：

第一，简报反映日常工作和业务活动的情况，可以使上级领导部门及时了解基层单位的新成就、新经验，以最快的速度掌握出现的新情况、新问题，为制订相应的方针、政策提供参考。

第二，简报下发所属基层单位，可以传达、解释上级文件的精神，指导下级开展工作；或者对工作提出建议、要求，以供下级参考执行；也可以通过简报树立典型事例，推广经验。

第三，简报在平级单位之间转发，可以相互交流，相互学习、探讨，取长补短，更好地促进工作的开展。

四、简报的特点

简报与新闻的消息相类似，只是消息对外，简报对内。简报的特点是“新、快、简”。

（一）新

新即言简报的立意要新、内容要新。“新”是简报的主要功能，也是简报的价值所在。以便给读者提供新信息、新启示。必须是新情况、新问题、新经验、新思想、新事物。即便报道的是旧闻旧事，也要写出新的意义，反映出新的时代风尚。

（二）快

快即言编发简报要迅速及时。简报又被称为机关内部的“公务新闻”，基本上属于新闻写作，必须具有强烈的时效性，要求快写、快编、快审、快印、快发、快送。如果错过了时间，就成了“马后炮”，降低了材料的价值，失去了报道的意义。因此，“快”体现的是简报的效率。

但是，我们所要求的快，只能是尊重事实，保证质量的前提下。为此必须杜绝不顾事实、粗制滥造的不正之风。

（三）简

简报顾名思义，就是简明扼要的报道。具体要做到：（1）语言要简，开门见山，抓确有价值的信息，热点问题，普遍的情绪意见；抓典型材料，准确反映事物的真相和本质，要言不烦；（2）内容要简，不做铺展，精当概括，不宜过细地叙述事情的整个过程；（3）篇幅要简，简报又称“千字文”，要求以最少的文字表达最丰富的信息。

五、简报的格式与写作

简报由报头、报核、报尾组成（图 4－2），红色间隔线之上是报头，黑色间隔线之下是报尾，两条间隔线之间是报核。

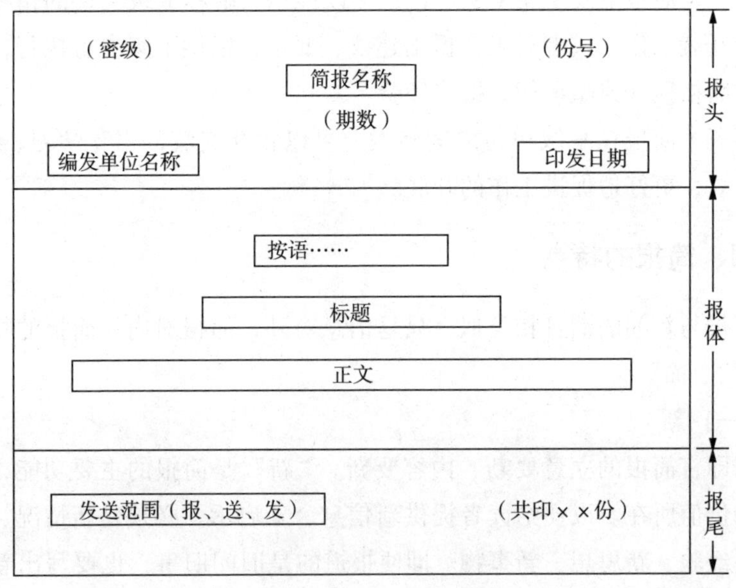

图 4－2　简报的编排格式

（一）报头

排在简报首页上方，包括简报的名称、编印单位、期数和印发日期。整个报头占据第一页上方三分之一的位置（图4－3）。

环 境 保 护 督 察

简 报

（第13期）

××市迎接中央环保情察工作领导小组办公案　　2017年8月17日

图4－3　简报报头格式

1. 简报的名称

一般根据内容和性质命名，居中用大字套红印刷。如《市场简报》《科技简报》《教学动态》等。

2. 编发期数

按年度编号，或统一编号，居简报名称下排布。

3. 编发单位

期数左下方，间隔线上，居左排布。

4. 编发日期

期数右下方，间隔线上，居右排布。

5. 密级

简报名称左上角排布。简报的密级分绝密、机密、秘密。有时也标作“内部刊物”“内部刊物，注意保存”之类。

6. 编号

简报名称右上方，与密级左右对称排布。

7. 间隔线

一般用红线把报头与正文隔开。

简报不像公文，简报的格式可以有一定的灵活性，整个报头可以占据第一页上方三分之一的位置，也可以占据第一页左边三分之一的位置，密级有时也可以不标（图4－4）。

· 内部资料 注意保存 ·

时政教育文选

本 期 目 录

合肥工业大学党委宣传部

第267期

2020.10.5

HFUT-J002

图4-4 简报封面格式样例

（二）报核

报核由按语、目录、标题、正文、供稿者组成。

1. 按语

按语又称编者按，是表明办报单位的主张和意图的一段文字。按语的位置在“间隔线”之下，文章标题之前（图4－5）。

××工业园区企业社会责任

工作简报

2010年第2期（总第2期）

××工业园区企业社会责任联盟办公室

××工业园区宣传（精神文明）办公室　　2010年9月20日

编者按：自今年5月园区企业社会责任联盟成立以来，联盟各指导单位和成员单位蓬勃开展了丰富多彩、很有意义的各类社会责任活动。现集锦编发。供交流参考。

图4－5　简报按语排版格式

按语一般有三种写法：

说明性按语：介绍稿件的来源、编发原因和发至范围。

提示性按语：提示稿件内容，帮助读者理解稿件的精神。一般加在内容重要、篇幅较长的文稿前面。

评介性按语：表明编者对简报的倾向性态度。

需要指出的是，不一定每篇简报都配按语。是否需要按语，应根据稿件的情况而定。

2. 目录

目录的位置在“按语”下方，文章上方，居中标注“目录”（图4－6、图4－7）。

南宁市产品质量和食品安全专项整治工作

简　报

第1期

南宁市产品质量和食品
安全领导小组办公室　　　　　　　　　2007年9月11日

目　录

举全系统之力　打好特殊战役

——南宁市质监系统召开产品质量和食品安全专项整治工作会议

9月11日，南宁市质监系统召开产品质量和食品安全专项整治工作会议。六县质监局班子领导、市局全体干部职工参加了会议。

……

图4－6　简报目录与标题同页编排样例

· 内部资料 注意保存 ·

时政教育文选

本期目录

合 肥 工 业 大 学 党 委 宣 传 部

第267期

2020.10.5

HFUT-J002

图 4－7 简报封面编排样例

若简报只有一篇文章，则不标注目录。

3. 标题

每篇稿件都需有标题。标题必须确切、醒目、简短，且富有吸引力。简报文稿的标题多类似新闻标题。

4. 正文

正文主要包括前言、主体、结尾、背景材料等部分，有的简报像消息一样还有背景材料。

前言是正文的起始部分。用极简洁、明确的一句话或一段话，概括全文的主题或所反映的基本事实，一般应把时间、地点、人物、事件、原因、结果等因素一一交代清楚，给读者留下一个总的印象。前言相当于消息的导语，多包含“5 个 W” + “1 个 H”。写法一般有叙述式、提问式和结论式等。前言的写作要求开门见山，用简练、生动的文字，准确地概述文章的主旨。

主体是正文的重点所在，写作时一定要紧扣主题，承接导语，逐层展开，力求做到观点鲜明，材料典型，结构严谨。简报正文如篇幅较长，为求眉目清楚，可采用小标题、序数法等方式展开。

结尾归纳小结，阐明意义，加深印象。结尾一般主要有以下几种方式：

(1) 点明主题，小结全文；

(2) 展示前景，指明事情发展的趋向；

(3) 提出希望，激励读者；

(4) 点名问题之所在，防微杜渐；

连续性报道可在结尾处写明：“事情正在进一步发展”“事情有待进一步澄清和处理”等。如主体已将所要说明的都已交代清楚，也可以不写结尾。

背景材料是对消息中的人和事所处环境、条件的介绍，其作用是烘托主题。背景材料位置不固定，也不是每一份简报都必需的。

5. 供稿者

在正文下一行的右方，用括号注明供稿人。如果供稿者同时又是简报编发者，供稿人姓名也可以不予注明。

（三）报尾

报尾在简报最后一页的下三分之一处，用间隔线隔开。报尾的构成要素大致包括：发送范围、印发份数、拟稿人、核稿人和责任编辑的姓名。

发送的范围一般写作“报××、××、××”“送××、××、××”“发××、××、××”。“报”后面的单位一般是级别比本单位高的直属上级单位；“送”后面的单位一般是平级单位或级别比本单位高的非直属上级单位；“发”后面的单位一般是级别比本单位低的下级单位。

印发的份数一般标注“共印××份”，并加圆括号“（）”括起来。

简报的报尾写作多比较灵活，有的还采用期刊的结构形式。

六、简报的编写要求

（一）材料要精当，事实要准确

要本着实事求是的精神，客观、公正、如实地反映情况，不搞虚假报道。所用的材料要认真核实，做到准确无误。否则将会造成误导，延误工作。

（二）编写要迅速、内容要简明扼要

一般一份简报，一个主题，抓住关键，揭示本质，切忌拖泥带水，啰唆冗长。

第四节　汇报材料

一、汇报材料的概念

汇报材料又称情况汇报、工作汇报或情况报告，是一种用以汇报本机关、本部门或个人工作情况，供上级机关检查、考察调研或新闻记者了解情况而写作的书面材料。① 属于下级单位和机关团体向上级领导、上级机关陈述情况的常见文书之一。

汇报材料不是公文，但是其用途广泛，下级机关向上级机关、部门向领导机关、分支机构向总部、个人向单位汇报工作时都可以撰写汇报材

① 尤德胜．基层工作知识与实务［M］．合肥：安徽人民出版社，2018：197.

料。此外，汇报材料也可以用来反映本单位某阶段工作进展情况或重大问题；向上级提出意见或者建议；汇报对上级政策、法令的执行情况；交办任务的完成情况等。

二、汇报材料的结构及写作

汇报材料一般由标题、署名及成文时间、摘要、称谓、正文等五部分构成。现分别介绍如下：

（一）标题

汇报材料的标题一般有两种写法。

1. 公文标题

这种标题由“汇报事由+文种”构成。如《关于招生工作情况的汇报》《关于××垃圾焚烧发电站建设情况的汇报》等。

2. 非公文式标题

非公文式标题由正标题和副标题两部分组成。正标题较虚，一般是同汇报内容有关的一句话；副标题较实，一般是标明汇报的内容、范围、文种等，是对正标题的补充、说明。如：

着手当前　抢抓机遇　推进专业厂改制
放眼未来　谋求发展　争做行业小巨人
——关于为完成股份公司全年目标而奋斗的情况汇报

（二）署名及成文时间

1. 署名

署名多在标题下面另起一行居中排列。署名是单位的，要同单位的法定正式名称一致，或使用规范的简称。个人则要写姓名全称。个人如果要标明职务，一般应先写职务后写姓名全称。如“×××人大常委会办公厅”不能写作“省人大办公厅”。“县长张××”不能写成“××”“张县长”，或“××县长”而省去姓氏。

2. 成文时间

汇报材料的成文时间一般以定稿人定稿的时间为准，多在标题下另起行居中标注，并用不同的字体或加括号的办法以示区别。时间应写清年月日，不能省略。也有的汇报材料将时间同汇报人的署名一起标注在汇报材料的最后一页，右下角距离右边页边距缩进3个字符位置。

（三）摘要

摘要也称内容提要。篇幅较长，一般5000字以上的汇报，可以写出500字左右的摘要，以方便汇报对象的阅读和处理。摘要是对汇报内容的简明扼要的陈述，一般位于标题、署名之下，正文之前。

摘要的常见位置有两种：一是单独放在封面的后面，在第一行正中间写上“摘要”二字，再另起一行空两格写摘要的正文。二是写成独立的段落，放在调研报告的标题之下、正文之上。也可以将“摘要”二字用方括号括住放在段首，接着写摘要的内容。

撰写摘要，要求作者将汇报的主要内容、提出的主要观点、意见和建议做出准确清楚的交代，让汇报对象通过阅读摘要就可以把握汇报的主要内容，做出自己的判断。

摘要不是必备的内容，大部分的汇报材料不写摘要。

（四）称谓

称谓即汇报材料的主送单位或个人。如果是书面报送，一般只送单位不送个人。如果是作为面对面汇报的材料，则应考虑到实际听取汇报的人员情况，向哪些人汇报就写哪些人。如：“××市政府”“××省人大常委会”“尊敬的各位领导”。

（五）正文

汇报材料的正文一般由开篇、主体、结尾三部分组成。

1. 开篇

汇报材料的开篇也称前言、开场白等。主要介绍汇报的目的、原因或概括工作的总体情况、得出的有关结论，介绍汇报的有关背景情况等。不论何种开篇，都要求简洁、明快，开门见山。切忌海阔天空的套话、假话。

开篇常见的写作方法有：

说明汇报的起因、依据。如“按照全省义务教育工作会议的要求，现将我市贯彻落实这次会议精神的情况汇报如下”。

说明汇报的背景材料。如“2020年5、6月份，大河报、大河网持续对郑州轨道交通工程建设管理过程中出现的问题进行了报道。内容涉及轨道交通施工安全管理、置业开发等工作。对此，郑州市轨道交通有限公司高度重视，立即组成调查组对所报道情况进行了调查，现将调查情况汇报如下”。

直接说明汇报的主题或目的。如“现将有关情况报告如下”。

2. 主体

汇报常用的主体结构分为三种，即纵式结构、横式结构、纵横交错式结构。

（1）纵式结构

纵式结构是指按照事物发展的内在逻辑或时间顺序来安排观点和材料。公司情况说明一类汇报材料常采用此类结构。

（2）横式结构

横式结构是指将掌握的材料和形成的观点按照其性质或者类别，并列放置，分别叙述，从不同的方面综合说明汇报的主题。这种写法的优势是可以从多角度全方位地展示汇报的中心问题，能达到议题集中、观点突出、条理清晰、说服力强的效果。如关于农民工问题的汇报，从基本情况、队伍心态、意见或建议这三个方面写起，可以较为全面地说明社会经济关系新变化中的农民工的现状。

（3）纵横交错式结构

纵横交错式结构，就是纵式结构和横式结构的结合使用。一是以纵为主，纵中有横的结构。二是以横为主，横中有纵的结构。需要说明的是，纵横交错的结构方式并不是每个部分必需的，也有某些部分不交错的情况。

3. 结尾

汇报材料的结尾一般是一个简要的小结，用以对汇报的内容做一个纲要性的总结。这一部分写作可以简明扼要，点到为止，甚至可以省略。

结尾的主要写法有：一是概括全文，进一步深化主题。概括地说明汇报的主要观点，进一步深化主题，加强报告的说服力和感染力。二是总结经验，形成结论性意见。根据汇报的情况，总结工作经验，形成基本结论。三是指出问题，提出解决问题的建议。指出当前存在的问题和不足，提出改进工作的具体意见和建议。四是说明危害，引起汇报对象的重视。重申某一现象的严重性、危害性，以引起有关部门关注。五是展望未来，说明汇报所提出的对策、建议的意义。

三、汇报材料写作注意事项

汇报材料使用频率很高，如需作为附件上报，要注意行文规范。汇报材料的格式编排样例，如图 4 - 8 所示。

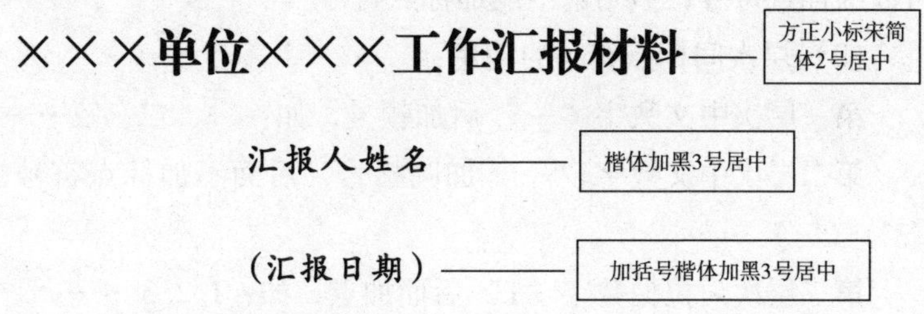
×××单位×××工作汇报材料

汇报人姓名

（汇报日期）

尊敬的×××：

大家好！首先我代表×××，感谢检查组一行×××来我单位检查指导工作，下面将我单位×××汇报如下：

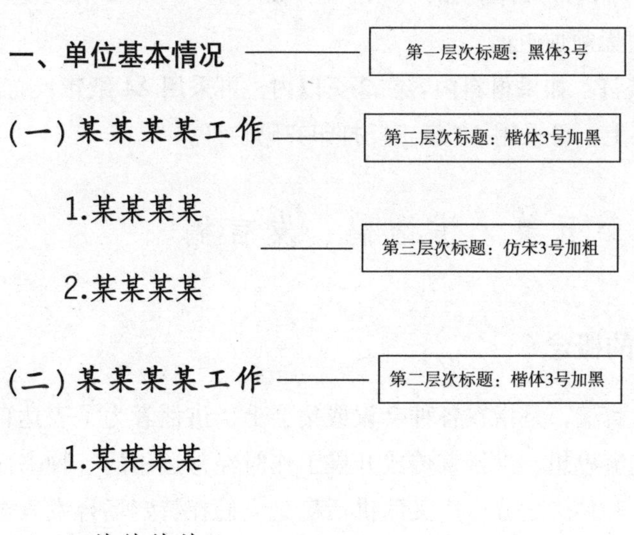
一、单位基本情况

（一）某某某某工作

1.某某某某

2.某某某某

（二）某某某某工作

1.某某某某

2.某某某某

图 4 - 8　汇报材料的格式编排样例

（1）主标题一般用方正小标宋简体 2 号字，居中。第一层次大标题：黑体 3 号；第二层次标题：楷体 3 号加黑；第三层次标题：仿宋 3 号加粗。正文均使用 3 号仿宋体不加粗。正文行间距使用固定值 28 磅，但根据排版需要，可适当调整。正文段落首行空两个字符。

（2）各层次的标题后面不加标点符号，如果是两句以上的标题，中间可以加标点符号，但句末不能加标点符号。

（3）层次间标点符号的使用：

第一层次中文数字"一"后加顿号，如：一、二、三……

第二层次中文数字"一"加圆括号，后面不加标点符号，如：（一）（二）（三）……

第三层次阿拉伯数字"1"后面加点，如：1. 2. 3. ……

第四层次阿拉伯数字"1"加圆括号，后面不加标点符号，如：（1）（2）（3）……

（4）工作总结和计划等上报材料，大标题下不落汇报人姓名和汇报日期，在正文的最后一页落单位名称和成文日期。

（5）汇报材料下方应插入页码。页码对齐方式为外侧，格式为阿拉伯数字两边加横线，小四号宋体。如："-1-""-2-"

（6）汇报材料无须加封面。

（7）纸型和装订：如果材料内容在 2 页以内，可采用 A4 纸正反打印；如果内容在 2 页以上，可采用 A3 纸正反打印齐码装订。

第五节　讲话稿、发言稿

一、讲话稿的概念

讲话稿也称发言稿，是指在各种会议或集会上，讲话者为了表达自己的主张、见解，交流思想、进行宣传或开展工作时经常运用的一种书面材料。讲话稿有广义和狭义之分。广义的讲话稿是人们在特定场合发表讲话的文稿；狭义的讲话稿即一般所说的领导讲话稿，是各级领导在各种会议上发表带有宣传、指示、总结性质讲话的文稿，是事务文书中的重要文体之一。

二、讲话稿的特点

讲话稿有如下特点。

（一）内容的针对性

讲话稿的内容是由会议主题和讲话者身份来决定的。因此在写讲话稿之前，必须要了解会议的主题、性质、议题，讲话的场合、背景，领导者的指示、要求，听众的身份、背景情况、心理需求和接受习惯等。

（二）篇幅的规定性

讲话是有时间限制的，因此对讲话稿篇幅要有特定要求，不能不顾具体情况长篇大论。一般来讲，表彰、通报、庆典等会议上的讲话稿篇幅不宜过长，以免喧宾夺主。

（三）语言的得体性

为了便于讲话者表达，易于听众理解和接受，讲话稿的语言既要准确、简洁，又要通俗、生动。另外，由于讲话具有现场性，因此撰写领导讲话时必须提前考虑、把握现场气氛。

（四）起草的集智性

为了提高行政效率，领导讲话稿经常由秘书代笔，然后经领导审核决定是否采用。有的部门还专设起草小组，领导一般要将写作的目的、背景、写作要求等对起草小组交代清楚，然后由起草小组分工协作，集体撰稿，并在起草的过程中反复讨论、修改、几易其稿，才提交领导使用。

三、讲话稿的种类

按照会议内容的不同，可把讲话稿分为工作会议类讲话稿，庆祝、纪念会议类讲话稿，表彰会议类讲话稿等，本节主要讨论以下两种比较常见的领导讲话稿。

（一）工作会议类讲话稿

此类讲话稿是领导在各种会议上发表的对前一阶段的工作情况包括成绩、经验、缺点等进行归纳总结，对下一阶段的工作目标、任务、重点、措施等进行研究部署的讲话稿。这类会议讲话稿要求态度鲜明，目的明确，内容单一，层次分明，逻辑严密，语气坚定，针对性强，号召力大，简洁明快。

（二）庆祝、纪念会议类讲话稿

此类讲话稿是领导在纪念某一历史事件、历史人物或在重大庆典纪念性会议上所发表的讲话稿。这类讲话稿既要肯定和颂扬历史事件的重大意义和历史人物的丰功伟绩，还要立足当前、面向未来，揭示其现实意义，对继承光荣传统，弘扬革命精神提出具体要求。

四、讲话稿的结构及写作

讲话稿一般由标题、日期、称谓和正文等部分组成。

（一）标题

讲话稿的标题分为两种：一种是由讲话人的姓名、职务、事由和文种构成，如《×××厅长在全省教育工作会议上的讲话》；另一种是由一个主标题和副标题组成，主标题一般用来概括讲话的主旨或主要内容，副标题则与第一种的构成形式相同。如，《进一步学习和发扬延安精神——〈在延安文艺座谈会上的讲话〉发表60周年座谈会上的讲话》。

（二）日期

将讲话当天的日期用汉字书写，置于讲话稿标题的正下方。

（三）称谓

称谓也就是对讲话对象的称呼。一般应该根据与会人员的情况和会议性质来确定适当的称谓，如“同志们”（常用于党的会议）“女士们、先生们”（常用于国际性会议）“各位代表”（常用于代表大会）“各位领导、各位专家”（常用于学术会议），总之，称谓要求做到庄重、严肃、得体。

（四）正文

讲话稿的正文包括开头、主体和结尾三部分。

1. 开头部分

开头部分也叫作引言部分，其写法很多，都要切合讲话的主题，符合讲话的语境。一般来说：庆祝活动的开头多强调时间、空间，概略描述场面；上级出席下级某部门活动，多表示慰问或祝贺；在传达精神、布置工作时，多采用开门见山，直奔主题的方式。

2. 主体部分

主体部分也是讲话的核心部分。

根据会议的内容和发表讲话的目的，可以重点阐述如何领会文件、指示、会议精神；可以通过分析形势和明确任务，提出搞好工作的几点意见；可以结合本单位情况，提出贯彻上级指示的意见；可以对前面其他领导人的讲话做补充讲话；也可以围绕会议的中心议题，结合自己的分管的工作谈几点看法等等。

在结构上可以采用并列式或递进式。

并列式即将要说的几个方面的问题并置，问题之间的先后位置可以互换，不影响意思的传达。这种结构形式多为布置工作或总结会议的讲话稿写作所采用。

递进式是一层进一层的结构，各层意思之间呈现逐层深入的逻辑顺序，先后次序一般不能打乱，否则会影响意思的传达。在统一思想和行动的工作会议上，多采用这种结构形式。

3. 结尾部分

与其他事务文书不同：其他事务文书不一定要有结尾，但是讲话稿一定要有一个结尾，否则听众会认为讲话、发言尚未结束。

结尾用以总结全篇，照应开头。或者发出号召，或者提出要求，或者征询对讲话内容的意见或建议，或者展望未来，给人以鼓励，等等。

五、讲话稿与发言稿的区分

讲话稿和发言稿在不作为事务文书时，两者可以通用，一旦作为事务文书，应严格区别使用。

讲话一般体现主办方或上级领导的意见，从整体出发，具有一定的原则性、政策性、权威性；发言一般体现参与方平级或下级领导的意见，从自身的实际出发，畅所欲言，具有一定的务实性、灵活性。如“在某个会议上的讲话”和“在某个会议上的发言”可能内容写法相同，但在实际使用时要注意标题的命名是选择“讲话”还是“发言”。

六、讲话稿、发言稿写作注意事项

（一）对象明确，针对性强

俗话说，到什么山上唱什么歌。写讲话稿要搞清楚由谁发言，向谁说，要了解听众是谁，听众最关心的是什么。如果不了解讲话的对象及其所关心的问题，就等于无的放矢，答非所问，很难与听众产生共鸣。

（二）主题集中、观点明确

讲话稿的写作主题要明确，重点要突出，避免面面俱到。由于讲话多有时间限制，如果主题不集中，事无巨细，平均用力，很难给听众留下深刻印象。

（三）语言恰当、把握分寸

语言恰当即准确、真实、可靠，把握分寸即一分为二，不高绝对化。语言表达要做到“谦、简、明、确、顺”。

此外，讲话稿由于是讲话的底稿，口语表达往往稍纵即逝，所以还要注意讲话的顺序，对讲话的内容要做精心的安排，先说什么后说什么，一定要条理清楚。

练习题

一、单选题

1. 在“计划”中，我们把“对某项工作从目的、要求、方法到具体步骤都做出较为全面的部署与安排，一般要求周密，专业性较强”的计划称作(　　)。

A. 方案　　B. 意见

C. 安排　　D. 打算

2. 在“计划”中，我们把“政策性和原则性较强，内容较完整”的计划称作(　)。

A. 方案　　B. 意见

C. 安排　　D. 打算

3. 在“计划”中，我们把“初步的，富有创新性，供参考的粗线条”的计划称作(　　)。

A. 方案　　B. 意见

C. 设想　　D. 打算

4. 计划的“步骤”即是要写明（　）以及每个阶段“达到什么标准”。

A. 做什么　　B. 谁来做

C. 怎么做　　　　　　　　　　D. 何时完成

5. 简报的按语一般有三种写法：提示性按语、评介性按语和(　　)。

A. 说明性按语　　　　　　　　B. 抒情性按语

C. 描写性按语　　　　　　　　D. 议论性按语

6. 汇报材料的标题一般有两种写法，即公文标题和非公文式标题，以下属于公文式标题的是(　　)。

A. 着手当前　抢抓机遇　推进专业厂改制

B. 加快发展乡村旅游助推乡村振兴

C. 一二线楼市春节现反季节购房热

D. 关于××水力发电站建设情况的汇报

7. 下列各项中，文章标题写作不正确的一项是(　　)。

A. 《2021 年××企业创建文明工厂的规划》

B. 《××厅长在全省农业工作会议上的讲话》

C. 《关于××乡镇扶贫工作的调研报告》

D. 《关于“放管服”工作开展情况的汇报》

二、判断题

1. 事务文书是国家法定公文，具有法定的作者、规范的体式和处理程序。(　　)

2. 规划是带有全局性的、长远性的和方向性的计划。(　　)

3. 计划指标应订得高一些，否则，就不能体现计划的先进性。(　　)

4. 调研报告是对社会生活以及自然界中的各种情况和问题，进行一定的调查，并对调查所获得的材料进行深入分析、研究和总结，在此基础上撰写而成的书面报告。(　　)

5. 简报由报头、报核、报尾组成。简报不像公文，简报的格式不可以有一定的灵活性。(　　)

6. 简报的编发期数一般按年度编号，或统一编号，居名称下排布。(　　)

7. 简报的编发单位一般位于期数下方，间隔线上，居右排布。(　　)

8. 简报的密级一般在简报名称左上角排布。(　　)

9. 简报的编号，一般位于简报名称左上方，与密级左右对称

排布。(　　)

10. 按语又称编者按，是表明办报单位的主张和意图的一段文字。按语的位置在“间隔线”之下，文章标题之前。(　　)

11. 汇报材料又称情况汇报、工作汇报或情况报告，是报告的一种，属于上级单位和机关团体向下级领导、下级机关陈述情况的常见文书之一。(　　)

12. 其他事务文书不一定要有结尾，但是讲话稿一定要有一个结尾，否则听众会认为讲话、发言尚未结束。(　　)

13. 讲话一般体现主办方或上级领导的意见，从整体出发，具有一定的原则性、政策性、权威性；发言一般体现参与方平级或下级领导的意见，从自身的实际出发，畅所欲言，具有一定的务实性、灵活性。(　　)

三、多选题

1. 计划的主体部分一般必须写清以下方面的内容(　　)。

A. 制定计划的依据　　B. 目标和任务

C. 措施　　D. 步骤

2. 调查报告常用的调查方法有(　　)。

A. 普遍调查法　　B. 典型调查法

C. 抽样调查法　　D. 实地观察法

3. 揭露问题的调研报告其正文应交代清楚的内容主要包括(　　)。

A. 揭示存在的问题　　B. 分析问题产生的原因

C. 提出改进的建议　　D. 总结全文，得出结论

4. 写好调研报告应该注意的问题有(　　)。

A. 必须掌握符合实际的丰富确凿的材料

B. 梳理归纳，找出问题的症结所在

C. 用词力求准确，文风朴实

D. 逻辑严谨，条理清晰

5. 简报的特点主要包括以下几个方面(　　)。

A. 新　　B. 全

C. 快　　D. 简

6. 汇报材料的结尾一般是一个简要的小结，用以对汇报的内容做一个

纲要性的总结。结尾的主要写法有(　　)。

A. 概括全文，进一步深化主题

B. 总结经验，形成结论性意见

C. 指出问题，提出解决问题的建议

D. 说明危害，引起汇报对象的重视

7. 讲话稿的主要特点有(　　)。

A. 内容的针对性　　B. 篇幅的规定性

C. 语言的得体性　　D. 起草的集智性

8. 讲话稿和发言稿在写作时应该注意的问题主要包括(　　)。

A. 对象明确　针对性强　　B. 主题集中　观点明确

C. 简单明了　多用长句　　D. 语言恰当　把握分寸

四、实训题

材料一

H 市文化馆是隶属于 H 市文化广电新闻出版局的公益性事业单位，下设综合管理部、活动策划部、艺术培训部、文艺部、调研编辑部、非遗办、美术展览部等 7 个职能部（室）。

文化馆的主要职能是：

1. 举办各类展览、讲座、培训等，普及科学文化知识，开展社会教育，提高群众文化素质。

2. 组织开展丰富多彩、群众喜闻乐见的文化活动，辅导和培训群众文艺骨干。

3. 组织并指导群众文艺创作，开展群众文化工作理论研究。

4. 收集、整理、研究非物质文化遗产，开展非物质文化遗产的普查、宣传活动，指导传承人开展传习活动。

5. 指导下一级文化站、社区文化中心工作，为下一级文化馆培训人员，并向下一级文化馆配送文化资源，提供文化服务。

文化馆现有编制 12 个，在编 10 人。两年前，小张大学毕业，通过事业单位公开招聘来到文化馆非遗办工作。由于个人综合素质好、肯钻研，很快成长为单位的业务骨干。

材料二

袁泉是H市文化馆调研编辑部研究员，从事这项工作已经20多年，以下是他工作最平凡的一天。

早上7点，小雨淅淅沥沥，袁泉开车前往H市方家镇。40分钟后，见到了方家镇文化挖掘小组的成员李建军。从2018年上半年本土文化探索与保护工作开展以来，他们一直保持联系。

步行走过一段泥泞小路，两人来到了方家镇方进士大瓦房前，再次进行了拍照、比对和记录。

李建军介绍，方进士的大名和生卒年月至今无考，相传此宅是其在进士及第时修建。方进士在走马上任途中病卒，此宅后来一直为其宗亲居住。20世纪90年代，宗亲相继修建了新屋，老宅便无人居住和看管，开始走向破败。

"总会找到一些线索的，一定有我们没有努力到的地方。"袁泉觉得，如果因为没有尽力而让有价值的文化流失，就愧对历史和人民了。

考证一段历史有时很难，只要有一点线索，文化工作者就不会放弃。袁泉还记得，有一年方家镇的一条小河要进行整治，有些老桥需要拆除后重建。为了解小河上一座座老桥的故事，大年初一，袁泉一大早就急匆匆赶往实地考察。在与一位老人交流时，老人的家人对他产生了怀疑，说话很不好听。这样的经历常有，袁泉总是一笑了之。

接连跑了几个地点，袁泉来到方家镇某村委会办公室想休息一下。村民郭建勋带着一本厚厚的族谱前来讨教。装在木质盒子里的族谱由于保管不善，已经被蛀虫咬出了很多细密的小洞。

"这是我们家族的'老辈子'去世前传给我的。在这之前，我根本不知道有这样一本族谱。"郭建勋说。族谱上写明了他们这一支的来源，他们是唐代政治家、军事家郭子仪的后代。族谱里还绘有郭子仪和郭暧的彩色画像。

职业的敏感让袁泉觉得这份资料不可多得，他戴上手套，接过来捧在手上，很是心疼。"这本族谱你一定要好好保存，彩色的人物画像十分珍贵。"他反复叮嘱郭建勋，"如果经济条件允许的话，最好请专业人士进行修复。"

下午，雨下大了。袁泉又赶到鸭池乡的花椒基地向一位非遗传承人了解全手工花椒油的制作步骤。虽然已来过多次，袁泉觉得每一次都有新的收获。

下午17点，袁泉返回文化馆办公室，整理当天下乡的收获。

功夫不负有心人，经过1个多小时的资料查找，方家镇大瓦房的主人方进士终于有了些眉目，袁泉高兴得像个孩子。为了核对人物的生平事迹，袁泉拿起电话找到李建军，足足"煲"了1个小时的"电话粥"。

材料三

最近，小张的一位女同学在他面前抱怨："20万的彩礼快谈崩了，感觉他不爱我，我该怎么办?""结婚要点彩礼过分吗?"这引起了一直对民俗文化感兴趣的小张的好奇，他在网上输入"彩礼""婚俗"等关键词进行搜索，收获还真不少。

古籍《礼记·昏（婚）礼》："昏礼者，将合二姓之好，上以事宗庙，而下以继后世也，故君子重之。是以昏礼纳采，问名，纳吉，纳征，请期……所以敬慎重正昏礼也。"《仪礼》："昏有六礼，纳采、问名、纳吉、纳征、请期、亲迎。"这就是创于西周而后为历朝所沿袭的"婚姻六礼"习俗，也是"彩礼"的来源。

中华人民共和国成立后，1950年、1980年和2001年的《婚姻法》，都禁止借婚姻索取财物，"禁止包办、买卖婚姻和其他干涉婚姻自由的行为。"2018年12月，民政部要求，全面推进婚俗改革，倡导简约适当的婚俗礼仪。

近年来，随着生活水平的提高，彩礼之风有所抬头，且一路攀升，从最初的几万上涨到十几万，甚至几十万元。由于攀比、面子等因素的存在，"天价彩礼"没有最高，只有更高。

序号	省、直辖市	2013年	2017年	2018年
1	北京	10001起	20万+房	30万+房+车
2	上海	10万+房	20万+房	20万+房+车
3	广东	1万+3金	10万+3金	20万+房+车
4	广西	28888起	5万+房	15万+房

（续表）

序号	省、直辖市	2013 年	2017 年	2018 年
5	江苏	2 万	2 万起	23 万+房，首饰外算
6	黑龙江	7～8 万	10 万	15 万
7	吉林	7～8 万	11 万	10 万+房（首付）
8	辽宁	7～8 万	10 万+3 金	21 万+车
9	山东	13 万	15 万	20 万+房（首付）
10	浙江	10 万	15 万起	15 万+房+车
11	福建	3.3 万	20 万	20 万+房+车

为了解青年人的婚姻恋爱观，经领导同意，小张在文化馆的官方网站上，开展了大讨论："天价彩礼是不是礼?"以下是部分网友的跟帖。

雕刻岁月：有这种问题的请你们务必立刻分开，不要耽误后面的人。你凭什么要 20 万?

会飞的鱼：是礼。这可增加婚姻中的仪式感，有点类似于"三顾茅庐"，男方花钱越多会越重视女方，可增加婚姻的稳定性。

果汁刚：不是礼，是敲诈勒索。在不少地方，高额彩礼让富裕的家庭致贫，因彩礼产生的纠纷扰乱了社会秩序。

青葱岁月：彩礼是古代婚嫁习俗之一，彩礼也是礼。现在不是提倡继承发扬传统文化吗?

很现实：我家乡就是这规矩：男方会以订婚的名义送给女方一份由物品和金钱构成的"彩礼"，其中钱为财（聘金），物为礼（聘礼）。而女方在收受彩礼后，也会回赠价值相当的财物给男方，此为"回礼"。女方出嫁时，女方家会给多倍于彩礼的嫁妆作为陪嫁。

彩虹：彩礼作为礼节和民俗，应该保留，但钱太多拿不出呀。

Bella：现在的彩礼被赋予了太多的物质含义，已经失去本意了。

梅花三弄：这不是礼，这是婚俗陋习，国家早就明文禁止了。

材料四

H 市社区文化建设起步较早，一些社区的发展模式已经走在了全国社区文化建设的前列。最近，文化馆在 Z 街道开展了一次调查，以了解社区

文化建设的情况，为今后社区文化工作提供参考。

调查采取的是抽样调查的方式，对象是街道所辖8个社区的居民，共发放问卷240份，回收有效问卷231份，回收率为96.3%。

在调查中发现，居民对社区文化建设很满意的占11.8%，比较满意的占44.1%，感觉一般的占34.9%，不太满意的占7.9%，很不满意的占1.3%。在不太满意和很不满意的21人中，60岁以上的老年人有10人，其人数比例明显多于其他各年龄段。这可能是因为对于退休人员来说，社区已成为生活的中心，希望加以改变的态度也更加迫切一些。

在对社区文化建设重要影响因素的评价中，69.9%的调查对象认为社区居委会和居民的重视是最主要的，其次为社区文化人才资源，占47.2%，再次是文化设施和文化传统，分别占15.6%和8.2%。可见居委会的带头作用和组织协调作用，以及充分调动居民参与的积极性、发挥每个人的潜力和特长，是搞好社区文化建设的关键。在调查中，很多居民，尤其是退休在家的老人都表示自己在书法、绘画、戏曲、组织协调等方面有特长，愿意在社区文化活动中出一份力。

在社区举办过的活动中，分别有68.4%、63.2%的居民知道或参与了社区庆祝节假日和慰问活动，居民对这两方面的实际需求比例分别为55.0%、44.2%，对于体育竞技和文化交流活动，居民知道或参与过的比例分别为42.4%、34.6%，但居民的需求比例为55.0%、49.4%。从各种文化活动的实际比例与居民的期望比例来看，节假日的庆祝和慰问活动举办较多，而体育竞技和文化交流活动则显得不足。

55.8%的居民认为应增加或改善社区图书馆的条件，53.7%的居民认为应加强娱乐场所的建设，52.4%的居民认为需要扩大体育场馆规模或者改善现有体育场馆条件。

从居民对社区活动的参与情况中可以看出，大部分居民对社区文化活动是比较支持和积极参与的（占71.8%）。在64名参与较少的居民中：15~30岁的人占比将近33%，与此形成对照的是老年人中只有8位表示不愿意参加，仅占该年龄段人数的11.1%，而且其中有的是因为有病在身或者需要在家里照顾病人。可见社区文化活动参与状况与年龄密切相关。

在家庭文化消费的支出中，选择子女教育的有55.8%，选择提高自身能力的有47.6%，选择家庭娱乐的有37.7%，结合居民月均收入进行分析可见，社区居民家庭收入还不是很富裕，对于需要较多经费和个人支出的文化项目，可能难以得到多数居民的支持和参与。

材料五

目连戏是安徽省的传统戏剧，也是中国最古老戏曲剧种，堪称戏剧鼻祖。目连戏因《目连僧救母》而得名，是中国国家级非物质文化遗产。为了解目连戏的传承发展状况，最近，H市文化馆安排小张去安徽省祁门县箬坑乡历溪村和马山村开展调研。

接到任务后，小张首先来到了历溪村。此时，正是稻谷收割季节，小张在田头找到了正忙着的王某来。两年前王某来召集村里的几个老年农民恢复了目连戏，他顺理成章成为省级非物质文化遗产传承人。

王某来说，目连戏已经中断了50多年，现在的接续只是凭借儿时看戏听戏的模糊记忆。2000年，历溪村开发旅游，县文化局提出将目连戏作为旅游的一项内容进行挖掘。上一代艺人已经不在了，王某来等几个老人借来戏本，一句一句地回忆唱腔，凑出几出戏来。这个草草搭建的业余剧团几个主角都在60岁以上。

因为人手不够，王某来分配每个人饰演多个角色。上演的剧目也只能选取演员人数比较少的段落。加之经费紧张，演员们画脸就用普通的广告颜料，描眉则是记号笔。原来的衣箱也在“文革”中散失，主角的衣服大都由黄梅戏服改制。

目连戏的台词皆为当地方言，外乡人是很难学会的。对这帮老年农民来说，演员只是他们的临时身份，并不能像以前那样，成为农闲时的主要收入来源。“当年目连戏演员的工钱，一般是当地的手工业者工钱的两倍。甚至有‘打一次目连，喝三年稀饭’之说。1938年10月初，栗木戏班到江西浮梁打了3天目连，所得戏金为360块，当时的1块钱能抵1块大洋，报酬相当可观。”

时至今日，当初计划纳入旅游项目的目连戏，一直还停留在设想阶段，传承人王某来和他的目连戏班乏人问津。当地年轻人一个个宁愿外出打工，也不愿意学唱戏了。王某来担心：“再过8年，我80岁了，你让我唱，我还怎么唱？你让我武，我还怎么武？”

第二天，小张来到了距离历溪村不远的马山村。

与历溪村的老年戏班不同，马山村的戏班是中青年阵容，年纪多在三四十岁。他们的目连戏是老艺人亲自传授的，再加上有全部的唱词和经文，据说是唯一能够完整表演整部目连戏的剧团。剧团的主角叶某初告诉小张："演目连戏有很多讲究，历溪的戏是靠以前看过的印象排出来的，我们的一招一式都是师父们讲解过的。"

马山村 1989 年复排目连戏。当时，村庄的文化生活十分乏味，戏剧团一成立，来报名的少年有 60 多个。新中国成立前学戏的老师傅们拿出尘封了许久的技艺，像自己在旧社会学戏时那样手把手地传授给新一茬的年轻人。但是，红火了几年后，这帮年轻人也都离开了村子外出打工，马山戏剧团的演出也就此搁浅。2005 年，县文化局领导找到叶某初，问目连剧团能否重建，叶某初毫不犹豫地说能。叶某初的信心来自大家的团结，十几个核心团员自十几岁学戏就是无坚不摧的亲密战友。

叶某初说，最大的问题是没有资金，"我们希望能对外多宣传，拉到赞助"。虽然目连戏入选了我国首批非物质文化遗产名录，但走出去的机会只是有限的几次，最近这次去上海演出是马山目连戏剧团最远的一次行程。去年剧团向县文化局争取了一个非物质文化遗产传承基地的项目，希望这样一个基地能为演出提供新场所。

从上海演出回来，叶某初去了一趟乡政府，他说："最近乡长都很爽快，我今天去要经费，她马上就答应了，估计是看我们发展得不错，觉得有希望把箬坑乡的名声带出去。"演员们都认为政府这两年在马山村搞"百村千幢"古村落生态游项目，除了看重村民家的几幢徽派古宅，另一个重要原因是这里的目连戏演得好。

调研过程中，马山村正在进行的目连戏演出戛然而止。第二天，叶某初才私下里告诉小张：演到一半的时候，他们突然看到历溪村的人拿着摄像机在录像，马上停止了演出。"历溪的目连戏只有唱词，没有唱腔，我们不能让他们学了去。"马山村、历溪村、栗木村都有目连戏，这其中马山和历溪又开展得最好，历溪村处在自然风景区，有游客来玩，时不时能表演一场，马山村没有这样的优势，但表演得最好。"如果让历溪学去了，我们就没有出路了。"

传承人也成为争夺的焦点。马山村的叶某滋在 2008 年被评为目连戏的国家级传承人，可按照前团长叶某初的说法，叶某滋最多只能算一个目连戏的“热心人”。叶某初回忆，当时村里通知要选传承人，时间非常仓促。老艺人叶某怀本是最合适的人选。但村干部来找叶某怀时，对“传承人”毫无概念的叶某怀不以为然，于是热心的叶某滋当选了。“开始也觉得不过是个头衔而已。但从去年开始，国家开始给每个传承人每年8000元的补贴。这钱本来就是为了传承这份事业的，我们要求叶某滋拿一部分出来，但他拒绝了。”

多年来，历溪村旅游公司希望把目连戏纳入旅游项目，但价钱一直没谈拢。该旅游公司目前每周固定组织两个香港旅行团到村里来，给戏班开价每场只有200元。王某来的心理价位是1000元。他说：“山上的观音堂景区给我们开到1000元，但景区不属于历溪村，村里不让我们去。”王某来希望能跟栗木和马山三地合作，这样目连戏才能重新打起来。

假定你是H市文化馆的小张，请根据背景材料完成以下任务。

（一）根据材料二，指出作为一名专业文化工作者，袁泉身上有哪些值得学习的地方。(25分)

要求：全面准确，分条列项，100字以内。

（二）为帮助青年人正确认识婚俗文化，树立正确的婚姻恋爱观，H市文化馆准备就“天价彩礼是不是礼”这个问题，给网友一个公开回复。请根据材料三，起草回复。(35分)

要求：写作目的明确，简明扼要；300~400字。

（三）根据材料四，指出为丰富社区文化，该街道应该采取哪些举措。(40分)

要求：有针对性，切实可行，分条作答，300字左右。

（四）根据材料五，起草一份调研汇报材料，供单位领导参考。(50分)

要求：写作目的明确，紧扣材料、层次分明，语言得当，不少于800字。

第五章　公文写作与处理

第一节　公文的概念、特点和种类

一、公文的概念和特点

（一）概念

公文也叫公务文书，它是机关、团体、企业、事业单位在公务活动中，为行使职权而制作的具有法定效力和规范体式的应用文。习惯上也称之为文件。

党政机关公文是党政机关实施领导、履行职能、处理公务的具有特定效力和规范体式的文书，是传达贯彻党和国家方针政策，公布法规和规章，指导、布置和商洽工作，请示和答复问题，报告、通报和交流情况等方面的重要工具。

（二）特点

1. 由法定的作者撰写和制发

公文有法定的作者，这个作者是指依法成立并能以自己的名义行使权利和承担义务的组织，或担负一定职务的负责人。机关单位凡是依据法律和有关法规建立的，是合法存在的；它们的职能和权限均得到法律或法规的认可，并经有关领导机关批准，便是公文的法定作者。某些领导人，有时也作为公文的作者。

2. 有法定的权威和效用

公文作为机关单位的“喉舌”，代表机关单位发言，也就是制发机关单位的法定权威和效用的体现。这种效用是公文所特有的，是它不同于其他应用文的重要特点。公文的效用叫现实执行效用，因有一定的时间性，故又称时效。每件公文的时效不同，在失去时效后，依法具有查考的价值。

3. 有规范的体式和处理程序

公文体现制发机关的法定权威，所以制发公文是一件十分严肃的工作。为了维护公文的严肃性和便利公文处理，国家统一规定了公文的种类和公文的体式，以及公文的处理程序和制度。公文的体式即公文的格式，是公文区别与其他文章的鲜明标记。

二、公文的种类

不同种类的公文，反映着不同的目的和要求，也反映了行文机关之间的关系，即权限与隶属。

（一）按照内容分类

根据国务院办公厅发布的《党政机关公文处理工作条例》（2012）中列举的我国行政机关的公文共有：决定、决议、命令（令）、议案、公报、公告、通告；通知、通报、报告、请示、批复、函、意见、会议纪要等15类16种。

（二）根据行文方向分类

行文方向即公文的运行方向，据此我们可以将公文分为上行文、平行文和下行文。

上行文是指下级机关单位向上级机关单位发送的公文，例如“报告”“请示”。

平行文是平级机关单位或不同隶属机关单位之间的来往公文，例如“函”。

下行文则是上级机关单位向下级机关单位所发的公文，例如“决定”“指示”“批复”等。

（三）公文文种的确定

选择、决定文种的根据是：发文的内容、目的，发文机关的权限以及发文机关与受文机关之间的关系。如：

例5－1　请给下面几则公文标题添加上具体的文种：

① ××部关于几起重大火灾的________

② 国务院办公厅关于发布《行政机关公文处理办法》的________

③ ×××大学关于报送××省教育厅今年招生工作情况的________

④ ××省财政厅关于同意××大学新建教学楼的________

⑤ ××研究所关于要求改变拨款待遇的________

根据发文目的以及发文机关与受文机关之间的关系，以上5个标题中，①是向下级或社会传达几起重大火灾的相关情况，是周知性的公文，文种应该填“通报”；②是为了发布《行政机关公文处理办法》这个文件的，所以文种应填“通知”，这是一则发布性的通知，属于下行文；③是向上级单位汇报招生工作情况的，不需要答复，所以文种应该填“报告”，报告属于上行文；④是答复下级单位请求事项的，所以文种应该填“批复”，批复属于下行文；⑤是向上级单位请求指示或支持的，所以文种应该填“请示”，请示属于上行文。

第二节　公文的格式

一、何谓公文格式

公文有规范的格式，也称公文体式。这种格式是公文的形式标志，它不仅可以区别于应用文的其他文种，区别于一般文章，便于处理、存档、管理和使用，而且也显示出公文的法规性，使公文更好地发挥效用。

在应用文写作中，公文是最讲究格式规范的文章，在具体工作中，每部分如何表述？如何排布？用什么字体、几号字？都有严格规定。也正因为如此，公文的格式规范一直是为国家人才选拔的考试内容，在诸如事业单位招聘等政策性考试中，“公文改错”或“公文校阅改错”“公文写作”等均是常见题型。

二、公文的格式规范

公文一般由版头部分、行文部分、版记部分构成。

版头部分具体包括发文机关署名、份号、秘密等级及保密期限、紧急程度、发文字号、签发人等；行文部分包括标题、主送机关、正文、附件说明、发文机关、成文时间、印章、印发传达范围等；版记部分包括抄送机关、印制版记等。

（一）发文机关署名

由发文机关全称或者规范化简称加“文件”二字组成，用套红大字居中印在公文首页上部，约占图文区三分之一或五分之二。联合行文一般占用五分之二图文区。

发文机关署名应居中排布，上边缘至版心上边缘为35mm，推荐使用小标宋体字，颜色为红色，以醒目、美观、庄重为原则（图5-1）。

No 003402

中共中央办公厅文件

中办发〔2012〕14号

图5-1　发文机关署名格式

联合行文，版头可以用主办机关名称，也可以并用联署机关名称。联合行文时，如需同时标注联署发文机关名称，一般应当将主办机关名称排列在前；如有“文件”二字，应当置于发文机关名称右侧，以联署发文机关名称为准上下居中排布。

版头下面有一间隔线，作为文头区域与行文区域的分界线，间隔线与版头一样套红印刷。

公文版头编排样式如图5-2所示，公文联合行文版头编排样式如图5-3所示。

000001
机密★1年
××

××××× 文件

×××（2012年）10号

××××××关于×××××××的通知

×××××××××××
　××××××××××××××××××
×××××××××××××××××××
×××××××××××××××××××
×××××××××××××××××××
×××××××××××××××××××
××
　××××××××××××××××××
×××××××××××××××××××
×××××××××××
　××××××××××××××
　××××××××××××××××××
×××××××××××××××××××
×××××××××××××××××××
×××××××××××××××××××
×××××××××××××××××××
××

图5－2　公文版头编排样式

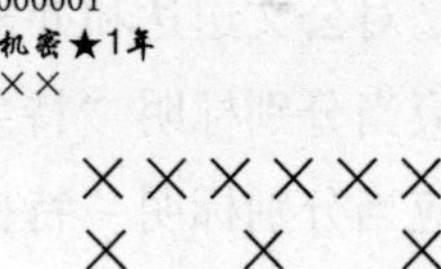
000001
机密★1年
××

××××××
×　×　×　文件
××××××

×××（2012年）10号

×××××关于×××××的通知

图5－3　公文联合行文版头编排样式

（二）份号

份号又称印制顺序号，公文印制份数的顺序号，是指根据统一文稿印制若干份时每份的顺序编号，它主要是用于秘密文件。

有了印制顺序号，在登记、分送、和清退秘密文件时均可对号核点。

印制顺序号一般用6位阿拉伯数字，顶格编排在版心左上角第一行位置，前面冠以“NO.”符号。数字不足时，前面用“0”补齐。如“NO. 003402”。

注意：密级公文需要标注公文份号；使用6位阿拉伯数字标注，且标注位置不能随意。

（三）秘密等级及保密期限

秘密等级简称密级，秘密公文应当分别标明“绝密”“机密”“秘密”，一般用3号黑体字，顶格编排在版心左上角第二行。

标注密级的同时应当标注保密期限，标注的方法是在密级与时限中间加“★”，如“秘密★6个月”“机密★5年”“绝密★”。

注意：涉密公文密级过高或过低，保密期限标注为“有效期内”“发布前”“永久”“长期”“普密”等都是不正确的。公文保密期限中的数字在2012年前，要求用中文数目字标注，2012年后一律改做阿拉伯数字标注，一般用3号黑体字。

（四）紧急程度

紧急程度是对公文送达和办理的时间要求。

紧急文件应当分别标明“特急”“急件”。

紧急电报应当分别标明“特提”“特急”“加急”“平急”。

注意：出现以下情况属于不正确：不急的公文标注紧急程度，且未按规定位置标注；在标题中的文种前面加注紧急程度，如“紧急通知”“紧急请示”“紧急报告”等。

如需标注紧急程度，一般用3号黑体字，顶格编排在版心左上角。如需同时标注份号、密级和保密期限、紧急程度，按照份号、密级和保密期限、紧急程度的顺序自上而下分行排列。

（五）发文字号

发文字号包括机关代字、年份、序号。例如“皖卫财〔2023〕88号”。其中“皖卫”是安徽省卫生厅的代字，“财”字是公文承办部门财务处的代字，“〔2023〕”是年份，“88”是发文的顺序号。

几个机关的联合行文，只标明主办机关发文字号。如遇“办公室（厅）”发文，注意发文字号是否有“办”字。

发文字号编排在发文机关标志下空二行位置，居中排布。不编虚位（即1不编为01）。上行文的发文字号居左空一字编排，与最后一个签发人姓名处在同一行。

在发文字号书写中常见的错误还有：将六角括号任意写作小括号、中括号或大括号；在发文顺序号前加“第”字等（图5-4）。

【错例样式】

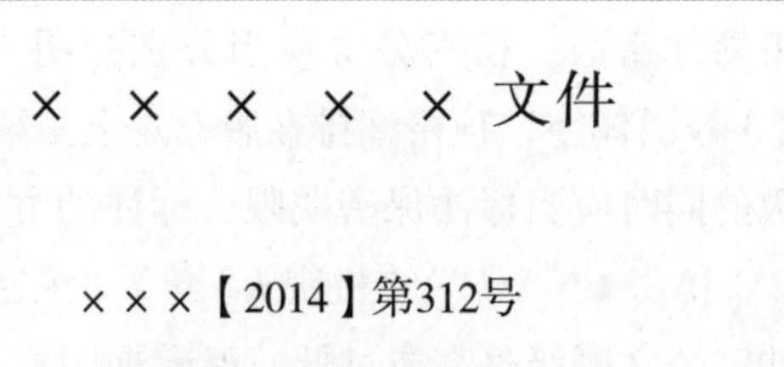

图5-4　公文发文字号错误书写样式

出现类似的错误都是不应该的。只有严格按照《党政机关公文处理工作条例》(2012)规范书写排布的，才算是正确的（图5-5)。

【正例样式】

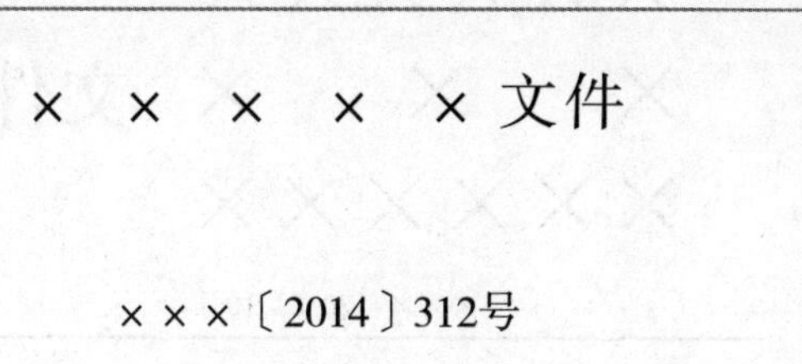
× × × × × 文件

×××〔2014〕312号

图5-5　公文发文字号正确书写样式

(六) 签发人

上报的公文，应当在首页发文字号右侧注明“签发人”，后标注签发人姓名。“签发人”三字用3号仿宋体字，签发人姓名用3号楷体字。

注意：

(1)“签发人”字样以及姓名居文头与正文之间的分界线右端空1字排列。

(2) 签发人必须是该机关的主要负责人或其他经授权的负责人；

(3) 只需标注签发人及签发人姓名，不需要标注签发人职务；

(4) 如有多个签发人，签发人姓名按照发文机关的排列顺序从左到右、自上而下依次均匀编排，一般每行排两个姓名，回行时与上一行第一个签发人姓名对齐。

(七) 版头中的分隔线

发文字号之下4 mm处居中印一条与版心等宽的红色分隔线。分隔线是版头部分与行文部分的分界线（图5-6)。

(八) 标题

公文的标题，一般需要标明发文机关，准确简要地概括公文的主要内容（事由)，并准确标明公文种类（文种)。发文机关、事由、文种即公文标题三要素。

例如《文化和旅游部关于加强演出市场管理的报告》，发文机关是“文化和旅游部”，事由是“加强演出市场管理”，文种是“报告”。

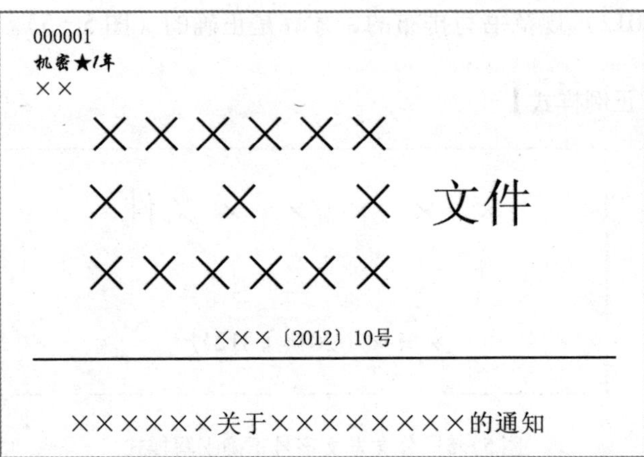

图5-6　公文版头分隔线编排样式

一个完整的公文标题一般由三个要素+两个虚词（“关于”“的”）组成。注意：

（1）标题必须有文种，且文种要符合本篇公文的发文意图和职权范围；

（2）标题中一般不能出现引号和书名号等符号；

（3）标题语言要流畅，能反映发文机关的意旨；

（4）标题一般用2号小标宋体字，编排于红色分隔线下空二行位置，分一行或多行居中排布；回行时，要做到词意完整，排列对称，长短适宜，间距恰当，标题排列应当使用梯形或菱形，不能出现矩形和漏斗形。如：

例5-2　安庆市人民政府关于转发安徽省人民政府关于转发国务院《关于加强安全生产工作的通知》的通知的通知

该例的错误主要有两处：一是为了强调转发的是一个文件，刻意加了书名号；二是出现了“通知的通知”这样的累赘。

应改为：

安庆市人民政府转发

国务院关于加强安全生产工作的通知

以上是梯形排列，也可以作倒梯形排列，如：

安庆市人民政府转发国务院关于加强

安全生产工作的通知

但是不能作漏斗形排列，如下所示：

安庆市人民政府转发国务院关于加强安全生产工作的

通知

更不能把“通知”二字拆开排布。

再如：

例5-3

关于转发《省教育厅关于举办“法润江淮共筑美丽安徽”法制漫画、故事、微视频作品征集大赛的通知》的通知

例中标题的事由缺少提炼，显得十分烦琐，而且文种重复，排列也是不合乎规范。

（九）主送机关

主送机关是公文收受、承办的机关，相当于书信中的收信人。编排于标题下空一行位置，居左顶格，回行时仍顶格，最后一个机关名称后标全角冒号。

主送机关的写作，要选对主送机关，此外还需注意：

（1）上行文只能出现一个主送机关。如果确实需要一个以上主送机关答复，应该采取一些变通处理，确保一个文号一个主送机关。或者发文字号相同，主送机关不同；或者用不同的发文字号分别主送行文，发文字号与主送机关一对一。

（2）下行文要处理好以下两种情况：①多个主送机关的排序应先外后内，党政军群；②标点符号书写方面同级同类用顿号，同级不同类用逗号。如主送机关名称过多导致公文首页不能显示正文时，应当将主送机关名称移至版记。

（十）正文

公文首页必须显示正文。一般用3号仿宋体字，编排于主送机关名称下一行，每个自然段左空二字，回行顶格。

文中结构层次序数依次可以用“一、”“（一）”“1.”“（1）”标注。一般第一层用黑体字、第二层用楷体字、第三层和第四层用仿宋体字标注。

公文中不能出现模糊数据即类似于“大约”“差不多”等。公文的正文中除类似于“星期一”“十月革命”这样的词汇外，其他的都应写成阿拉伯数字。

（十一）附件说明

公文如有附件，应当在正文之后、成文时间之前注明附件顺序名称。

写附件时要注意：

（1）附件编写在正文下空一行，左起空两个字，且“附件”这两个字后面原来不加标点符号，2012 年，《党政机关公文处理工作条例》要求标全角冒号。附件中的附件名称字数较长换行时不能顶格标注，应与附件名称的首字对齐，其后不加标点符号。

（2）关于附件的省略：公文内容简短，附件名称已在正文中写明的，通常在“附件”项下只写“如文”；如果公文发文目的就是为了发送某一文件，标题和内容都已明确附件是什么，收文机关不会误解，不会漏收时，也可不写“附件”。

正因如此，发布性通知无需附件。

（3）公文内容较长，而且附件种类较多，为便于对方在收文时点收，就应在“附件”项下逐一写明附件名称和件数，无需出现其他标点。如：

附件：1. ×××
　　　2. ×××

（4）有的公文，附件只发给主送机关，不发抄报、抄送机关；或者部分抄报、抄送机关又要发附件的，就应分别注明。

（5）具体的附件应当另面编排，并在版记之前，与公文正文一起装订。“附件”二字及附件顺序号用 3 号黑体字顶格编排在版心左上角第一行。附件标题居中编排在版心第三行。附件顺序号和附件标题应当与附件说明的表述一致。附件格式要求同正文。

如附件与正文不能一起装订，应当在附件左上角第一行顶格编排公文的发文字号并在其后标注“附件”二字及附件顺序号。

公文附件编排样式，如图 5－7 所示。

附件2

××××××××××××××××××××

××××××××××××××××××××××

×××××××

××××××××××××××××××××

××××××××××××××××××××××

××××××××××××××××××××××

××××××××××××××××××××××

××××××

抄送：××××××××××××××××××××

×××××××××× 2012年7月1日 ××

图 5－7　公文附件编排样式

（十二）发文机关

发文机关应当写发文单位全称或规范化简称，位于正文的右下方；联合行文，主办机关应当排列在前。

（十三）成文时间

成文时间要写明年月日，以领导人签发的日期为准；联合行文，以最后签发机关领导人的签发日期为准；电报，以发出日期为准。

2012 年前，行政公文的成文时间，一般用中文数目字书写，党的文件，可以用阿拉伯数字书写。2012 年后，根据《党政机关公文格式》所有时间全部用阿拉伯数字书写，年、月、日标全，年份标全称，月、日不编虚位。成文日期一般右空四字编排。

（十四）印章

公文除会议纪要外，应当加盖公章。

联合上报的非法规性文件，由主办机关加盖印章。联合下发的公文，联合机关都应当加盖印章。

印章应盖在公文末尾，成文时间年月日的中间（骑年盖月），必须端正、清楚，而且不能互压。

注意：公文复印件作为正式公文使用时，应当加盖复印机关证明章。

加盖签发人签名章的公文和联合行文印章的处理：

单一机关制发的公文加盖签发人签名章时，在正文（或附件说明）下空二行右空四字加盖签发人签名章，签名章左空二字标注签发人职务，以签名章为准上下居中排布。在签发人签名章下空一行右空四字编排成文日期。

联合行文时，应当先编排主办机关签发人职务、签名章，其余机关签发人职务、签名章依次向下编排，与主办机关签发人职务、签名章上下对齐。每行只编排一个机关的签发人职务、签名章，签发人职务应当标注全称。

公文印章、日期编排样式，如图 5－8 所示。

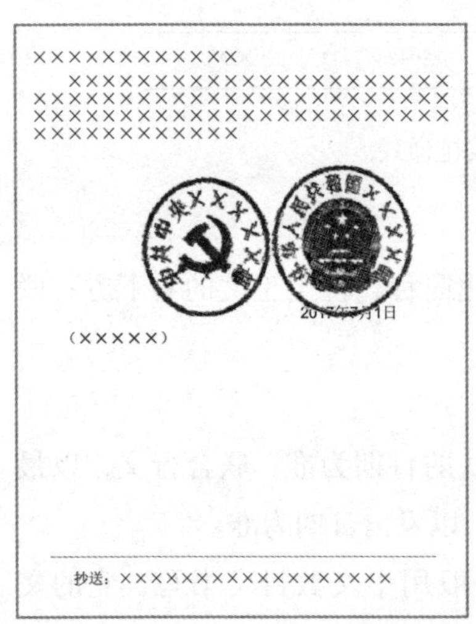

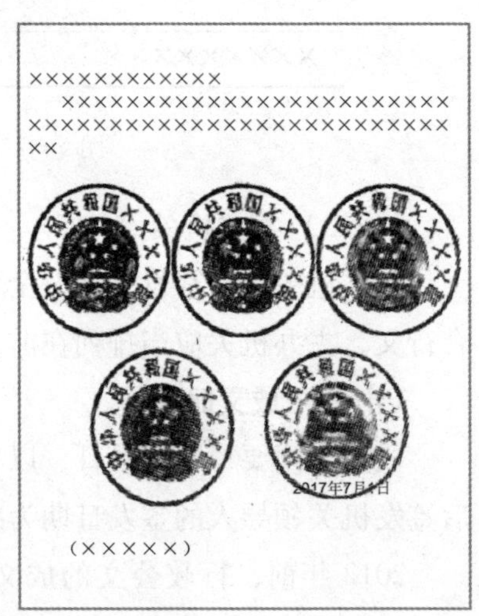

图 5－8　公文印章、日期编排样式

（十五）印发传达范围

有些普发性公文，收文单位太多，不能一一列出，只能加附注以规定发送范围，如“本文发至县团级”。

印发传达范围加括号标注于成文日期左下方（图5－9）。

中共中央办公厅 国务院办公厅
关于印发《党政机关公文处理
工作条例》的通知

各省、自治区、直辖市党委和人民政府，中央和国家机关各部委，解放军各总部、各大单位、各人民团体：

《党政机关公文处理工作条例》已经党中央、国务院同意，现印发给你们，请遵照执行。

中共中央办公厅
国务院办公厅
2012年4月16日

（此件发至县团级）

— 1 —

图5－9 公文印发传达范围编排样式

（十六）注释或特殊要求说明

注释或特殊要求说明用以说明公文中在其他区域不便说明的各种事项，如需要加以解释的名词术语，或用于表示公文的阅读传达范围、使用方法等。注释和特殊说明的内容，一般需要用括号“（）”括起来，编排在成文日期下一行，居左空两字排布。

（十七）版记中的分隔线

版记中的分隔线与版心等宽，首条分隔线和末条分隔线用粗线（推荐高度为0.35 mm），中间的分隔线用细线（推荐高度为0.25 mm）。首条分隔线位于版记中第一个要素之上，末条分隔线与公文最后一面的版心下边缘重合。

（十八）抄送机关

抄送机关是指与所发出公文内容有关的机关。公文抄送给这些机关的目的是使其了解有关事情或协助处理有关问题。

抄送给上级机关的叫抄报，抄送给下级或平级机关的叫抄送。不相干的不报不送。

公文如有抄送机关，一般用 4 号仿宋体字，在印发机关和印发日期之上一行、左右各空一字编排。“抄送”二字后加全角冒号和抄送机关名称，回行时与冒号后的首字对齐，最后一个抄送机关名称后标句号。

如需把主送机关移至版记，除将“抄送”二字改为“主送”外，编排方法同抄送机关。既有主送机关又有抄送机关时，应当将主送机关置于抄送机关之上一行，之间不加分隔线（图 5－10）。

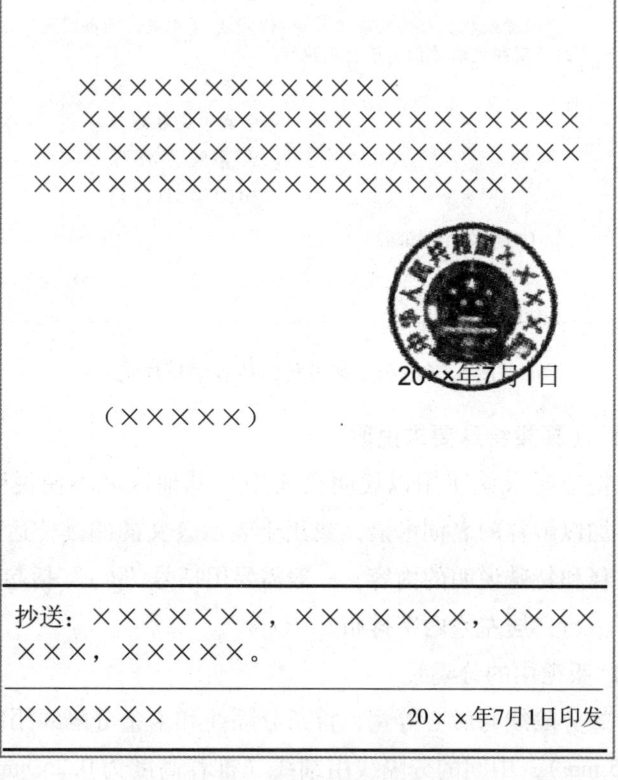

图 5－10　公文抄送机关编排样式

在写作中常常会出现以下不规范情况：抄送机关未按党政军群团的顺序或未按上级、平级、下级的层次标注；抄送机关要素栏内随意标注“内部领导”“打印、核对人”“印数”“联系人”“存档”等内容。写作中都应引起高度注意。

(十九) 印制版记

由公文印发机关名称、印发日期和份数组成，位于公文末页下端。

印发机关和印发日期一般用 4 号仿宋体字，编排在末条分隔线之上，印发机关左空一字，印发日期右空一字，用阿拉伯数字将年、月、日标全，年份应标全称，月、日不编虚位，后加“印发”二字。

公文印制版记编排样式，如图 5－11 所示。

中共中央办公厅秘书局	2012年4月16日印发
中共四川省委办公厅	2012年4月21日翻印

图 5－11　公文印制版记编排样式

第三节　公文的行文关系、行文规则和拟办环节

一、行文关系

公文的行文关系是指发文机关与收文机关之间文件的往来关系。

(一) 上行文

上行文是指下级机关或业务部门向所属上级领导机关或业务主管部门的行文。如请示、报告。行文方式有逐级行文、多级上行文、越级上行文三种。

1. 逐级行文

逐级行文即下级机关仅向具有隶属关系的上一级领导机关行文，这是上行文最常用的方式。除特殊情况外，下级机关一般仅向其直接上级机关行文，以保持正常的领导与被领导关系。如“请示”“报告”。

2. 多级上行文

多级上行文指各级党政机关根据工作需要，同时上报几级领导机关的一种行文方式。如县政府行文给省委并报国务院。这种行文方式只在个别特殊情况下，如遇有重大问题时才可使用。

3. 越级上行文

越级上行文，是指在非常必要的时候，下级机关可以越过自己的直接上级领导机关，向更高级的上级领导机关直至中央行文的一种行文方式。

什么情况下可以越级行文呢？一是突然发生严重自然灾害或社会突发性事件，非常紧急，逐级上报请示会延误时机造成损失的；二是按有关业务管理体制，可越级的问题；三是无须经过直接上级的一般的公务，这类公务不涉及其直接上级职权，并且有关情况比较清楚，处理原则比较明确；四是被上级机关长期搁置而又确需解决的问题，或者对直接上级的决策有意见、争执不下一时难以执行而又急于处理的问题，等等。

（二）下行文

下行文是指上级领导机关对所属下级机关的行文。如“批复”。

根据发文的不同目的和要求，下行文又可细分为以下三种类型。

1. 逐级下行文

逐级下行文是采取逐级下达或者只对直属下机关下达的一种行文方式。

2. 多级下行文

多级下行文是指党政领导机关根据工作需要，同时达几级机关的一种行文关系。如中央文件中有些文件是同时发到县、团级以上的各级组织。

3. 直达基层组织和群众的行文

直达基层组织和群众的行文指的是党政领导机关直接发到基层党政组织或人民群众的一种行文方式。非机密性的文件，还可采取组织宣讲、登报、广播等办法直接与群众见面。还有些直接在报刊上刊登，或采取张贴的方式。

（三）平行文

平行文是指互相没有隶属关系、业务指导关系的同级机关，或者不属同一系统的机关部门之间的一种行文。具体而言，平行文可在不分系统、级别、地区的党政军机关、团体、企业、事业单位之间使用。最常见的平行文是“函”。

平行文机关之间，不是上下级关系，包括以下三种关系：

第一，上级主管业务部门和下级业务部门之间具有业务上的指导关系，这种关系的单位之间用函行文。

第二，非同一系统的机关之间，无论级别高低，既无领导与被领导关系，又无上下级业务部门的指导关系，是不相隶属的关系。

第三，不同系统的同级机关之间和同一系统的同级机关之间的关系，属于平行关系。

二、行文规则

行文规则，即机关行文必须遵循的具体规定或准则。公文的运转，是遵循着严密的行文关系，沿着一定的行文方向，通过相应的行文方式进行的。为使公文处理工作规范化、制度化、科学化，提高公文处理工作的效率和公文质量，国务院办公厅制定了公文行文规则，必须严格遵守。

行文规则主要如下：

（1）行文应当确有必要，注重效用。这是公文处理基本原则在行文中的具体体现，也是国家行政机关行文的总原则。它集中体现了中国共产党的实事求是的思想路线和求真务实的工作作风。制发文件应从实际需要出发，内容已被综合文件包含了的不再制发文件；可以用电话或其他方式解决问题的不发文件；能发短文件解决问题的不发长文件；可发可不发的文件坚决不发；内容相同或相似的文件可适当合并。

（2）各级行政机关的行文关系，应当根据各自隶属关系和职权范围确定。党的各级组织的隶属关系和职权范围是由《中国共产党章程》规定的，下级服从上级，全党服从中央是党的各级组织行文关系的基本准则。

（3）政府各部门依据部门职权可以相互行文和向下一级政府的相关业务部门行文；除以函的形式商洽工作、询问和答复问题、审批事项外，一般不得向下一级政府正式行文。

（4）向下级机关的重要行文，应当同时抄送直接上级机关。

（5）部门之间对有关问题未经协商一致，不得各自向下行文。如果擅自行文，上级机关有权责令纠正或撤销。

（6）联合行文应该级别相等。具体如：同级政府、同级政府各部门、上级政府部门与下一级政府可以联合行文；政府及其部门与同级党委、军队机关及其部门可以联合行文；政府部门与同级人民团体和行使行政职能的事业单位也可以联合行文。

此外，联合行文应当确有必要，单位不宜过多。

(7)“请示”应当一文一事。一般只写一个主送机关。如需同时送其他机关，应当用抄送形式，但不得同时抄送下级机关。除领导直接交办的事项外，“请示”不得直接送领导者个人。

各级行政机关一般不得越级请示。因特殊情况必须越级请示时，应当抄送被越过的上级机关。

(8)“报告”中不得夹带请示事项。报告一般是不需要批复的，而请示必须要批复，一请示一批复。

(9)受双重领导的机关向上级机关请示，应当写明主送机关和抄送机关，由主送机关负责答复。上级机关向受双重领导的下级机关行文，必要时应当抄送其另一上级机关。

(10)经批准在报刊上全文发布的行政法规和规章，应当视为正式公文依照执行，可不再行文。同时，由发文机关印制少量文本，供存档备查。

学习了行文关系和行文规则，我们可以来分析下面的例句在行文关系方面是否存在错误。

例5-4

① ×市×区区属图书馆为办好图书事业，特向区政府请示增加经费，并将该请示抄送该区人事局、劳动局、物价局、财政局。

② ×省×市×区区属瓷器厂因税务问题受到该区税务所的处罚，该厂认为处罚不符合国家税法，特向市税务局申诉，并同时向×省税务厅申诉，并抄报于×市政府、×区政府。

③ 某县农林局写例行报告，一向县政府汇报2022年全年工作，二在报告中请示了2023年增建农机站的事项，三建议对困难地区减免乡政府提留费用。

④ ×市×工业总公司因市属重点企业×××电器厂领导班子个别人贪污犯罪，准备调整该厂领导班子，特向市政府请示。并将该请示抄送于该厂办公室。

⑤ ×市×区职工大学是受区政府和市成人教育局双重领导的单位。该职工大学就2019年需增加教育经费一事，特向两个上级机关请示。

⑥ 中共××市委与市委宣传部就学习贯彻中共第十四次代表大会精神，建设有特色的社会主义联合向下发出通知。

仔细分析上述案例就会发现：①不符合精简公文的行文规则；②存在越级申诉的错误，此外，同时向两个及以上机关申诉也是不对的，违背了上行文一般不能越级报送和同时报送两个上级机关的行文规则；③违背了报告中不能夹带请示的行文规则；④违背了请示在未获批准之前不能抄送下级机关的行文规则；⑤违背了请示一般只能主送一个主办机关的行文规则；⑥违背了联合行文必须级别相同的行文规则。

三、公文的拟办

机关的发文，大体上有两类：一类是承办来文后的复文，另一类是本机关根据事情的需要发出公文。

公文拟办的过程有许多环节，通常按公文格式印成发文稿纸，办文时使用这种稿纸来拟写、办理。××省××××发文稿纸式样如图 5－12 所示。

<table>
<tr><td>签发：</td><td>核稿：</td></tr>
<tr><td>会签：</td><td>主办单位和拟稿人：</td></tr>
<tr><td>标题：</td><td>附件：</td></tr>
<tr><td rowspan="2">主送机关：</td><td>抄报：</td></tr>
<tr><td>抄送：</td></tr>
<tr><td colspan="2">打字：　校对：　份数：</td></tr>
<tr><td colspan="2">发文：　××〔2023〕号年月</td></tr>
<tr><td colspan="2">（正文）</td></tr>
<tr><td colspan="2"></td></tr>
<tr><td colspan="2"></td></tr>
<tr><td colspan="2"></td></tr>
<tr><td colspan="2"></td></tr>
<tr><td colspan="2"></td></tr>
<tr><td colspan="2"></td></tr>
</table>

图 5－12　××省××××发文稿纸式样

公文拟办过程大致包括：拟稿、核稿、会签、签发、缮校封发等环节。

（一）拟稿

拟稿就是起草公文，也是对公文的承办。一般是谁主管的事谁拟稿。

拟稿时要准确地确定公文的文种，并按格式要求逐项拟写。如标题、主送机关和抄送机关、附件等，在发文稿纸上逐栏书写清楚。

文稿写成后，要签上拟稿人姓名、日期。由于公文要立卷归栏，重要的要长期保留，故必须用钢笔或毛笔书写。送审稿要书写工整，字迹清楚；有附件的，还必须同时附上，便于领导了解签发。

（二）核稿

核稿又称审核，是指文稿在送交机关领导签发之前，对文稿的内容、体式等进行全面的检查审定。这是关系到发文质量的重要环节，也是制文阶段和整个发文处理程序中一个必经的关键环节。

（三）会签

会签即会同签发。就是公文涉及其他部门职责范围，需要这些部门会同对公文的拟稿进行审阅，并在会签栏签上领导人姓名和日期，以示负责。

（四）签发

签发就是由机关负责人审核做最后定稿，并签署发出。签发环节是领导人行使职权的一种体现，签发人代表本机关单位对所发出的文件及文件的文字表述负有完全的责任。因此各机关单位对于签发文件的职能分工，应有明确的原则规定。

（五）缮校封发

公文经签发后，即由文书部门将公文草稿进行编号，确定打印份数，然后缮写或打印成正式公文。缮写、打印或铅印，都要按照一定规格，并经仔细校对。印成正式公文后加盖公章，交文书收发部门封发。公文的拟办过程至此完成。

公文制发后，承办人员应将草拟的原稿、正本及有关材料整理好，送交文书部门立卷归档。因为公文当它失去了现实执行效用后，经过整理、立卷，归入档案，就成为有价值的档案材料，是历史发展的真实记录，具有可供查考的重要价值。

第四节 公告 通告

一般机关单位常用公文主要有：公告、通告、通知、通报、报告、请示、批复、函和会议纪要。从这一节开始，我们将一一要介绍这几种公文正文的写法。除了会议纪要外，它们在写法上，特别是从结构形式上看，有共同的地方。一般来说，在表达方法的选择方面：开头多用说明，主体和结尾多用说明议论；在内容安排方面：开宗明义，用事实说话；主体部分理由充足，宜用直笔不用曲笔，宜平易朴实不尚铺陈华丽；结尾部分要求态度明确，举措方法切实可行。

由于各个文种的主旨、作用不同，行文关系不同，各种常用公文的写作，又各有不同的要求，我们要学会这些常用公文的写作。

公告和通告都是周知性、公布性公文。周知性是指其内容应为广大公众知晓，公布性是指其发布形式多采用向广大人民群众公开发表的形式，如登报、广播和张贴等。

一、公告

（一）公告的概念

公告适用于向国内外宣布重要事项或者法定事项。

公告公布的范围非常广泛。所以它的作者必定是能代表国家及其职能机关的单位，而一般机关单位和群众团体则不宜使用公告。

公告内容单一，篇幅一般比较简短。标题一般不写事由，同时无主送机关。公告的正文，要简明扼要地写出公告的依据，公告事项，结尾常常用“现予公告”或“特此公告”一类的惯用语。重要的公告在落款后面还要注明发布地点，以示慎重。如：

例5－5

合肥市第十三届人民代表大会
常务委员会公告

第19号

《合肥市人民代表大会常务委员会关于修改〈合肥市城市规划管理办法〉的决定》业经2006年11月3日合肥市第十三届人民代表大会常务委

员会第二十九次会议通过，2007 年 1 月 17 日安徽省第十届人民代表大会常务委员会第二十八次会议批准，现予以公布。本决定自 2007 年 3 月 1 日起施行。

合肥市人民代表大会常务委员

2007 年 1 月 23 日

（《合肥晚报》2007 年 2 月 11 日）

此则公告就是用来发布《合肥市人民代表大会常务委员会关于修改〈合肥市城市规划管理办法〉的决定》这个文件的，内容单一，正文篇幅不长，所以标题只有发文机关（合肥市人民代表大会常务委员）和文种（公告），省去了事由。用流水编号，不用发文字号。正文写明了发文的依据和事项。结尾的惯用语是“现予以公布”。并告知该文件生效的时间：“本决定自 2007 年 3 月 1 日起施行”。全文要言不烦，庄重、严谨、规范。

（二）公告写作注意事项

（1）公告一般通过报纸、广播、电视等新闻媒体公布，不采取张贴形式。不用发文字号，也不列主送机关与抄送机关。

（2）公告不可随意制发，切忌滥用。公告由于发布机关级别特别高，涉及的内容又是国家重要事项或者法定事项，具有庄重性和严肃性。现在不少单位对公告的性质不够了解，如滥用“公告”发布门卫制度，实属不当，应改为“通告”；有些银行、商店公布抽奖结果，亦用“公告”，则应改为“启事”或“敬告顾客”。

（3）公告的语言要简练准确，不宜过多地陈述缘由、意义，也不宜用夸张、比喻一类修辞手法，语气较为平和。

二、通告

（一）通告的概念

通告适用于在一定范围内公布应当遵守或者周知的事项，是国家机关、企事业单位、社会团体经常使用的一个文种，具有约束力。

（二）通告的种类

通告是具有法规、周知性质的文种。通告按性质分，一般可分为以下两种。

1. 制约性通告

政府有关部门公布的确保某一重要事项的执行，让有关单位和人员知照和遵守，具有一定法规性和行政约束力的通告，叫制约性通告。如《中国民航局、公安部关于民航安全问题的通告》。

2. 知照性通告

内容单一，篇幅短小，对公众约束力很小，仅仅告知一些行业性的事务工作或临时性事项的通告，叫知照性通告。如迁址通告，停水、停电通告，禁止机动车辆在某地段通行的通告，以及某工程指挥部请行人绕道而行的通告等等。

这种通告，语气平缓，告知有关单位和人员需要遵守或周知的事项，写作中语气包含着希望理解、支持和协作的意思，不像制约性通告那样运用“必须”“严禁”“不得”等词语。

（三）通告的基本结构

1. 标题

通告的标题有三种组成方式：

（1）“发文机关+事由+文种”，如《中国民航局、公安部关于民航安全问题的通告》。

（2）“发文机关+文种”，如《合肥市公安交通管理局通告》。

（3）“事由+文种”，如某高校发出的《关于禁止学生酗酒的通告》。

2. 正文

通告正文，一般包括：通告缘由、通告事项或通告规定、通告结语三部分内容。

通告缘由主要阐述发布通告的背景、根据、目的、意义等。通告常用的特定承启句式“为……，特通告如下”或“现将有关事项通告如下”“根据……，决定……，特此通告”引出通告的事项。要求说理充分，文字简明。

通告事项或通告规定这部分是正文的核心，要具体写明通告的有关事项或有关规定。如果事项或规定的内容较多，可用分条列项的办法写出，一条写一个内容，文字表达要准确、严密、通俗，语气要坚定庄严。

通告结语要简明扼要地提出执行日期、措施及希望、要求等，或采用

“特此通告”或“本通告自发布之日起实施”之类惯用语作为结尾。有些通告，也可以没有结语。

3. 印章与发布日期

印章与发布日期的表述一般与其他公文相同。但是有的通告，发布日期也可以写在标题之下。如：

例5－6

合肥南站工程指挥部通告

（2015年12月9日）

因合肥南站工程建设需要，合肥绕城高速站前道路改造工程于2015年12月10日至2016年元月施工。经市公安局批准，上述时间内，合肥绕城高速道路站前段改为单车道同行，请过往车辆注意安全。

特此通告。

2015年12月9日

（印章）

该例文标题采用的是：“发文机关+文种”的格式，发文字号用流水编号。正文第一句是交代缘由：“因合肥南站工程建设需要，合肥绕城高速站前道路改造工程于2015年12月10日至2016年元月施工。”第二句是通告事项“经市公安局批准，上述时间内，合肥绕城高速道路站前段改为单车道同行，请过往车辆注意安全。”第三句是结束语“特此通告”。

（四）通告写作注意事项

（1）熟悉有关政策法规。只有把有关政策和法规作为行文的依据，才能使通告具有行政约束力。

（2）简明准确。要对通告事项的行为规范作出明确的限制，否则就难以使一定范围内的有关单位和人员遵守或周知。

（3）通俗易懂。由于通告专业性较强，可以适当运用专业性的名词术语，但要通俗易懂，让人们容易理解。此外，通告包含有请求理解、配合和支持的意思，因此措辞多较为和缓。

三、公告与通告的异同

通告与公告的性质相近，都是公开的告示，都带有周知性。但是，两者也有明显的区别：

（一）发布单位不同

公告因内容涉及需要向国内外宣布重要事项，一般由国家权力机关、国家管理机关或其授权机关发布，级别高；通告的专业性比较强，一般机关、社会团体、企事业单位都可以在自己职权范围内发布。

（二）发布对象、范围不同

公告的对象、范围广泛，面向国内外人士；而通告的对象、范围仅仅局限于一定范围内的有关单位和人员。

（三）发布形式不同

公告一般由新闻媒体发布；通告可以由新闻媒体发布，也可以张贴。另外，通告带有一定的强制性，有时违者要受到处分或制裁。

第五节　决　定

一、决定的概念

根据《2012 年党政机关公文处理工作条例》的规定，决定是“适用于对重要事项作出决策和部署、奖惩有关单位和人员、变更或者撤销下级机关不适当的决定事项”的公文。

决定具有权威性、指导性、稳定性和长远性的特点。

决定可以作为行政规范性文件制定的依据。

决定的适用范围比较广泛，上至党和国家的重大决策和战略部署，下至基层单位的重要事宜，均可用决定行文。

二、决定的种类

根据具体用途，决定大致可分为四类：

（一）指挥性决定

指挥性决定也可以叫作安排部署性决定，它是对重要事项或者重大行动作出安排部署的决定。

（二）事项性决定

事项性决定内容比较单一，文字比较简短。

（三）奖惩性决定

奖惩性决定包括对先进集体、先进个人进行表彰的奖励性决定和对重大事故、严重违纪行为等进行处理的惩戒性决定。前者如《国务院关于表彰全国劳动模范和先进工作者的决定》。

（四）变更与撤销性决定

变更与撤销性决定包括修改、变更某些不适当的法规的决定，还包括撤销下级机关不适当的决定和命令的决定。

与通报相比较，决定的语气强硬，通报相对委婉。

三、决定的基本结构

（一）标题

一般由发文机关名称、事由和文种三要素组成，发文机关名称不能省略。具体如：《××××关于严惩严重危害社会治安的犯罪分子的决定》。由会议做出的决定，其标题应由会议全称、事由和文种三要素组成，并在标题下注明“什么时间什么会议讨论通过”字样，会议名称需用全称。如：

例 5－7

甘肃省人民代表大会常务委员会
关于批准《张掖七彩丹霞保护条例》的决定
（2022 年 7 月 29 日甘肃省第十三届人民代表大会常务委员会
第三十二次会议通过）

甘肃省第十三届人民代表大会常务委员会第三十二次会议对张掖市人民代表大会常务委员会报请批准的《张掖七彩丹霞保护条例》进行了审查，现决定予以批准，由张掖市人民代表大会常务委员会公布施行。

（下略）

（二）主送机关

决定的主送机关为应该知照的单位或群体。普发性的决定没有主送机关。

（三）正文部分

种类不同的决定，其正文的写法不尽相同。绝大多数决定的正文由缘由、事项、执行要求三部分组成。

缘由：说明决定的原因和目的。惯用语“目前……”“根据……”多用来介绍事实依据；“为了……”用来介绍目的主旨；“现决定……”用来介绍意图主旨。

事项：明确地写出决定的具体事项或内容。事项部分如果内容较多，应用序号分出条来，一条一条地表述，把主要的、重要的放在前面，次要的放在后面。总之，决定事项部分的写作要求结构合理，层次分明，合乎逻辑。

执行要求：决定一般要在决定事项之下另起一行，提出执行该决定的希望或要求。

例 5－8

中共中央国务院
关于表彰全国劳动模范和先进工作者的决定

（2020 年 11 月 24 日）

2015 年以来，在以习近平同志为核心的党中央坚强领导下，全党全国各族人民围绕统筹推进“五位一体”总体布局、协调推进“四个全面”战略布局，坚定不移贯彻新发展理念，团结一心、攻坚克难，决胜全面建成小康社会取得决定性成就，脱贫攻坚成果举世瞩目，新冠肺炎疫情防控取得重大战略成果。在这一伟大实践中，各行各业涌现出一大批爱岗敬业、锐意创新、勇于担当、无私奉献的先进模范人物，他们是工人阶级和广大劳动群众的优秀代表、时代楷模，是共和国的功臣。他们以自身的模范行动和崇高品质，生动诠释了中国人民具有的伟大创造精神、伟大奋斗精神、伟大团结精神、伟大梦想精神，充分彰显了以爱国主义为核心的民族精神和以改革创新为核心的时代精神。为表彰他们的突出贡献，在全社会营造劳动光荣的社会风尚和精益求精的敬业风气，进一步激励全党全国各族人民积极投身经济社会发展的火热实践，党中央、国务院决定，授予孙泽洲等 1689 人全国劳动模范称号，授予曾晓芃等 804 人全国先进工作者称号。

希望获得全国劳动模范和先进工作者称号的同志，不忘初心、牢记使命，珍惜荣誉、继续拼搏，用干劲、闯劲、钻劲鼓舞更多的人，激励广大劳动群众争做新时代的奋斗者。

全党全国各族人民要以习近平新时代中国特色社会主义思想为指导，全面贯彻党的十九大和十九届二中、三中、四中、五中全会精神，以全国劳动模范和先进工作者为榜样，增强“四个意识”、坚定“四个自信”、做到“两个维护”，更加紧密地团结在以习近平同志为核心的党中央周围，自觉践行社会主义核心价值观，大力弘扬劳模精神、劳动精神、工匠精神，通过诚实劳动、勤勉工作创造更加幸福美好的生活，为全面建设社会主义现代化国家、实现中华民族伟大复兴的中国梦而不懈奋斗！

四、决定写作注意事项

（一）文种使用要正确

决定的内容要和“决定”文种相符，避免把“决定”与“命令”等公文文种相混淆，写作之前要用心体会，正确区分。“命令”适用于公布行政法规和规章、宣布施行重大强制性措施、批准授予和晋升衔级、嘉奖有关单位和人员。

（二）原因要简短明确

决定是制约性非常强的公文，要求下级机关无条件执行。因此，行文时，对于做出决定的原因应写得简短明确，以示决定的强制性。

（三）事项要具体可行

决定既然要求下级机关无条件执行，那么决定的事项就应该写得具体明确，具有一定的可行性，以利于下级机关遵照执行。

此外，决定通常不在正文前写出主送机关名称；也不在正文之后标注成文日期，而是把成文日期标注在标题之下，外加圆括号。

第六节　通　知

一、通知的概念

通知是下行文，是要求下级机关办理、执行或服从安排的文种，通知讲究时效性，是告之立即办理、执行或周知的事项。通知的使用范围较广，在行政公文中，它是使用最多的一种文种。

二、通知的分类和写作

通知可以大致分为：发布性通知、批示性通知、指示性通知、一般事务告知性通知和会议通知五种。现分别介绍如下：

（一）发布性通知

发布性通知适用于向下级机关单位发布行政法规、制度、办法、措施等文件，而不宜用“命令”来行文的情况下。

在写法上，发布法规、制度、办法的，用“颁发”“发布”作谓语；一般材料则用“印发”作谓语。如《国务院办公厅关于发布〈国家行政机关公文处理办法〉的通知》和《关于印发〈中共××工业大学委员会第一轮校内巡察工作方案〉的通知》。

例5－9

国务院办公厅关于发布
《国家行政机关公文处理办法》的通知

各省、自治区、直辖市人民政府，国务院各部委、各直属机构：

现将修订的《国家行政机关公文处理办法》发给你们，自××××年××月×日起实施。

中华人民共和国国务院办公厅

××××年××月××日

例5－10

关于印发《中共××工业大学委员会
第一轮校内巡察工作方案》的通知

各基层党委、各单位：

《中共××工业大学委员会第一轮校内巡察工作方案》已经5月8日八届党委常委会第57次会议审核通过，现印发给你们，请遵照执行。

附件：《中共××工业大学委员会第一轮校内巡察工作方案》

中共××工业大学委员会

2019年5月9日

例5－9用来发布《国家行政机关公文处理办法》，所以标题用“发布”作谓语。正文部分直言其事：“现将修订的《国家行政机关公文处理办法》发给你们，自××××年××月×日起实施。”前一句介绍这则通知所发布的文件，后一句交代实施的时间。简洁明了，体现了发布机关的权威。

例5－10是事业单位发布校内一般性文件材料“工作方案”的，所以用“印发”。

（二）批示性通知

批示性通知包括“批转性通知”“转发性通知”两种类型。

1. 批转性通知

“批转”用于上级机关单位认为某下级机关单位所上报的报告或其他文件，具有普遍意义，于是对下级机关单位的文件加上批语，用通知的形式发给所属各下级机关单位，作为工作借鉴、参考或执行。如：

例 5－11

国务院批转城乡建设环境保护部《关于扩大城市公有住宅补贴出售试点的报告》的通知

（主送单位略）

国务院同意城乡建设环境保护部《关于扩大城市公有住宅补贴出售试点的报告》，请你们研究执行。

城市公有住宅出售给个人，是逐步推行住宅商品化、全面改革我国现行住宅制度的重要步骤。试点城市人民政府要加强领导，及时解决试点中的问题，不断总结经验，为在全国开展住宅补贴出售创造条件。

各试点城市中的有关部门和单位，包括中央和地方行政机关及所属企业、事业单位，都要积极支持试点工作的进行，认真执行所在城市住宅补贴出售试点的规定。

（下略）

2. 转发性通知

“转发”用于对上级机关单位、同级机关单位或不相隶书机关单位发来的公文，本机关认为对所属下级机关单位具有指示、指导或参考作用，加上按语，用通知形式转发给下级机关。如：

例 5－12

关于转发省财办《关于省商业企业集团公司综合改革实施方案》的通知

集团直属各公司，各直属机构：

现将省财办×府财函〔××××〕205 号文和集团公司综合改革实施方案

转发给你们。集团公司改革方案中的各项内容和措施，原则适应于各企、事业单位。各公司报来的改革方案，集团原则同意，不逐一批复。未制订方案的，请根据集团总的方案精神，抓紧制订本单位的具体实施办法，并认真组织实施。

（公章）

××××年××月××日

这类通知的写作，一般需要写明批转、转发什么文件，以及“请贯彻执行”一类字样。此外，要对所转发的文件作出简要评价，说明批转或转发的缘由和目的，提出希望和要求。

由于被批转或转发的文件的重要程度不同，写作时必须注意区别不同情况，既要体现领导意图，又要根据被批转、转发文件的实际，还要考虑针对性。行文措辞应该得体。例如，对被批转或转发的文件的评价用语有“同意”“原则同意”“很好”“很重要”等的区别；对下级机关的希望和要求用语有“参考”“参照执行”“研究执行”“遵照办理”“认真贯彻执行”等的不同。这些用语在行文中需要根据行文的具体情况做精心选择。

（三）指示性通知

指示性通知是上级机关就某项工作对下级机关有所指示和安排，而又不宜用“指示”“决定”等文种发出的情况下采用。

这种通知必须具体明确、切实可行，使下级机关单位知道要求他们处理、解决什么问题，为什么要解决这些问题，准备采取什么措施等。

指示性通知正文的构架大体由引言、主体和小结构成。

引言：介绍为什么要做这项（些）工作，如国家发改委等单位《关于做好2019年重点领域化解过剩产能工作的通知》的引言部分：

2016年以来，各地区、各有关部门按照党中央、国务院关于供给侧结构性改革的决策部署，扎实推进重点领域化解过剩产能工作，累计压减粗钢产能1.5亿吨以上，退出煤炭落后产能8.1亿吨，淘汰关停落后煤电机组2000万千瓦以上，均提前两年完成“十三五”去产能目标任务。行业运行和安全生产状况明显好转，供给体系质量大幅提升，产业结构和生产布局持续优化，市场竞争秩序有效规范，促进行业健康发展的长效机制逐步建立完善。2019年是新中国成立70周年，是全面建成小康社会关键之年，为更好适应新形势新变化新要求，坚定不移推进供给侧结构性改革，不断将重点领域化解过剩产能工作推向深入，现就有关工作通知如下。

主体：介绍工作内容和要求。内容较简单的，一般结合起来写；内容较复杂的，分条列项。如国家发改委等单位《关于做好2019年重点领域化解过剩产能工作的通知》，就是从"准确把握2019年去产能总体要求""着力巩固去产能成果""深入推进钢铁产业结构优化"等12个方面，分条列项，对如何"做好2019年重点领域化解过剩产能工作"进行了全面部署。

小结：对受文单位提出希望。如国家发改委等单位《关于做好2019年重点领域化解过剩产能工作的通知》的结尾是这样表述的：

各地区、各有关部门要完善化解过剩产能和脱困发展工作协调机制，加强综合协调，督促任务落实，统筹推进各项工作。各地区要严格执行去产能相关政策措施，强化监督问责，确保产能真去真退。钢铁煤炭行业化解过剩产能和脱困发展工作部际联席会议各有关成员单位要强化分工负责，不断完善政策措施，加强监测分析，强化社会监督，严肃处理弄虚作假、死灰复燃、责任落实不到位的地方和企业。

（四）一般事务告知性通知

这类通知是上级机关对有关事宜需要下级机关知道或办理时使用的，正文的构架主要包括：缘由、通知的事项、如何办理、达到的目的目标等。如：

例5－13

关于领取防灾减灾相关宣传资料的通知

各系部：

今年5月12日是我国第11个全国防灾减灾日，主题是"提高灾害防治能力，构筑生命安全防线"，根据国家减灾委员会全面部署今年全国防灾减灾日有关工作的通知要求，为了更好地在大学生中开展防灾减灾宣传教育工作，提高学生防灾减灾意识，我办印制了防灾减灾相关宣传折页，请各系安排人员，根据每个系的学生总人数到行政楼131室领取。

特此通知。

××大学保卫办公室

2019年5月1日

（五）会议通知

这类通知就是告诉有关机关或个人参加或出席会议。会议通知应写清所召开会议的有关事项，以便与会人员作好准备并如期赴会，开好会议。

会议通知的结构形式，大体包括：会议名称、主持单位、会议内容、时间、参加人员、会议地址、携带材料、差旅费等。如下面这则会议通知，就包含了通知的标题、主送机关、引言、会议内容、会议时间地点、代表名额和其他事项等。

例5－14

××省电业管理局关于召开全省电业管理工作会议的通知

各市、县、自治县电业管理局：

为贯彻中央关于加快电业发展，加强能源基础建设的指示，加快我省电业发展步伐和加强电业安全生产管理，以适应改革开放的需要，决定召开××××年全省电业管理工作会议，现将有关事项通知如下：

一、会议内容

1. 传达贯彻全国电业管理工作会议精神；

2. 安排、落实我省电业生产和用电计划；

3. 研究电业管理体制改革等问题。

二、会议时间和地点

时间：××××年3月2日至5日。3月1日报到。

地点：××市民主路64号，电业管理局招待所。

三、会议代表名额

省直辖市电业管理局负责同志1名，秘书1名，其他市、县负责同志1名。

四、其他事项

如需预定回程飞机、车船票请在2月26日前电告。

电话：8828988　联系人：李谨

请各单位代表务必依时参加为荷。

（下略）

三、通知写作注意事项

(一) 要有针对性

通知的内容具有很强的针对性，不管何种通知，要考虑到其适应性，即针对或切合受文机关的实际情况。

(二) 要具体明确

通知事项要写得具体明确，一清二楚，使受文机关一看就能具体了解和办理。如时间安排中的“报到时间”和“会议时间”，提交会议论文是纸质版还是电子版等，稍有疏忽就有可能给参加会议的代表带来麻烦。

(三) 行文要及时

通知行文一定要迅速及时，以便下级抓紧安排。

常言道：细节决定成败。通知的写作一定要换位思考，仔细斟酌。

第七节　通　报

一、通报的概念

通报是各级行政管理机关、社会团体、企事业单位在规定的范围内所使用的知照性公文。它的目的在于表彰先进，批评错误，借以教育干部群众，不断改进工作。同时，它还起着传达重要精神或者情况，互通信息的作用。

二、通报的种类和写作

通报按内容性质分，可以分为表彰性通报、批评性通报、传达性通报、事项性通报等四种。不同种类的通报，结构和写作小有差别。

(一) 表彰性通报

表彰性通报即选择先进集体或先进个人，予以通报表彰。其目的是给人们树立学习榜样，见贤思齐，提高人们工作的积极性。这种通报的正文写作一般分四个步骤：

1. 介绍先进事迹

先进事迹也叫表彰缘由。这部分是“表彰决定”及整个表彰性通报的依据。表彰对象先进事迹的介绍要概括清晰，特点鲜明；事迹陈述不但要清楚明白，而且要详略得当，重点突出。事迹陈述的详略，都要按照通报的主题来确定，比如，表彰某人勇斗歹徒，就应该重点介绍某人不畏强暴的个性特点，详细陈述“勇斗”的经过。总之要围绕表彰目的提炼材料，重点突出。

2. 宣布表彰决定

宣布表彰决定也称决定事项。这部分写作要明确简单。如果表彰和奖励的事项较多，写作一般先主后次，采用分条列项的方法来写，以便做到眉目清晰、条理清楚。

3. 分析先进思想

表彰性通报，在阐述先进事迹的基础上，要进一步提炼出先进集体或先进个人的主要成功经验、意义和值得学习与发扬的精神。先进思想的分析要避免一般化和形式主义，既不能人为拔高，也不能与事实不符，必须恰如其分，因此这部分也是表彰性通报写作的难点。

4. 号召和希望

指明如何向先进学习，它是表彰决定的进一步引申。要结合形势和受文单位的实际，写明号召与希望的对象、范围及具体要求，不可太空泛。如：

例5－15

安徽省直属机关
精神文明建设指导委员会文件

直文明〔2019〕分号

关于表彰省直机关文明单位的通报

省直及中央驻皖各单位精神文明建设领导小组：

2017年以来，省直及中央驻皖各单位深入学习贯彻习近平新时代中国特色社会主义思想和党的十九大精神，积极培育和践行社会主义核心价值观，扎实开展群众性文明创建活动，为建设现代化五大发展美好安徽提供了强大的精神力量和丰润的道德滋养。为充分展示省直机关精神文明建设成果，进一步调动各单位文明创建的积极性，经省直文明委会议研究，决定授予省纪委监委机关等323个单位“2017-2019年度省直机关文明单位”荣誉称号。

希望受表彰的单位珍惜荣誉，再接再厉，充分发挥示范引领作用，切实在省直机关精神文明建设中当先锋、作表率。各单位要以受表彰的单位为榜样，进一步提高政治站位，加大创

— 1 —

建力度，谋实创建举措，把培育和践行社会主义核心价值观融入到正在开展的“模范机关”建设中，全面提升省直机关精神文明建设水平，以优异成绩向中华人民共和国成立70周年献礼。

附件：2017-2019年度省直机关文明单位名单

安徽省直属机关精神文明建设指导委员会
2019年8月31日

— 2 —

再如：

例5－16

国务院办公厅关于对国务院第六次大督查发现的典型经验做法给予表扬的通报

国办发〔2019〕48号

各省、自治区、直辖市人民政府，国务院各部委、各直属机构：

为进一步推动中央经济工作会议部署和《政府工作报告》提出目标任务的贯彻落实，国务院部署开展了第六次大督查。从督查情况看，各有关地区在以习近平同志为核心的党中央坚强领导下，以习近平新时代中国特色社会主义思想为指导，认真落实党中央、国务院重大决策部署，求真务实、攻坚克难，统筹推进稳增长、促改革、调结构、惠民生、防风险、保稳定各项工作，加大“六稳”工作力度，各项工作取得积极成效。在对16个省（区、市）开展实地督查中，除发现一些地方存在有令不行、有禁不止，不作为慢作为乱作为等问题外，也发现有关地方在减税降费、稳定和扩大就业、深化“放管服”改革优化营商环境、推动创新驱动发展、合理扩大有效投资等方面主动作为、精准发力，在实践中创造和形成了一批好的经验做法。

为表扬先进，宣传典型，进一步激发和调动各地区、各部门锐意进取、改革创新的积极性、主动性和创造性，推动形成善于破解难题、勇于干事创业的良好局面，经国务院同意，对天津市加强财政开源节流保障重点项目实施、四川省探索职务科技成果权属改革打通科技与经济结合通道等32项地方典型经验做法予以通报表扬。希望受到表扬的地方牢记使命，珍惜荣誉，发扬成绩，奋力拼搏，再创佳绩。

各地区、各部门要坚决贯彻落实党中央、国务院决策部署，坚持稳中求进工作总基调，坚持新发展理念，坚持推动高质量发展，坚持以供给侧结构性改革为主线，坚持深化市场化改革、扩大高水平开放，学习借鉴典型经验做法，认真履职尽责，强化责任担当，抓深抓实抓细抓好各项工作，力戒形式主义官僚主义，保持经济持续健康发展和社会大局稳定，确保完成全年经济社会发展主要目标任务，为实现“两个一百年”奋斗目标和中华民族伟大复兴的中国梦作出新的更大贡献。

附件：国务院第六次大督查发现的典型经验做法（共32项）

国务院办公厅

2019年11月1日

（此件公开发布）

这则表彰性通报级别很高，发文单位是“国务院办公厅”。通报的第一段介绍表彰的背景和缘由，第二段介绍表彰的目的，概括了受表彰单位的先进性：“锐意进取、改革创新”“善于破解难题、勇于干事创业”，同时宣布了表彰决定：“经国务院同意，对天津市加强财政开源节流保障重点项目实施、四川省探索职务科技成果权属改革打通科技与经济结合通道等32项地方典型经验做法予以通报表扬。”并对受表彰单位提出希望：“希望受到表扬的地方牢记使命，珍惜荣誉，发扬成绩，奋力拼搏，再创佳绩。”第三段号召各地区、各部门见贤思齐，学先进，做贡献。

（二）批评性通报

批评性通报即选择犯有错误的典型（集体或个人），予以通报批评。其目的是通过揭露或批评，以儆效尤，防止发生类似错误。

批评性通报正文的写作一般包含五个部分：批评根据、错误性质及其危害、错误事实、处分决定和善后办法。

1. 批评根据

可以作为批评依据的主要有：国家有关政策、法规，或单位规章制度等有关文件精神。目的是使被批评者和群众都认识到批评是严肃的、有理由的。如《关于少数地方和单位违反国家规定集资问题的通报》：

关于稳定金融秩序，坚决制止乱集资和确保完成今年国库券发行任务问题，国务院及有关部门曾三令五申，并多次发出通知。今年二月二十七日，《国务院办公厅转发财政部、国家计委、中国人民银行关于××××年国债发行工作请示的通知》（国办发〔××××〕13号）中规定：要“继续贯彻国债优先发行的原则。在国库券发行期内，除国家投资债券外，其他各种债券一律不得发行。国债以外的各种债券利率不得高于同期国库券的利率”，并要求各级人民政府和国务院有关部门要严格做好各种债券发行的审批工作。四月一日，国务院领导同志再次强调指出：“集资一定要按国务院的规定执行，对违反规定的要登报批评。集资要经过一定的批准程序，要在国家规定的规模之内，利率不得超过国库券的利率。在今年国库券销完以前，一律不得发行企业债券。”四月十一日，国务院又发出《关于坚决制止乱集资和加强债券发行管理的通知》（国发〔1993〕24号），并作了具体规定。

这个通报之所以要把批评根据写得这么具体，一是因为这个问题重要，它涉及国家金融状况；二是因为犯错误的现象不是个别的，它具有一定的代表性。

2. 错误性质及其危害

批评性通报要分析错误的性质、危害，产生的根源、责任，指出吸取的主要教训。

错误性质及其危害的写作要做到：简明扼要，着重分析错误带来或可能带来的恶劣后果。如《关于少数地方和单位违反国家规定集资问题的通报》相关内容就是这样表述的：“但少数地区和单位有令不行，有禁不止，仍然我行我素，违反有关规定，在未完成国库券认购任务的情况下，利用发行债券、股票等多种形式进行集资。这种做法不仅影响国库券发行任务的完成，而且严重扰乱金融秩序，对改革开放和经济建设危害很大。”通过错误性质的阐释，突出了错误所产生的严重后果。

3. 错误事实

错误事实的写作要做到：准确、简明，不要纠缠具体细节。如《关于少数地方和单位违反国家规定集资问题的通报》相关内容就是这样表述的：

今年四月十八日，新疆维吾尔自治区在完成国库券认购任务之前，不按规定的程序审批，擅自决定新疆宏源信托投资股份有限公司公开向社会募集三千一百二十五万个人股，并向社会发售认购证，引起群众上街排队抢购以及炒买炒卖认购证的现象。四月，山东省济南创建实业公司违反有关规定，擅自向社会公开发行变相股票“‘不夜城’主体大厦建筑产权”。二月，福建省中联产业投资综合开发有限公司，未经证券主管部门批准，伪造资信、蒙骗投资大众，擅自向社会发行“环球金融大楼五年对本持产权合同”年均收益率达26.67%。四月十八日，上海市计委虽经国家批准发行浦东建设债券，但是以高于国库券零点五个百分点的利率发行。四月八日，河北物产企业（集团）公司（原河北省物资局）违反有关规定，委托建设银行石家庄第二办事处及所属储蓄所发售企业债券三千万元，债券期限为三年，年利率12.3%。

事实部分采用概述的方法，从少数地方和单位违反国家规定集资问题时间之集中、范围之广泛、涉及数目之大等方面，突出错误的严重性。

4. 处分决定

处分决定的写作要做到：简明、严肃，行之有效。如《关于少数地方和单位违反国家规定集资问题的通报》相关内容就是这样表述的：

一、由新疆维吾尔自治区人民政府立即制止新疆宏源信托投资股份有限公司向社会募集个人股的活动，并对有关责任者给予严肃处理。在此事处理完毕前，暂不批准该自治区公开发行股票。

二、由山东省人民政府立即制止济南创建实业公司发行变相股票的集资活动，并对有关责任者给予严肃处理。在此事处理完毕前，暂不批准该省公开发行股票。

三、由福建省人民政府责令福建中联产业投资综合开发有限公司立即清退非法发行“五年对本证券”所获资金，并依法对伪造资信、蒙骗投资大众、严重违反有关规定的单位及责任者进行处理。

四、由上海市人民政府责成有关单位暂停浦东建设债券的发售，待国库券认购任务完成后，再以不高于同期国库券的利率恢复发行。

五、由河北省人民政府立即制止河北物产企业（集团）公司发行企业债券的活动，并对有关责任者给予严肃处理。相应扣减该省××××年度地方企业债券发行指标。

六、对违反有关规定，盲目代理发行上述证券的金融机构给予通报批评，没收其代理收入，并责成其主管部门在今年五月三十一日之前上缴国库。

请各有关地方人民政府将上述问题的处理情况及时报国务院办公厅。

通报明确责成各省、自治区、直辖市人民政府负责处理好各自职权范围内的相关事宜，并“将上述问题的处理情况及时报国务院办公厅”。从而使得“处分决定”，有归口，切实可行。

5. 善后办法

善后办法指的是处理事务的后续问题，要妥善处理事情发生后的遗留问题。如《关于少数地方和单位违反国家规定集资问题的通报》相关内容是这样表述的：

为了维护正常的金融秩序，保持社会稳定，促进改革开放和国民经济既快又好地健康发展，各地区、各部门和各单位都必须严格按照国发〔××××〕24 号和国办发〔××××〕13 号等文件的规定执行。各地区、各部门都要对本地区、本部门集资和发行各种证券的情况进行一次检查，凡违反规定的，要比照上述办法进行处理；对情节严重的，要加重处罚，同时登报公布。今后，对违反国家规定的集资活动，各新闻单位要发挥舆论监督作用，公开揭露其错误做法和违纪行为。

由此可见，这份批评性通报就是典型的按照这五个部分的结构写成。

（三）传达性通报

传达性通报即传达重要精神或情况的通报。将全局性或某一方面的重要情况，或者上级领导机关和会议的重要精神予以通报，以引起下级机关或有关方面的注意和重视，及时采取必要的措施，更好地开展工作。

传达性通报的正文内容，一般由以下两部分组成：

（1）通报事项的情况或者精神：要求讲清“精神”或者“情况”，阐述有关道理，具体包括对事项的分析，如性质和重要性等。

（2）对下级机关或群众的要求、希望：该部分要不要或要多少，应视具体情况而定。

（四）事项性通报

事项性通报一般在传达情况、沟通消息、互通情报时使用。又分专题通报和综合通报两种。专题通报是指就一件事件、一个情况的演变过程进行概括和叙述；综合通报则是就几个方面情况或一段时间形势的概括和分析。这类通报的撰写比较灵活，关键要抓住重点，突出本质。注重对开展工作的指导或提供参考的作用，一般不下结论，只是以事实说明问题。

三、通报写作注意事项

（1）内容要典型。鸡毛蒜皮的事情不宜用通报发布。

（2）材料要准确。否则会影响通报的权威性和效用，特别是批评性通报，依据一定要充分。

（3）表达方式以叙述为基础，议论要精当。具体而言，事实的介绍基本是用叙述，而性质的界定、影响或者危害则一般用议论。

（4）要注重时效性。也就是要抓准时机，发当其时。

第八节　意　见

一、意见的概念

意见原属中国共产党机关公文，1996 年 5 月 3 日首次出现在中共中央办公厅的文种中。2001 年 1 月 1 日起施行的《国家行政机关公文处理办法》，将“意见”正式列入了国家行政机关公文文种。《2012 年党政机关公文处理工作条例》发布并自 2012 年 7 月 1 日起施行，条例规定，意见适用于对重要问题提出见解与处理办法。

意见是一个较特殊的公文文种，既可以上行，也可以平行，还可以下行。

作为上行文，它是下级机关向上级机关提出建议或请求上级机关批转的文件。建议性意见仅供上级机关参考，上级机关可以不予答复；请转性意见，上级机关一般都会给予批转。

作为平行文，它是不相隶属的机关单位之间就较重要、较复杂的问题交换意见的文件，具有沟通、商洽作用。

作为下行文，它是上级机关就某个重要问题向下级机关提出见解和处理办法的文件，具有指导性质。上级机关提出的见解和处理办法，要求下级机关结合本地区或本部门的实际情况，加以贯彻执行。如《国务院办公厅关于推进养老服务发展的意见》。

二、意见的特点

（一）灵活性

意见的行文方向多样，既可以上行、平行，也可以下行，集建议性、请转性、商洽性、指导性于一身，可以发挥多方面的作用。

（二）广泛性

意见对使用者的性质、级别等没有限制，广泛适用于各级行政机关、企事业单位和人民团体。

（三）指示性和参考性

下行文的意见具有指示、指挥、指导的性质和功能。而上行文和平行文的意见具有参考和协商的功能。

三、意见的主体结构及写作

意见目前还没有固定的格式，其正文一般由开头、主体和结尾三部分组成。

（一）开头部分

首先用概括的语言阐明制发意见的背景、根据、目的与意义；其次用“现提出如下意见”一类的过渡语句，转入主体部分。如：国务院办公厅《关于进一步规范刑事诉讼涉案财物处置工作的意见》开头部分就是这样表达的：“为贯彻落实《中共中央关于全面深化改革若干重大问题的决定》有关要求，进一步规范刑事诉讼涉案财物处置工作，根据刑法、刑事诉讼法有关规定，提出如下意见。”

（二）主体部分

针对重要问题提出观点、见解与处理办法。

这部分写作因具体意见种类不同小有差别，一般来说：指导性意见在这一部分应当提出符合客观实际、具体可行的方针政策与措施要求。商洽性意见要明确写出本单位的主张及其理由，或者针对对方的主张及其理由提出自己的看法。建议性意见明确地写出自己的全部建议就可以了。请转性意见虽然是写给上级领导机关的，但由于其行文目的是请领导机关批转给该领导机关所属的各机关、各部门与各机构贯彻执行，因此，一定要提出目标、措施和方法、步骤。

这一部分是意见的中心所在，由于其内容较多，因而常用分条列项的方式表述，甚至要用序号加小标题的形式。

（三）结尾部分

通常要根据不同的行文方向，提出不同的行文要求。指导性意见往往用“以上意见请结合本地区、本部门实际情况贯彻执行”等语句结尾；商洽性意见往往用“以上意见请指正”等语句结尾；建议性意见通常用“以上意见仅供参考”“以上意见如有不妥，请指示”等语句结尾；请转性意见通常用“以上意见如无不妥，请批转各地区、各部门贯彻执行”结尾。

四、意见写作注意事项

(1) 不同行文方向的意见，在用词、语气上应有所不同。上行文，用语要尊重；下行文，应使用指导性语言，而一般不用命令性、告诫性词语；平行文，则应注意用语的谦和。

(2) 作为普发性公文的指导性意见，与指挥性决定一样，一般无须在正文之前标出主送机关名称，而且其成文日期通常放在标题之下，外加圆括号。

(3) 作为上行文的请转性意见，与请示也有相同之处：不能多头主送，也不能越级行文。

第九节　报　告

一、报告的概念

报告是下级机关主动或应上级要求，向上级机关汇报工作，反映情况，提出意见或建议，答复上级机关询问的陈述性公文。

二、报告的特点

(一) 重陈述

报告的主要任务是如实向上级陈述工作情况、事实和意见的，陈述应当是报告的主要内容。

(二) 有主见

汇报工作不能只摆事实而没有汇报者的观点。汇报者在汇报中，应当对所报告的事实，提出自己的看法。汇报者的看法在报告中不占主要地位，但却是不可缺少的，它有助于上级了解下级，做出决策。

报告行文具有很强的灵活性。报告在撰制方面存在着事前行文、事中行文、事后行文的情况。汇报工作，多为事后行文（也有事中行文）；反映情况，多为事后行文；提出意见或者建议，多为事前行文；答复询问，多为事后行文或事中行文。

三、报告的种类

报告的种类很多：按内容分，有情况报告、答复报告、报送报告；按性质分，有综合报告、专题报告；按要求分，有呈报报告、呈转报告。

四、报告的结构与写作

报告的结构主要包括：标题、主送机关、正文、结语。

（一）标题

报告的标题一般有两种写法，一是“发文机关+事由+文种”，如《国务院关于国家财政教育资金分配和使用情况的报告》；二是“事由+文种”，如《关于民航系统管理体制改革的报告》。

（二）主送机关

收文机关或主管领导人。应该注意的是，报告的主送机关一般只有一个直接上级机关。

（三）正文

结构与一般公文相同。从内容方面看，报情况的，应有情况、说明、结论三部分，其中情况不能省略；报意见的，应有依据、说明、设想三部分，其中设想不能省去。从形式上看，复杂一点的要分开头、主体、结尾。开头使用多的是导语式、提问式，引起注意。主体可分部加二级标题或分条加序码。

（四）结语

用简明的文字概括全文，可展望、预测，或使用惯用语来结束全文。如“特此报告”等。一般来说，报告的结语不能省。

五、报告写作注意事项

（一）情况要确凿

所谓情况确凿，就是报告中所反映的问题，所汇报的情况，必须实事求是，尤其是典型事例与统计数字要十分精确，不能有“水分”和虚假浮夸的成分。因为报告是上级机关了解情况，制定政策，处理问题的依据，情况不确凿，就会给工作带来失误甚至重大损失。

（二）重点要突出

各类报告的内容都要突出重点。专题性报告，一事一报，始终围绕一项工作、一个问题陈述，做到中心明确；综合性报告，反映的是全面工作情况，要求主次分明，简繁适度，有点有面，重点突出，不能事无巨细，盲目地堆砌材料。

（三）报告要及时

报告的主要任务是供上级了解情况。所以，向上级汇报工作，反映情况、提出意见、答复询问等，一定要及时。如果事过境迁再向上级报告，就不利于问题的解决，甚至还会带来损失。

（四）陈述要有序

撰写报告要讲究陈述的有序性，做到有条有理，层次井然，逻辑严密。报告一般用陈述的方法来写，写作时一要据实直陈，直截了当，叙事简要，不讲空话套话，不用曲笔；二要先后有序，注意表达的条理性和逻辑性。

（五）不得夹带请示事项

《国家行政机关公文处理办法》第十九条明确规定“‘报告’中不得夹带请示事项”。这是因为报告属于陈述性公文，不要求上级回复，以免报告与请示两种公文混同不分。

第十节　请示　批复

请示和批复是行政公文中唯一相对应的一对文种。下级机关有请示，上级主管机关必有批复。

一、请示

（一）请示的概念

请示是下级机关单位请求上级机关单位或业务主管机关单位对某项工作或某个问题给予指示、答复时使用的。它适用于向上级机关请求指示、批准。

（二）请示的种类

请示根据目的来分，请示主要可以分为：请求指示的请示和请求审批的请示。

1. 请求指示的请示

这种请示主要是在工作中遇到重要的疑难问题，或新情况、新问题，需要请求上级机关作出指示或加以解释说明的；或对上级指示和有关政策领会不明不透、有疑问或有不同理解，需要请示上级机关进一步加以明确的阐析、指导、裁决的请示。如：

例 5－17

关于交通肇事是否给予被害者家属抚恤问题的请示

最高人民法院：

据我省××县人民法院报告，他们对交通肇事致被害人死亡，是否给予被害者家属抚恤问题，有不同意见。一种意见认为，被害者是有劳动能力的人，并遗有家属，应给予抚恤；被害者若是没有劳动能力的老人或儿童，就不给以抚恤。另一种意见认为，只要不是由被害者自己的过失所引起的死亡事故，不管被害者有无劳动能力，都应酌情给予抚恤。我们同意后一种意见。几年来实践经验证明，这样做有利于安抚死者家属。

以上请示是否妥当，请批复。

××省高级人民法院

××××年×月×日

该请示前三句话陈述理由："据我省××县人民法院报告，他们对交通肇事致被害人死亡，是否给予被害者家属抚恤问题，有不同意见。一种意见认为，被害者是有劳动能力的人，并遗有家属，应给予抚恤；被害者若是没有劳动能力的老人或儿童，就不给以抚恤。另一种意见认为，只要不是由被害者自己的过失所引起的死亡事故，不管被害者有无劳动能力，都应酌情给予抚恤。"第四、五句话说明所请单位的意见及理由："我们同意后一种意见。几年来实践经验证明，这样做有利于安抚死者家属。"就属于"有疑问或有不同理解，需要请示上级机关进一步加以明确的阐析、指导、裁决”的请示。

2. 请求审批的请示

这种请示是为了使某一事项的解决办法得到上级机关的审批认可，即因权限关系，对涉及经济、物资和人员编制等问题，下级机关自己不能做主，需要上级机关审批的请示。如《×县国土资源局关于公告某县2013年第六批次城市建设用地征地补偿安置方案的请示》等。这类请示内容的重点是说明办理事件的必要性和可行性，目的是希望上级同意办这件事。

例5－18

×县国土资源局
关于公告某县2013年第六批次城市
建设用地征地补偿安置方案的请示

×县人民政府：

根据《中华人民共和国土地管理法》《征用土地公告办法》的规定和《××省人民政府关于×县2013年度第六批次城市建设农用地转用和土地征收的批复》（闽政地〔2012〕728号）的要求，在征收（用）土地公告之日起45日内以被征土地的所有权人为单位拟订征地补偿、安置方案并予以公告。依照法定程序，县国土资源局会同莆美镇人民政府及马山村，拟定《土地补偿、安置方案公告》（公告文本附后），特提请县人民政府批准。

专此请示，如无不妥，请批复。

附件：1. ×县人民政府2012年第六次征收土地公告

2. ×县国土资源局征地补偿、安置方案公告第15号

×县国土资源局

2013年8月6日

（三）请示的结构及写作

请示的正文包括：请示理由、请示事项和结束语。

请示理由：这一部分的写作一般自成段落。理由是否充分，是请示能否得到批准的重要条件。如上一则请示其理由就是根据国家的有关法律《中华人民共和国土地管理法》《征用土地公告办法》和地方文件《××省人民政府关于某县2013年度第六批次城市建设农用地转用和土地征收的批

复》的精神。

请示事项：即请示的具体内容，应该做到具体明确。如果内容较多，应分条列项一一列出。上则请示的请示事项就是“依照法定程序，县国土资源局会同莆美镇人民政府及马山村，拟定《土地补偿、安置方案公告》（公告文本附后），特提请县人民政府批准。”

结束语：根据请示内容的不同，结束语有不同的习惯写法，常用的有“可否，请批示”“当否，请指示”“请审批”“以上请示如无不当，请批转有关单位贯彻执行”等。上则请示的结束语是“专此请示，如无不妥，请批复。”

（四）请示写作注意事项

（1）请示的问题，必须是工作中急需解决的重要问题。不要把一般化问题或矛盾上交。请示理由必须充足，提要求而不说理由，属于无理要求，得不到上级机关的认可。

（2）坚持一文一事。撰写请示，一定要做到一文一事，避免一文数事或在报告中夹带请示事项，以免需要批复的事项因涉及多个机关分别辗转办理而延时误事。

（3）拟准主送机关。请示要根据隶属关系主送一个直属上级机关，不要多头请示。多头请示容易出现因职责不明而相互推诿，无法及时批复；或因几头批复意见不一，造成请示单位无所适从。

受双重领导的机关向上级请示，应当写明主送机关和抄送机关，由主送机关负责批复。还要注意党政分开，属于行政部门的事，一般不必向党委请示。

（4）要逐级请示。请示一般不得越级行文，如遇非常特殊的情况，需要越级行文时，应将请示同时抄送给越过的上级机关。但不论什么内容的请示，都不得抄送给下级机关。

（5）格式正确，语言得体。请示的标题一般用“事由加文种”的形式，不能只写“请示”二字。因为是请求上级办事，所以语气要谦虚、委婉，但又要实事求是。可以尽量用一些商量口吻的词语，如：“拟”“建议”“是否”，等等。不可用要挟性的语言。

（五）请示与报告的区别

请示与报告在行文方向上虽都属于上行公文，但它们是不同的文种，它们之间有着明显的区别：

1. 性质不同

报告是陈述性公文，它反映情况汇报工作，向上级机关提出意见或建议，不要求批复；请示是请求性公文，它一定要求上级机关批复。

2. 行文时限不同

报告的行文时限较为灵活，事前、事中、事后都可行文；请示必须事前行文，不能“先斩后奏”。

3. 表述要求不同

报告陈述工作情况，提出意见或建议，涉及内容较为广泛，可以一文一事（专题报告），也可以一文数事（综合报告），而且篇幅较长；请示要求一文一事，行文较短。

报告中不能夹带请示事项；请示中可以陈述情况，只不过所陈述的情况，是作为请示事项的依据而存在的。

此外，报告一般不用发文字号，而请示一般都有发文字号。报告与请示的惯用尾语也不同。

总之，请示与报告是两类不同的文种，应该严格分开使用。

二、批复

(一) 批复的概念

批复是上级机关针对下级机关单位请示所作的明确答复。它适用于答复下级机关请示事项。

批复是指示性公文，不可与知照性公文中的复函混为一谈。一些业务主管部门对另一部门来函请求批准，业务主管部门应以“复函”行文，不宜以“批复”行文。

(二) 批复的种类

根据请示的不同内容，批复可以分为相应的种类。

1. 对请求指示的批复

这类批复，是针对下级机关提出的难以解决的政策界限问题或没有明文规定的实际疑难问题，作出具体的解释或答复，表明意见和态度。如：

例 5－19

公安部关于消防监督机构是否具有行政诉讼主体资格及有关问题的批复

天津市公安局：

你局《关于消防监督机构行政诉讼主体资格及有关问题的请示》（津公法研〔××××〕428 号）收悉。经研究，现批复如下：

公民、法人或者其他组织对公安消防监督机构根据《消防条例》第二十六条、《消防条例实施细则》第五章有关条款授予的消防监督职权所作出的具体行政行为不服，向人民法院提起诉讼时，公安消防监督机构是被告，具有独立的行政诉讼主体资格。违反消防管理法规的有关责任人员，对于公安机关依照《治安管理处罚条例》给予的处罚不服，向上一级公安机关提出申诉，并对上一级公安机关的申诉裁决不服，向人民法院提起诉讼时，复议维持原具体行政行为的，作出原具体行政行为的公安机关是被告；复议改变原具体行政行为的，复议的公安机关是被告。县以上公安机关设立的消防局、处、科（股），即为本级公安机关的消防监督机构，依法行使消防监督职权时，盖消防局、处、科（股）的印章。公民、法人或者其他组织对公安消防监督机构作出的具体行政行为不服要求复议时，为方便公民、法人或者其他组织，可确定由上一级公安消防监督机构或主管公安机关复议。

公安部

××××年十一月九日

2. 对请求批准事项的批复

这类批复主要针对下级机关请求批准的事项进行认可和审批，带有表态性和手续性。如《关于同意唐山市城市住房改革试行方案的批复》和《国务院关于成立中国光大银行的批复》。

例 5－20

关于同意唐山市城市住房改革试行方案的批复

河北省人民政府：

你省××××年 12 月 18 日报来的《河北省人民政府关于请求批准唐山市

住房制度改革试行方案的请示》（冀政〔××××〕134号文）收悉。同意唐山市城市住房制度改革试行方案，请于××××年1月份试行。

国 务 院

××××年×月××日

例5－21

国务院关于成立中国光大银行的批复

中国人民银行：

你行《关于成立光大银行审核意见的报告》收悉。现批复如下：

国务院同意成立中国光大银行。中国光大银行是中国光大（集团）总公司全资附属的国营金融企业，是独立核算、自主经营、自负盈亏的法人，接受中国人民银行的归口领导和管理。中国光大银行的任务是根据国家的方针政策，筹集融通国内外资金，主要办理机电、能源、交通等行业的大型设备信贷、飞机租赁等业务，以及经中国人民银行批准的其他业务。

经中国人民银行批准，中国光大银行可以逐步设立分支机构。请各地人民政府、各有关部门对中国光大银行给予积极支持，以使其顺利开展各项业务，在社会主义建设中发挥积极的作用。

国务院

××××年××月××日

（三）批复的结构及写作

批复的内容包括告知情况和表明态度两个部分。

告知情况：点明批复的下级机关，并写明来文的标题、文号，以交代批复的依据。如“你行《关于成立光大银行审核意见的报告》收悉”。

表明态度：即明确批复事项。根据国家的方针政策和实际情况，对来文提出的要求表明态度：同意、不同意还是原则上（或基本）同意、不同意。在具体行文中有时要对请示的问题作出指示，指明必须注意的事项。如《国务院关于成立中国光大银行的批复》这部分写作首先就明确态度：“国务院同意成立中国光大银行。”并对即将成立的“光大银行”的性质、核算、主要经营的业务等都作出了具体规定。不同意的，要说明理由。如果涉及问题较多，还应分项来写。

（四）批复写作注意事项

1. 坚持一请示一批复的原则

请示和批复是公文中唯一的一对一的文种，批复是对请示的回复，请示写作应该“一文一事”，批复也必须坚持“一请示一批复”。

2. 要正确无失

下级机关请示什么事项，上级机关就答复什么事项。

3. 要及时迅速

批复是因下级机关有所请而写作，说明事情重要，时间紧迫。因此要及时回复，以免延误工作。

4. 行文简洁

态度要明确，也就是不能模棱两可，但也不能太原则缺乏操作性。批复一般篇幅不长，行文简明扼要，不多做解释，充分体现发文机关的权威性。

第十一节　函

一、函的概念

“函”是往来于机关单位之间联系公务时使用的文种。它主要用于同级机关单位或不相隶属机关单位之间联系、商洽工作，向有关主管部门请求批准某些事务，以陈述情况，告晓询问为主，不具有领导或指导的性质，但有凭证作用。函作为公文中唯一的平行文种，其适用的范围相当广泛。

二、函的特点

（一）沟通性

函主要用于不相隶属机关之间相互商洽工作、询问和答复问题，起着沟通作用，充分显示平行文种的功能，这是其他公文所不具备的特点。

（二）灵活性

灵活性表现在两个方面：一是行文关系灵活。函是平行公文，但是它除了平级行文外，还可以向上行文或向下行文，没有其他文种那样严格的特殊行文关系的限制。二是格式灵活，除了国家高级机关的函必须按照公文的格式、行文要求行文外，其他函一般比较灵活自便。也可以按照公文的格式及行文要求办理，可以有文头版，也可以没有文头版，不编发文字号。

（三）单一性

函的主体内容具备单一性的特点，一份函只宜写一件事。

三、函的种类

“函”按照不同的角度分，有不同的种类。

按照内容和用途分，有商洽函、答询函、请批函、告知函；按性质分，有公函和便函；按行文方向分，有发函和复函。

发函也称去函、问函，是本机关主动向对方去的函。

复函也叫回函，是指回复询问或批准事项等的函。

复函既回复对方的询问，也回复对方来函所商洽的事项，还回复对方请批函中所提出的请求。复函与批复不同，批复是下行文，是对下级机关的请示表示准驳；复函是平行文，只是对平级或不相隶属机关的来函作出回复。如：

例5－22

关于建立××贸易公司的函

××省计划经济委员会：

为促进我省民政工业发展，拓宽福利生产市场，积极发展外向型经济，经研究，决定建立××贸易公司。

该公司为集体所有制，实行独立核算，自负盈亏。

经营范围：主营民政福利企业产品及出口创汇产品外贸经营。兼营各类生产资料，经济技术咨询，产品开发有偿服务及其他民用商品。

经营方式：零售、批发、代购、代销及调拨。

当否，请研究后函复。

××省民政厅

××××年×月×日

例5－23

关于成立××贸易公司的复函

××省民政厅：

×民函字〔××××〕××号文收悉。同意成立××贸易公司。该公司为集体所有制企业，实行独立核算，自负盈亏，自主经营，具有法人地位。公司归民政工业公司管理。编制暂定××名。公司经营范围：主营民政福利企业产品，兼营与其产品有关的原辅材料。经营方式：零售、批发、代购、代销及调拨。公司注册资金××××。开业地点：××××。

××省计划经济委员会

××××年×月×日

这两例中，例5－22属于发函，而例5－23属于复函。

四、函的结构及写作

在平行文中，函是重要的文种。凡是不相隶属机关之间商洽工作、答询问题和请批事项等，均应用函。不相隶属机关之间周知有关事项，要用函而不用“通知”；请批事项要用函而不用“请示”。由于函的类别较多，从写作格式到内容表述均有一定灵活机动性。这里主要介绍规范性公函正文的结构、内容和写法。

函的正文，一般由缘由、事项、结尾和结束语等部分组成。

（一）缘由

交代为什么要写函。或陈述原因、目的，或援引依据。然后用“现将有关问题说明如下”或“现将有关事项函复如下”等过渡语转入下文。复函的缘由部分，一般首先引叙来文的标题、发文字号，然后再交代根据，以说明发文的缘由。

（二）事项

这是函的核心内容部分，主要说明致函事项。函的事项部分内容大都比较单一，一函一事，行文要直陈其事。无论是商洽工作，询问和答复问题，还是向有关主管部门请求批准事项等，都要用简洁得体的语言把需要告诉对方的问题、意见叙写清楚。如果属于复函，还要注意答复事项的针对性和明确性。

（三）结尾和结束语

一般用礼貌性语言向对方提出希望。或请对方协助解决某一问题，或请对方及时复函，或请对方提出意见或请主管部门批准等。通常还应根据函询、函告、函商或函复的事项，选择运用不同的结束语。常用的结束语有："请研究后函复""请同意""请批准""特此函告""此复"等等。这样，受函单位便于处理，有助于提高工作效率。如：

例 5－24

关于同意中国音乐家协会委托安徽省音乐家协会等单位承办音乐考级的函

中国音乐家协会：

你会关于委托安徽省音乐家协会等单位承办音乐考级备案材料悉，根据《社会艺术水平考级管理办法》规定，经审核，同意你院委托安徽省音乐家协会、蚌埠市音乐家协会、淮北市音乐舞蹈家协会、淮南市音乐家协会，宿州市音乐舞蹈家协会、黄山市音乐家协会、六安市音乐舞蹈家协会、马鞍山市音乐家协会、滁州市音乐家协会、阜阳市音乐家协会、宣城市音乐家协会、安庆市音乐家协会、芜湖市音乐家协会、池州市音乐舞蹈家协会、铜陵市音乐家协会等 15 家单位在所在行政区域内开展音乐考级工作。请你会按照《办法》规定，做好考级承办单位的考级管理工作，依法规范考级，并按照规定及时到当地文化行政管理部门办理相关备案手续，有效期至××××年 12 月。

特此函复。

安徽省社会艺术水平考级管理工作
领导小组办公室
××××年 6 月 7 日

这则函件缘由由两部分构成："你会关于委托安徽省音乐家协会等单位承办音乐考级备案材料悉"是告知情况；"根据《社会艺术水平考级管理办法》规定"是援引依据。事项部分是"经审核，同意你会委托安徽省音乐家协会……等 15 家单位在所在行政区域内开展音乐考级工作"。结尾部分提出了相关要求："请你会按照《办法》规定，做好考级承办单位的考级管理工作，依法按规范考级，并按照规定及时到当地文化行政管理部门办理相关备案手续，有效期至××××年12月。"结束语是"特此函复"。落款单位是"安徽省社会艺术水平考级管理工作领导小组办公室，时间是××××年6月7日"。

五、函写作注意事项

（一）内容单一明确

函要一函一事，内容要单一集中，为了工作方便，一封函以谈一件事为宜。

（二）态度诚恳，用语得体

发函一般要求对方关照、支持，因此，写作时态度要诚恳，语气要平和，讲究平等协商，文明礼貌，不露虚套和媚态，也不要居高临下，盛气凌人。复函用语要明快，以诚待人，不要显出冷漠和生硬。总之，用语要得体，恰到好处。

第十二节　会议纪要

一、会议纪要的概念

会议纪要是会议组织、领导机关和主持机关用以记载会议进程、决议事项和主要精神，并传达给有关单位的正式行政公文。

会议纪要是下行文，它的作用是使与会者了解和掌握会议主要精神，使它成为与会机关共同遵守的行动准则；也使上下级机关了解会议的基本情况和精神，以利于工作的开展。

二、会议纪要的特点

（一）内容的纪实性

会议纪要如实地反映会议内容，它不能离开会议实际搞再创作，否则，就会失去其内容的客观真实性。

（二）表达的提要性

会议纪要是根据会议情况综合而成的，因此，撰写会议纪要时应围绕会议主旨及主要成果来整理、提炼和概括，重点应放在介绍会议成果，而不是叙述会议的过程。

（三）称谓的特殊性

会议纪要一般采用第三人称写法。由于会议纪要反映的是与会人员的集体意志和意向，常以“会议”作为表述主体，使用“会议认为”“会议指出”“会议决定”“会议要求”“会议号召”等惯用语展开正文部分的写作。

三、会议纪要的写作

根据会议性质、规模、议题等不同，会议纪要大致有以下几种写法。

（一）集中概述法

这种写法是把会议的基本情况，讨论研究的主要问题，与会人员的认识、议定的有关事项（包括解决问题的措施、办法和要求等），用概括叙述的方法，进行整体的阐述和说明。这种写法多用于召开小型会议，而且讨论的问题比较集中单一，意见比较统一，容易贯彻操作，篇幅相对短小。如果会议的议题较多，可分条列述。

（二）分项叙述法

召开大中型会议或议题较多的会议，一般要采取分项叙述的办法，即把会议的主要内容分成几个大的问题，然后加上标号或小标题，分项来写。这种写法侧重于横向分析阐述，内容相对全面，问题也说得比较细，常常包括对目的、意义、现状的分析，以及目标、任务、政策措施等的阐述。这种纪要一般用于需要基层全面领会、深入贯彻的会议。

（三）发言提要法

这种写法是把会上具有典型性、代表性的发言加以整理，提炼出内容要点和精神实质，然后按照发言顺序或不同内容，分别加以阐述说明。这种写法能比较如实地反映与会人员的意见。某些根据上级机关布置，需要了解与会人员不同意见的会议纪要，可采用这种写法。

四、会议纪要的基本结构

会议纪要通常由标题、主体、落款三部分构成。

（一）标题

标题写作有两种情况，一是会议名称加纪要，如《全国教育工作会议纪要》。二是召开会议的机关加内容加纪要，如《××省经贸委关于企业扭亏的会议纪要》。

（二）主体

会议纪要主体一般由会议概况、会议的精神和议定事项、希望及要求等部分组成。

1. 会议概况

主要包括会议的形势和背景、指导思想和目的要求、时间、地点、名称、主持人、与会人员，基本议程、对会议的评价等。例如：

2019 年 10 月 10 日，在公司一楼会议室召开了××××会议，会议研究讨论了××××等事项，公司领导×××、×××、×××以及×××员工参加会议，会议由×××主持，现将议定事项纪要如下。

2. 会议的精神和议定事项

会议的精神和议定事项是纪要的主体部分，是对会议的主要内容、主要精神、主要原则以及基本结论和今后任务等进行具体的综合和阐述。写作中应逐项列出。这部分写作的格式也比较固定，一般采用如下表达方式：会议听取了×××同志的关于……的汇报，经与会人员讨论，会议认为……，会议决定……，会议强调……。例如：

2022 年 8 月 23 日，李刚同志在县政府二楼常务会议室主持召开了 2022 年第 5 次常务会议，会议讨论研究了以下事项。

一、会议听取了 31 个政府职能部门关于当前安全生产工作开展情况的汇报

会议认为：安全生产高于一切，安全生产是保障全县经济社会健康快速发展的前提和基础，是一项必须坚持常抓不懈的工作、全县上下要深刻认识到安全生产工作的重要性，认真总结硫黄矿“7·23”事故的惨痛教训，深刻反思我县当前安全生产工作中存在的漏洞和问题。

……

3. 希望及要求

这部分内容一般点到为止，不做展开，如果在“会议的精神和议定事

项”已经写清楚了，这部分也可以不写。例如：

会议要求：

1. 由县政府办公室牵头，安监局配合，尽快制定我县安全生产管理工作的实施意见。

……

（三）落款

落款包括署名和时间两项内容。

署名只用于办公室会议纪要，署上召开会议的领导机关的全称，下面写上成文的年、月、日，加盖公章，一般会议纪要不署名，只写成文时间，加盖公章。

五、会议纪要与会议记录的区别

（1）会议记录只是一种客观的纪实材料，记录每个人的发言，是撰写会议纪要的基础；会议纪要是对会议记录的整理、择要，是会议记录内容的集中和提高，起具体指导和规范的作用。

（2）会议记录是存档备用的内部材料，一般正式会议都要有；会议纪要是外发公文，不一定每次会议都对外发纪要。

（3）会议记录是事务文书，不具有运行性，无周知性；会议纪要是公文，具有下行为主的多向运行性和周知性。

（4）会议记录是顺时结构；会议纪要则以整理过的总分式结构为基本框架。

六、会议纪要写作注意事项

（一）看记录

起草会议纪要，除了起草者是会议参加者，最好是会议记录者或主管人之外，还必须认真收集会议的有关文件和材料，细致地阅读会议记录，把握会议的议题、议决事项、重要讲话、典型发言等会议主要精神。这一方面是为了保证会议纪要反映会议情况的真实性，另一方面也是为会议纪要写作确立正确主旨和选择充分材料。

（二）抓要点

所谓纪要，“纪”是综合、整理，“要”是要点，即记其要点。会议纪要要源于会议的材料，综合、整理出会议的主要精神与问题，但又不能照搬会议文件和会议记录，而要精择文件和记录的要点而写，突出重点，切忌巨细不分，甚至以次要内容冲淡会议的主要内容。

（三）讲条理

会议纪要对会议讨论的问题、议程、发言内容、决定等分层次、分类别、分先后地加以归纳，这样不仅能使纪要笔墨经济，而且使人感到内容明确，条理清晰。

（四）注意惯用语的使用

为了使会议纪要更加规范、具有条理性，一般采用“会议听取了”“会议指出”“会议强调”“会议决定”“会议认为”等作为每一自然段的起首语。

不同的会议纪要有不同的写法，但条理清晰、语言简洁，则是共同的要求。

练习题

一、单选题

1. 下列有关“函”的表述中，错误的是（　　）。

A. 适用于不相隶属的机关之间

B. 用于向有关主管部门的请求和批准

C. 用于相互商洽工作、询问和答复问题

D. 是公文中使用范围比较广泛的一种文种

2. 两个或两个以上机关联合行文时必须做好（　　）工作。

A. 审核　　B. 签发

C. 会商　　D. 会签

3. 我国法定的公布性公文不包括(　　)。

A. 公报　　B. 通告

C. 公示　　D. 公告

4. 根据《党政机关公文处理工作条例》第 9 条的规定，在公文上应当标注签发人姓名的是(　　)。

A. 上行文　　B. 下行文

C. 平行文　　D. 会议文件

5.《中共中央关于印发〈中国共产党纪律处分条例〉的通知》是(　　)。

A. 批转性通知　　B. 发布性通知

C. 转发性通知　　D. 指示性通知

6. 某市科技局想向该财政局申请追加农业科研经费，应选用的公文是(　　)。

A. 请示　　B. 函

C. 报告　　D. 简报

7. 公文标题《××省交通厅关于同意××公路局修复××收费站的函》出现的错误是(　　)。

A. 缺少文种　　B. 生造文种

C. 错用文种　　D. 混用文种

8. 从报告内容涉及的范围看，《政府工作报告》属于(　　)。

A. 综合报告　　B. 专题报告

C. 调查报告　　D. 情况报告

9. 公文标题一般由(　　)构成。

A. 收文机关名称、事由、文种

B. 发文机关名称、收文机关名称、事由、文种

C. 发文机关名称、事由、文种

D. 发文机关名称、收文机关名称、事由

10. 根据公文内容的重要程度，公文的密级分为(　　)。

A. 绝密、加密、机密三级

B. 绝密、机密、秘密三级

C. 机密、保密、秘密三级

D. 特密、绝密、秘密三级

11. 下列关于请示的描述正确的是(　　)。

A. 主送一个主管机关

B. 直接主送领导者个人

C. 抄送下级机关

D. 主送所有相关机关

12. 公文文稿签发前，应当由发文机关办公厅（室）进行(　　)。

A. 分办　　B. 批办

C. 传阅　　D. 审核

13. 发文机关同收文机关之间的公文往来关系是(　　)。

A. 组织关系　　B. 公务关系

C. 行文关系　　D. 隶属关系

14. 签发人应标注在文件的(　　)。

A. 版头部分　　B. 主体部分

C. 版记部分　　D. 附件部分

15. 公告、通告、通知、通报的共同点是(　　)。

A. 告知性　　B. 指导性

C. 宣传性　　D. 权威性

16. 公文发文字号的编排顺序是(　　)。

A. 发文机关、代字、顺序号、年份号

B. 发文机关代字、年份号、顺序号

C. 年份号、发文机关代字、顺序号

D. 顺序号、年份号、发文机关代字

17. 通告的适用范围是(　　)。

A. 向国内外宣传重要事项或法定事项

B. 对重要问题提出见解和处理办法

C. 传达要求下级机关办理和需要有关单位周知或执行的事项

D. 公布各有关方面应当遵守或周知的事项

18. 在行政公文中，可用于上行文的公文种类有(　　)。

A. 报告　　B. 通知

C. 批复　　D. 决定

19. 在下行文中提出执行要求时，要使受文者不折不扣执行文件，应写作(　　)。

A. 参照执行　　B. 遵照执行

C. 参酌执行　　D. 比照执行

20. 公文的作者是指(　　)。

A. 签发人　　　　　　　　　B. 审核人

C. 发文机关　　　　　　　　D. 撰写人

21. 联合行文标注发文机关时，标在前面的机关是(　　)。

A. 上级机关

B. 组织序列表中靠前的机关

C. 主办机关

D. 其他系统机关

22. 为了维护正常的领导关系，具有隶属关系或业务指导关系的机关之间应基本采取(　　)。

A. 逐级行文　　　　　　　　B. 多级行文

C. 越级行文　　　　　　　　D. 直接行文

23. 下列文种中，属于指挥性公文的是(　　)。

A. 议案　　　　　　　　　　B. 批复

C. 函　　　　　　　　　　　D. 报告

24. 某市政府办公厅 2014 年所发的、排序编为 5 号公文的发文字号的正确写法是(　)。

A. 政办发（2014）第 5 号

B. 厅发（2014）5 号

C. 政办发〔2014〕5 号

D. 政发〔2014〕5 号

25. 应在公文首页标注签发人的是(　　)。

A. 上行文　　　　　　　　　B. 平行文

C. 下行文　　　　　　　　　D. 所有公文

26. 下列文种中属于陈述性的上行公文是(　　)。

A. 请示　　　　　　　　　　B. 报告

C. 议案　　　　　　　　　　D. 意见

27. 联合行文时确定成文时间的标准是(　　)。

A. 以第一个签发机关负责人签发的日期为准

B. 以最后一个签发机关负责人签发的日期为准

C. 以文件撰写的日期为准

D. 以文件实际发出的日期为准

28. 签发人姓名标注在发文字号同一行，居(　　)。

A. 左侧　　B. 右侧

C. 中间　　D. 顶格

29. 公文从应用范围的角度可分为法定公文和(　　)。

A. 事务文书　　B. 私人文书

C. 秘密文书　　D. 专用文书

30. 狭义的公文是指(　　)。

A. 事务文书　　B. 司法文书

C. 法定公文　　D. 外交文书

31. 公文附件的顺序和名称应标注在(　　)。

A. 正文之后，成文日期之前

B. 成文日期之后，附注之前

C. 附注之后，主题词之前

D. 主题词之后，抄送机关之前

32. 沈浩同志是新时期共产党员的优秀代表，是农村基层干部的楷模，中共中央组织部号召全国各条战线的共产党员和广大干部向沈浩同志学习，应采用的公文文种是(　　)。

A. 公告　　B. 通知

C. 通报　　D. 意见

33. 省政府办公厅要求各级各部门领导干部深入基层、走近群众开展春节慰问活动，秘书小王起草公文，他使用的公文文种应是(　　)。

A. 通告　　B. 公告

C. 通知　　D. 公报

34. 对重要事项或重大行动做出安排，应使用的文种是(　　)。

A. 通告　　B. 决定

C. 意见　　D. 公告

35. 向无隶属关系的单位答复问题时使用(　　)。

A. 批复　　B. 通报

C. 通知　　D. 函

36. 下列文种中属于被动行文的是(　　)。

A. 指示　　B. 通知

C. 批复　　　　　　　　　　D. 函

37. 批复是答复下级请示的文件，是(　　)。

A. 被动发文

B. 主动发文

C. 是对报告的批件

D. 是对意见的批件

38. 在公告的总体结构中，可以没有的一部分是(　　)。

A. 标题　　　　　　　　　　B. 正文

C. 主送单位　　　　　　　　D. 成文时间

39. 县政府要将省政府的公文向所属的部门和乡、镇传达，所使用的公文应是(　　)。

A. 转发性通知　　　　　　　B. 批转性通知

C. 指示性通知　　　　　　　D. 发布性通知

40. 下列文种中，行文方向固定的是(　　)。

A. 批复　　　　　　　　　　B. 意见

C. 函　　　　　　　　　　　D. 会议纪要

41. 所有的公文中，(　　)最具权威性和强制性。

A. 决定　　　　　　　　　　B. 命令

C. 规定　　　　　　　　　　D. 决议

42. 下列用语中只有(　　)属于公文“请示”的结束语。

A. 特此函达　　　　　　　　B. 此致，敬礼

C. 当否，请指示　　　　　　D. 请尽快办理

43. 用于答复下级机关请示事项的公文是(　　)。

A. 指示　　　　　　　　　　B. 请示

C. 批复　　　　　　　　　　D. 命令

44. (　　)的行文方向可平行、上行、下行。

A. 请示　　　　　　　　　　B. 议案

C. 意见　　　　　　　　　　D. 报告

45. 下列公文除(　　)外，都应加盖发文机关的印章。

A. 公告　　　　　　　　　　B. 通知

C. 函　　　　　　　　　　　D. 纪要

46. 2012 年 7 月，《党政机关公文格式》国家标准正式实施，根据该标准，下列有关公文格式说法不正确的是(　　)。

A. 成文日期中的数字用大写汉字将年、月、日标全

B. 信函格式和纪要格式都是特定的、常用的正式公文格式

C. 命令（令）格式的发文机关标志由发文机关全称加“命令”或“令”组成

D. 在公文的正文中，结构层次序数依次可以用“一、”“（一）”“1.”“（1）”

47. 向无隶属关系的单位答复问题时使用(　　)。

A. 批复　　B. 通报

C. 通知　　D. 函

48. 以下各项中不属于公文眉首部分的结构要素是(　　)。

A. 公文标题　　B. 签发人

C. 发文字号　　D. 秘密等级

49. 公文一律(　　)装订。

A. 上方　　B. 左上方

C. 左侧　　D. 右侧

50. 联合行文用(　　)的发文字号。

A. 所有联署机关

B. 主办机关

C. 联署机关中的任意机关

D. 共同的上级

51. ××区政府向市政府请求增拨救灾资金，应选(　　)行文。

A. 报告　　B. 函

C. 请示　　D. 申请

52. 市水利局向市财政局请求增拨水利建设经费应用的文种是(　　)。

A. 请示　　B. 函

C. 报告　　D. 申请书

53. 现行公文中应用范围最广的是(　　)。

A. 意见　　B. 通知

C. 通告　　D. 计划

54. 可以平行也可以下行的公文是(　　)。

A. 通知　　B. 决定

C. 报告　　D. 批示

55. 不得抄送给自己的下级机关的公文是(　　)。

A. 公告　　B. 报告

C. 请示　　D. 纪要

56. 适用于记载、传达会议情况和议定事项的公文称(　　)。

A. 会议记录　　B. 会议公报

C. 会议决定　　D. 会议纪要

57–59 根据以下材料，回答文后问题。

通　知

局属各单位：

为了响应市委“绿化城乡，美化黄林”的号召，积极参加今年义务植树节有关活动，现决定本周双休日赴市郊黄林岗参加义务植树，请贵单位按照分配的任务，积极组织人员参加。另，植树活动结束后，还将举行春季卫生防疫工作部署动员大会，请有关单位做好发言准备并上报上个月考勤表。

请支持为谢！

卫生局

2022 年 3 月 10 日

57. 下列关于该公文主送机关的表述，正确的是(　　)。

A. 主送机关可以省略

B. 主送机关应该居左空两个字符书写

C. “局属各单位：”冒号多余

D. 主送机关应该居左顶格书写

58. 正文部分修改不正确的是(　　)。

A. “本周双休日”应改为“双休日”

B. “贵单位”应改为“各单位”

C. “请支持为谢！”应改为“特此通知！”

D. “另，植树活动结束后，还将举行春季卫生防疫工作部署动员大会，请有关单位做好发言准备并上报上个月考勤表。”删除。

59. 关于公文落款，下列说法正确的是(　　)。

A. 成文日期应为“二〇一四年三月十日”

B. 成文日期应为“3 月 10 日”

C. 发文机关应为“×市卫生局”

D. 发文机关应为“卫生局”

60-64 根据以下材料，回答文后问题。

关于申请修复校舍经费的请示报告

×教（2013）16 号

省教育厅：

因受到台风袭击，我市有五所中小学校的校舍受到不同程度的损坏，其中一所小学的校舍损坏特别严重。特申请经费 120 万元，以尽快修复被台风损坏的校舍，确保学校正常开课。另我市因建立中小学多媒体教育示范基地项目尚欠设备款 20 万元，现申请追加 20 万元。

特此报告，请从速批示。

××市教育局（盖章）

二〇一三年八月十日

60. 下列关于该公文标题的表述，正确的是(　　)。

A. 应该删除“请示”

B. 应该删除“报告”

C. 应该删除“关于”

D. 应该将“请示报告”改为“函”

61. 关于发文字号一行，下列说法正确的是(　　)。

A. 文号应为“×教［2013］第 16 号

B. 文号应为“×教［2013］016 号

C. 文号应为“×教［2013］16 号

D. 文号应为“×教〔2013〕16 号

62. 关于主送机关一行，下列说法正确的是(　　)。

A. 应该将“省教育厅”改为“教育厅”

B. 应该将“省教育厅”改为“省教育厅×厅长”

C. 应该删除“省教育厅:”后的冒号

D. “省教育厅:”开头不应该空格

63. 关于结束语“特此报告，请从速批示。”一行，下列说法正确的是(　　)。

A. 将“特此报告，请从速批示。”改为“特此请示，请从速批示。”

B. 将“特此报告，请从速批示。”改为“特此请示，请批准。”

C. 将“特此报告，请从速批示。”改为“如无不当，请批准。”

D. “特此报告，请从速批示。”一行，应该顶格书写

64. 关于这份公文的修改，下列说法不正确的是(　　)。

A. “我市有五所中小学校的校舍受到不同程度的损坏，其中一所小学的校舍损坏特别严重。”表述过于笼统，应量化

B. “另我市因建立中小学多媒体教育示范基地项目尚欠设备款 20 万元，现申请追加 20 万元。”应该删除，不能夹杂在这份请示中

C. 落款“××市教育局（盖章）”中的“（盖章）”应该删除

D. 成文日期应为“二〇一三年八月十日”应改为“2013 年 8 月 10 日”

65-68　根据以下材料，回答文后问题。

A 省人民政府表彰 2021—2022 年度
A 省劳动模范、先进工作者和模范集体的通报

A 府发字［2023］第 21 号

各市（地）人民政府，省政府各部、委、办、厅，省政府各直属单位：

为了表彰在 A 省经济建设和社会发展中作出突出贡献的先进个人和先进集体，经过民主评选、单位推荐，省政府决定，授予李某等 541 名同志 2021—2022 年度 A 省劳动模范称号，授予陆某等 307 名同志 A 省先进工作者称号，授予 A 省某厅工程等三百五十个集体 2021—2022 年度 A 省模范集体称号（具体名单附后）。

（以下文字略）

二〇二三年 4 月 25 日

65. 下列关于该公文标题的表述，正确的一项是(　　)。

A. 各项排列的字数应由少至多

B. 该文标题中的介词“关于”不能省略

C. 该文标题中的“关于”应加在标题最前列

D. 文种使用有误

66. 关于发文字号一行，下列说法正确的是(　　)。

A. 文号应为“A 府发［2023］第 21 号”

B. 文号应为“A 府发［2023］021 号”

C. 此行右边应列为“签发人：×××”

D. 此文种不需要列出“签发人：×××”

67. 关于公文正文首段，下列说法不正确的是(　　)。

A. “经过”一词改为“经”

B. “模范”“先进”产生的程序有误，正确的程序是“单位推荐，民主评选”

C. “陆某等 307 名同志”后加“2021—2022 年度”

D. 此处“三百五十个集体”为正确的写法

68. 关于公文落款，下列说法正确的是(　　)。

A. 发文机关应为“A 省人民”

B. 发文机关应为“中共 A 省省委、A 省人民政府（印章)”

C. 成文日期应为“二〇二三年四月二十五日”

D. 成文日期应为“2023 年 4 月 25 日”

69-72 根据以下材料，回答文后问题。

A 市物价局等关于调整本市原料奶收购基本价格的通知

A 价督（2016）003 号

本市所有生产、收购、加工原料奶的企业或单位：

按照市物价局成本调查组《关于本市原料奶生产成本情况的报告（A 价成调〔2015〕16 号)》核算的原料奶生产成本，在综合研究各方面情况的基础上，调整本市原料奶收购基本价格。具体通知如下：

（一）本市原料奶（含脂率 3.2%，含蛋白率 2.95%）收购基本价格由每公斤 3.42 元调整为 3.59 元。

……

（五）本通知自 2016 年 9 月 1 日起执行。适用范围为本市所有生产、收购、加工原料奶的企业或单位。

特此通告。

物价局（公章） A市农业委员会（公章）

二〇一六年四月一日

69. 下列关于该公文标题的表述，正确的一项是(　　)。

A. “A市物价局等”应改为“A市物价局、A市农业委员会”

B. “关于”应加在标题最前列

C. 介词“关于”可以省略

D. 文种使用有误

70. 关于发文字号一行，下列说法正确的一项是(　　)。

A. 文号应为“A物价（2016）003号”

B. 文号应为“A农委（2016）003号”

C. 文号应为“A物价〔2016〕3号”

D. 文号应为“A农委〔2016〕003号”

71. 关于主送机关一行，下列说法正确的一项是(　　)。

A. 主送机关一行，开头不应该空两个字符

B. “本市所有生产、收购、加工原料奶的企业或单位:”应改为“本市各企业和有关单位:”

C. “本市所有生产、收购、加工原料奶的企业或单位:”应改为“所有的企业和单位:”

D. 原文表述正确，不需要做任何修改

72. 以下关于这份公文的修改，不正确的一项是(　　)。

A.《关于本市原料奶生产成本情况的报告（A价成调〔2015〕16号)》应改为《关于本市原料奶生产成本情况的报告》（A价成调〔2015〕16号)

B. 结束语“特此通告”删除

C. 成文日期“二〇一六年四月一日”应为“2016年4月1日”

D. 应该将公文标题中的“通知”应改为“通告”

二、多选题

1. 下列行政公文中应当标明公文份号的是(　　)。

A. 秘密公文　　　　　　B. 机密公文

C. 绝密公文　　　　　　D. 内部使用公文

2. 公文保密等级分为（　　）。

A. 绝密　　　　　　B. 机密

C. 秘密　　　　　　D. 特密

3. 公文在时间表述上务求准确，要尽量避免使用笼统词语，如以下（　　）都属于笼统词语。

A. 去年　　　　　　B. 2019 年 5 月

C. 上半年　　　　　　D. 后天

4. 公文的作用是(　　)的作用。

A. 领导和指导　　　　　　B. 联系和知照

C. 规范和准绳　　　　　　D. 宣传和教育

5. 撰写请示不应当(　　)。

A. 主送一个主管机关

B. 抄送所属下级机关

C. 主送领导个人

D. 坚持一文一事

6. 下列关于公文格式的表述不正确的是(　　)。

A. 如需联合行文，应将主办机关排列在最后

B. 需会议讨论通过的公文，其成文日期以会议通过日期为准

C. 如有附注，应在成文日期左上方标识

D. 秘密等级和紧急程度如需同时标识，则前者的位置应位于后者之下

7. 下列关于公文的说法中，正确的是(　　)。

A. 公文的标题一般由发文机关、事由、文种三部分构成

B. 公文的正文结构一般可分为导语、主体、结语三个部分

C. 向上级机关的请示，可以同时抄送除主送机关以外的下级机关

D. 联合行文时，生效标志部分应当先编排主办机关签发人职务、签名章

8. 国务院办公厅 2022 年所发的 9 号文的发文字号写法不正确的是(　　)。

A. 国办发【2022】9 号

B. 国办发〔2022〕9 号

C. 国办发（2022）9 号

D. 国办发〈2022〉9 号

9. 依据行文关系来划分公文的类别，公文可分为(　　)。

A. 上行文　　B. 下行文

C. 泛行文　　D. 平行文

10. 下面哪种情况可以联合行文(　　)。

A. 同级政府之间

B. 同级党委之间

C. 同级政府与党委之间

D. 党政机关与其他同级机关之间

11. 下列事项中应当制发通知的有(　　)。

A. 某大学向某市旅游局联系有关学生毕业实习的事项

B. 某银行向各储蓄所下达季度储蓄任务

C. 某人事局贯彻财政局有关职工差旅费报销标准的文件

D. 某公司聘任四名部门经理

12. 发文字号由(　　)组成。

A. 发文机关代字　　B. 密级

C. 年份　　D. 发文顺序号

13. 下列属于法定公文的是(　　)。

A. 通告　　B. 通知

C. 会议简报　　D. 纪要

14. 以下选项中，属于公文标题三个要素的是(　　)。

A. 发文机关　　B. 事由

C. 年份　　D. 文种

15. 在公文办理中，以下(　　)情况可以使用“通知”。

A. 批转下级机关公文

B. 转发上级和不相隶属机关的公文

C. 要求下级机关需要周知的事项

D. 给下级机关布置工作

16. 下列批办意见的写作表达不恰当的是(　　)。

A. 拟同意

B. 同意，请××科承办

C. 请××同志阅

D. 阅

17-19 下面这则公文存在一些错误，请一一指出，并加以改正。

请　示

因工作需要，我县急需购买小轿车一辆，请批准调拨经费×××××元。

另：我县尚缺专业对口技术人员××名，请在制定明年人员编制时一并考虑。

上述意见与要求如无不妥，请批复。

此致

敬礼!

××县人民政府

××县财政局

2019 年 6 月

17. 以下指出或修改正确的选项有(　　)。

A. 标题不完整，缺少发文机关

B. 文种不正确，应改为“报告”

C. 缺主送机关

D. 请示理由不充分，“因工作需要”表达笼统

18. 以下修改正确的选项有(　　)。

A. “小轿车一辆”数目字书写不正确，应改为“小轿车 1 辆”

B. 请示应该“一文一事”，因此，“另：我县尚缺专业对口技术人员××名，请在制定明年人员编制时一并考虑。”必须删除

C. “此致”保留，“敬礼!”删除

D. “上述意见与要求如无不妥，请批复。”表达累赘，改为“以上请示如无不妥，请批复。”

19. 以下修改正确的选项有(　　)。

A. “此致　敬礼!”删除

B. “××县人民政府”和“××县财政局”级别不同不能联合行文

C. 公文的日期“2019 年 6 月”不完整，只有年月，应补上具体哪一天

D. “上述意见与要求如无不妥，请批复。”应改为“上述意见与要求妥否，请批准。”

20–22 下面这则公文存在一些错误，请一一指出，并加以改正。

关于向××同志学习的公告

各县人民政府：

今年初，董镇信用社职工××同志为保卫国家财产，英勇面对歹徒，顽强搏斗，最后擒获歹徒。为此决定授予××同志见义勇为先进个人称号。

市政府希望各条战线的群众、工人、农民、知识分子认真贯彻十八大精神，胸怀全局，艰苦奋斗，努力工作，为社会主义现代化建设做出更大贡献。

××市委、××市政府

13 年 4 月 8 日

20. 以下指出或修改正确的选项有(　　)。

A. 标题中的文种“公告”应改为“通报”

B. 党政联合行文，主送机关仅写“各县人民政府”不全面

C. “今年”表述不规范，应写具体的时间

D. “为此决定”前面应写明具体作出奖励的机关

21. 以下各项中修改正确的选项有(　　)。

A. 文种“公告”应改为“通告”

B. “各条战线的群众”与“工人、农民、知识分子”存在交叉重复

C. 希望要求部分应该明确“向谁学习”“学什么”及“怎么学”等问题

D. 正文最后一段应该删除

22. 以下各项中指出或修改正确的选项有(　　)。

A. 主送机关的格式书写不规范，应该居左顶格

B. 落款处发文机关和时间书写位置不当，应一律居右，且距离右页边距 3 个字符

C. 落款处时间“13 年 4 月 8 日”书写不规范，应改为“2013 年 4 月

8日”

D. “市政府希望”应改为“市委、市政府希望”

23-25 下面这则公文存在一些错误，请一一指出，并加以改正。

×××大学文件

×校发〔201×〕××号　签发人：×××

关于201×年招生计划的申报

市教育委员会：

教委（×发〔201×〕×号）文件《关于申报201×招生专业计划的通知》已收到，我们对文件的精神进行了认真学习，大家一致表示要落实教委的意见，积极发展高等教育事业，办好社会所需要的各种新型专业。经我校各院系研究，决定201×年申报25个专业，招收本专科学生共三千名。特申报给你们。

×××大学

二〇一×年×月×日

附：招生计划表。

抄送市人民政府

23. 以下各项中修改正确的选项有（　　）。

A. 标题中的文种“申报”应改为“报告”

B. 主送机关一行，开头应顶格书写

C. “教委”应改为“你委”

D. “决定”应改为“拟”

24. 以下各项中修改正确的选项有（　　）。

A. “25个专业”与“学生共三千名”书写格式不一致

B. “经我校各院系研究”应改为“经研究”

C. “特申报给你们”改为“特此报告”

D. “×××大学”书写位置不当，右边应距离右页边距3个字符

25. 以下各项中修改正确的选项有（　　）。

A. 主送机关的格式书写不规范，应该居左顶格

B. 落款处发文机关和时间书写位置不当，应距离右页边距3格字符

C. 附件位置不对，应该置于正文和落款之间

D. “附：招生计划表。”后面的句号应该删除

三、请将下面文字按公文格式誊清，并加上标点符号

中国人民建设银行关于建设单位为拆迁户建房问题的复函建总综20××第××号××省分行20×××建字××号函收到关于为拆迁户建房问题答复如下（一）建设单位因新建工程拆迁场地房屋后需要为拆迁户新建房屋时其投资和建筑面积必须按照设计文件规定的指标纳入基本建设计划（二）用建设单位支付的迁移补偿费重建房屋时应否按原规定再编制基建计划可由省计委根据具体情况决定特此函复20××年×月×日（公章）

四、请根据下面公函的实际办理过程，指出办文环节的错漏之处，并说明理由或提出改进意见

××市旅游局外收发人员对收文签收、启封后，将《××市林业局关于申报市级旅游风景区的函》径送局办公室王主任。王主任在公函空白处写道：“建议××处与××处共同办理复文，报请刘××局长阅批。”刘局长阅毕拟办意见，用铅笔圈阅，以示同意。承办单位遂开始办理复文。

王主任对拟好的文稿进行审核。刘局长随即在“发文稿纸”的签发栏内签批：“拟同意发出。刘××，××××年×月×日”。文稿交付文印室打印。校对文稿时，王主任突然发现遗漏了重要事项，于是又对文稿作了相应补充。随后，缮印、校对、盖印，然后按规定程序正式向外发出文件。

五、公文修改及写作

（一）以下公文存在多方面的错误，请认真阅读，找出错误的地方，并说明正确的写法

要求：精炼概括、语言通顺、表述准确。

××县卫生局《会议通知》

各县各食品加工行业：

根据上级关于对食品加工行业的卫生状况进行一次全面大检查的通知

精神，决定召开我县食品加工卫生会议，部署卫生检查工作，现将有关事项通知如下：

一、会议时间：2019 年 10 月 25 日至 26 日，10 月 24 日下午两时至五时报道。

二、参加会议人员：全县各食品加工单位来一名负责人，各乡镇及县工商联请派出一名代表列席会议。

三、住宿费回单位报销，伙食费个人自理，按有关财政规定给以补助。

××县卫生局

2019 年 10 月 20 日

（二）指出下列通报中的错误

×××市人民政府办公厅通报

全体市民：

据反映得知，近日来本市部分地区有一种令人人心惶惶的传说，称原流行于某国的恶性传染病××热已传入本市，并已造成十几人死亡。经本市防疫部门证实，这是完全没有任何事实根据的，本市至今从未发生过一起××热的病例。经核查，这一消息源于本市《晨报》壹零年 4 月 1 日的一则“愚人节特快报告”。《晨报》这种不顾国情照搬西方文化极不严肃的做法是非常错误的，已经给全市人民的稳定生活带来了极其恶劣的影响。目前有关部门已对本报作出停业整顿并令其主要负责人深刻检查等待纪律处分的处理。有关单位应汲取这一教训，采取措施以予杜绝。特此通报。

×××市人民政府启

二〇壹玖年四月十日

（三）指出下面公文存在的错误，并拟写一篇修改稿

关于要求购买工作用车的请示

县政府领导：

信息中心成立五年来，我们围绕“网络到镇、信息进村、应用入户”的总体目标，结合实际、因地制宜、克服困难、卓有成效地开展了山区信

息化建设工作，在抓好信息化服务方面做文章，取得了一定的成绩，推动了地方经济的发展，受到了广大农民群众的好评。今年9月荣获全国“政府信息化创新服务奖”。

通过实施信息化，我们的服务面不断扩大，项目工程在不断增多，2018年共争取省经信委支持210万元项目资金（已到位107万元），目前已建立了有40个席位的信息化培训中心，正在实施建设信息化县级服务中心及2个乡镇8个村的信息化试点。正在争取的项目还有商务部的“信福工程”、省经信委的“信息化体验中心”工程。这些有效解决山区群众长期以来面临的信息闭塞问题，惠及广大农民群众的项目，将极大地推动我县产业结构的合理调整和县域经济的发展壮大，进一步提高农民收入，提高山区群众的文化科学素质，促进我县经济与社会和谐发展。

但是，我们实施信息化的服务对象在镇村一级，普遍具有分散且偏远的特点。开展山区信息化工作，需要经常深入到镇、村做许多具体、繁杂的工作。在项目实施过程中，因为缺乏必要的交通工具，因而在深入基层进行信息资源组织、设备安装维护、技术支持及教育培训等方面均受到很大的制约，也不同程度地阻碍和制约了项目进展和实施成效。我们认为，要把这些项目建设好，使信息化工作长期坚持下去并发挥出最大的效益，任务是复杂、艰巨而持久的，配备一辆工作用车是必要的。

今年，我们经省小汽车定编办批准，同意购买16万元以内的商务车。购车资金我们自筹8-10万元（主要是争取上级有关部门的支持），不足部分请求县财政给予支持6-8万元。以后每年按照公务用车的标准，由财政拨付汽车运行维护经费，列入预算。

为此，我们特向县领导请示，从工作的实际需要出发，批准我们购买工作用车。

以上请示当否，敬请批示。

2019年3月26日

第六章　议论文写作

上海特级语文教师余党绪先生认为，“写作可教，可教的是基本规范与技能”，“在议论文写作教学中应该确立这样的基本理念：议论文写作教学应以培养学生的说理能力为核心，以分析与论证的训练为依托。”议论文写作，不仅是为了写作一篇符合要求的议论文，更重要的是培养学生相关能力。通过学习，使大家能够熟练地写出符合基本规范的议论文，进而达到提高阅读理解能力、思辨说理能力和书面语言表达能力等教学目标。

第一节　概　述

一、议论文的概念、特点和分类

（一）议论文的概念

一般文章写作主要运用以下五种表达方式：记叙、描写、抒情、议论、说明。根据不同的表达方式，可以将文章分作不同的类型。以记叙为主要表达方式的文章就叫记叙文；以说明为主要表达方式的文章就叫说明文。所谓议论文，即“以议论为主要表达方式，通过列举事实材料或理论知识，运用逻辑推理，表明对问题的观点和态度，阐发对事物的理解与认识，揭示客观事物的本质和规律的一种文体”。

议论文也叫说理文。之所以称它为“说理文”，是因为议论文写作的中心（目的）是（说）“理”，它的内容都具有理论性，必须以理服人。

（二）议论文的特点

议论文有“四个特点”：理论性、逻辑性、针对性和鼓动性。这四个特点分别指的是：议论文要做到以理服人，以强大的逻辑俘获人心，所说的道理要有针对性，能让人心服口服，议论文往往要发出号召、提出要求，以能达到激励鼓动人心的效果。

（三）议论文的分类

首先，根据论证的方式，我们可以将议论文分为立论文和驳论文。

立论就是从正面证明自己观点的“是”，也就是正面证明自己观点正确的这一类文章；驳论，就是证明对方观点的“非”，也就是正面证明对方观点错误的这一类文章。这一课，我们主要介绍立论文的写作。

在材料作文的写作中，还可以根据材料是否出现既定的观点，可以将议论文划分为：立论性和评论性议论文，前者观点包含在材料中，需要从材料中引出，后者观点在材料中直接展示出来，写作是对该观点的肯定或否定。评论性议论文又可以进一步分为赞成性评论文和批驳性评论文。

此外，议论文有三个要素：论点、论据、论证。

如果专门针对“三要素”中的“论证”进行有效性分析，写出的文章我们叫它“论证有效性分析”。“论证有效性分析”是 MBA 入学考试的必考题型。

如果专门针对某个案例发表评论、表述看法，这类文章可以叫“案例分析”。“案例分析”题型，在事业单位招聘的《公共基础知识》题本和《综合应用能力》题本中是常见的题型了。通常又可以分为说明型案例分析和待决型案例分析。

在“逢进（晋）必考”的今天，大家要想顺利跨过笔试这道门槛，掌握相关写作技巧、提高写作能力显得尤为重要。

总之，根据不同的标准和要求，议论文可以进行多种划分，种类也不尽相同，在具体的写作中存在细微的区分。这正是所谓的“大体须有”“实体则无”。由于时间关系，这一课我们主要讲解材料作文中的议论文写作。

二、议论文写作的基本步骤

议论文写作主要包含以下五个步骤：审题、立意、构思、拟稿、修改。

(一) 审题

什么是“审题”呢？所谓审题，即弄清题目内涵和相关要求与限制。如：

例6-1

请认真阅读下面的材料，把握该材料的观点，并根据作答要求写一篇文章。

一个小孩很喜欢蝴蝶，但是他的小花园里蝴蝶却很少飞来。看到邻家花园里的蝴蝶翩翩飞舞，他羡慕极了。

他问父亲：怎样才能使我们家也飞来蝴蝶呢？

父亲说：养好自己的花呀！

这话说得真好：养好自己的花，蝴蝶就会飞来。

【作答要求】

1. 紧密联系生活实际，以“花好蝶自来”为题，自拟标题，写一篇议论文。

2. 中心论点明确，论据充分，论证有力，结构严谨、逻辑性强。

3. 语言通顺，书写规范工整，800～1000字。

4. 卷面不得透漏考生单位、姓名等信息。

如果根据命题的方式来划分，作文可以分为：直接命题作文、材料作文、命题+材料作文等三类。直接命题作文没有材料，但是也有题干和作答要求。

从上例我们不难看出，这个作文题属于材料作文，包括了题干、材料和作答要求三个部分，审题既要“审读”题干，又要“审阅”材料，更要“审核”作答要求。

“题干”是作文题的主体，也是考试的目标指向。如上例中的“请认真阅读下面的材料，把握该材料的观点，并根据作答要求写一篇文章”。题干往往直接指向有关考试的能力目标，如：“请认真阅读下面的材料”主要考查应试者对材料的阅读理解能力；“把握该材料的观点”主要考查应试者的分析能力和归纳概括能力；“并根据作答要求写一篇文章”主要考查应试者的执行能力和文章写作能力。题干没有审读清楚，会直接影响立意。

"给定的资料"或"给定的材料"是引出论点的依据和基础。如果应试者不能把握"给定资（材）料"的观点，或观点的把握不准确、不深刻，由此引出的论点可能会停留于表象或者片面，写作就可能就事论事或者离题。

"作答要求"是命题老师对应试者写作所做的限制，同时也是对应试者执行能力的考核。因此，审题包括对"作答要求"的审核，不按照作答要求作答的作文会不及格。"审核"即"审查""核对"，必须小心仔细，不要轻易放过每一个词甚至每一个标点符号，否则都会白白丢分。如"以'花好蝶自来'为题，自拟标题，写一篇文章"，此处的"花好蝶自来"实际就是话题的意思，作为应试者应该自拟文章标题。自拟文章的标题一般是"花好蝶自来"的同意替换。当然，如果你不想自拟标题，就直接把"花好蝶自来"直接抄写在答题纸上作为自己文章的标题也是可以的，阅卷时，老师一般也不会扣分。但是，如果不抄写，一般会视作你的文章没有题目，会扣掉2–3分。此外，如果题干中的"花好蝶自来"用的不是引号而是书名号，这就意味着《花好蝶自来》是文章的标题，标题是不能再做更改的。

审题这个环节主要考查学生的阅读理解能力，考查学生是否准确把握了题目的内涵和材料所陈述的观点。

（二）立意

何谓"立意"呢？

"立意"就是确立自己的意旨，也就是明确自己写议论文的目的是什么？换言之，即是论文作者要向读者或阅卷老师阐述一个什么道理？陈述一个什么观点？亮明一个什么立场？如果我们通过审题已经准确把握了题目的内涵。对材料作文来说，如果我们把握了材料所陈述的观点，我们只需要运用对内涵、观点表明自己立场、态度的方法，就可以确立自己文章的中心论点：肯定，写立论文；"否定"，写驳论文；有肯定有否定，可以一分为二，辩证分析。

如上面作文题"养好自己的花，蝴蝶就会飞来"是材料阐述的道理，该观点可以进一步引申为"打铁还需自身硬"等。如果你与材料作者的立场一致，你可以写立论："我认为，这个观点是对的。"反则反之。如果是有肯定有否定，你可以有破有立："对这个观点，我认为应该一分为二”；或“我认为这个观点有一定的道理。”这都是确立了自己的意旨。

立意这个环节，主要考察学生提出问题的能力。

（三）构思

何谓“构思”呢？“构思”是指审题之后的谋篇布局、具体安排行文结构等工作，它是整个作文过程中极为重要的一个步骤，也是我们这一章将要重点讲解的内容。

构思这个环节，主要考查学生分析问题能力和逻辑思维能力。

（四）拟稿

拟稿就是撰写文稿、起草文稿。在构思的基础上，将所要阐述的观点和写作的思路用语言文字表达成文。

拟稿这个环节，主要考察学生解决问题能力和书面语言的表达能力。

（五）修改

修改是对文稿从内容到形式的进一步润色加工。有人说，文章不是写出来的，而是改出来的，可见修改这个步骤的重要性。

修改环节是对学生上述能力的综合考查，特别是语言文字表达能力的考察。

第二节　议论文的结构

议论文的结构是议论文构思的重要内容。

如果说，中心论点是议论文的灵魂，论据、材料是议论文的血肉，那么结构就是议论文的骨架。骨架高了，一般来说文章的篇幅自然会长。

一、何谓议论文的结构

议论文的结构是指议论文的内在组织方式和逻辑形式，也是布局谋篇的外在表现形式。模式是指事物的标准样式。在这里，将要给同学们推介一种典型的“议论文的结构模式”：“议论文八段锦”。

革命导师毛泽东主席曾经在《反对党八股》一文中指出：一篇文章“总得要提出一个什么问题，接着加以分析，然后综合起来，指明问题的性质，给以解决的办法。”这里的提出问题、分析问题、解决问题，归纳总结了议论文的基本结构形式，即传统的“三段论”：引论——本论——结论。引论，提出问题；本论，分析问题；结论，解决问题。

“八段锦”是议论文写作一种典型的模式，是在传统三段论模式基础上的拓展和细化。议论文“八段锦”结构如图6-1所示。

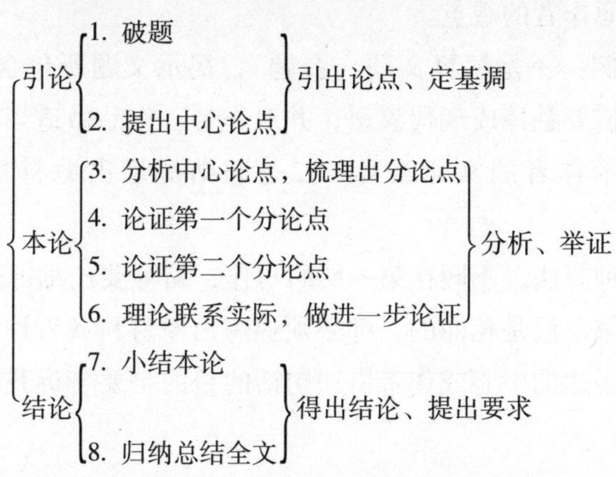

图6-1 议论文“八段锦”结构

概括地说，一篇议论文，一般可分为三大部分八个层次：“三大部分”对应传统的“三段论”；“八个层次”对应新结构模式“八段锦”。

不同的人写的文章可以灵活变化，但文无定法，不等于无法。掌握了这些基本方法、基本程式，对写作水平的提高十分有利。①

二、议论文典型的结构形式“八段锦”

从总体上说，一篇议论文的写作要求应该是：引论简洁明确；本论说理充分；结论收束有力。

（一）引论的结构及写作

引论是文章的开头部分，主要任务是引出问题，为全文定基调。

引论部分共包括第一、第二两个段落，具体结构大致如下：

第一段，主要任务是根据中心观点的需要引述原材料。

审题、立意之后我们确定了文章的中心论点。思想观点还须依赖语言

① 谷衍奎．MBA联考复习指导系列·写作分册（第3版）［M］．北京：机械工业出版社，2004：207.

表达出来。具体写法是：所提供的材料如果较长，我们必须运用提炼、概括的方法围绕中心论点进行缩写；反之则必须扩写。

以提炼概括的缩写为例：一是用自己的语言概括材料的观点，并对关键性的概念做必要的定义、解释，以廓清可能产生的歧义；二是归纳提炼出原材料或者原作者的观点。

以扩写为例：一是解释文题（释题），揭示文题所包含的深刻含义，若是古汉语我们要翻译成现代汉语，并对作者、作品做适当补充，丰富材料的背景、展示作者的文化素养；二是归纳提炼出原材料或者作者的观点。

可见，两种写法，不同在第一层的写作，缩写要压缩原材料，扩写要充实原材料。第二层是相同的，都必须提炼出原材料或者作者的观点，也就是材料所要表达的中心或作者讲这句话的目的是要告诉我们一个什么道理。如：

子曰："学而不思则罔，思而不学则殆。"仔细领会材料的含义，引出观点，自拟文题，写一篇不少于800字的议论文。

这篇文章的第一段我们可以采用扩写：

早在春秋时期，中国古代著名的思想家、教育家孔子就曾说过这样一句话："学习而不思考，就会罔然无知而没有收获；只空想而不读书学习，就会心中充满疑惑而无定见，也会有危险。"这句话，阐述了学习与思考相结合的重要性，它告诉我们，学习必须注意方法，只有思考与学习结合起来才能取得好的学习效果。推而广之，只有实干加巧干，才能干出成效，事半功倍。

这段写作由三个层次组成：第一层是对原文的补充及翻译；第二层是对说话人的目的或观点的归纳；第三层是由原材料观点引申出的新观点。

第二段，由所引材料引出中心论点。中心论点的确立，是通过对原材料或原作者观点的肯定、否定来确定的，即明确表述自己对原材料或原作者的观点的态度、立场：是赞成；是反对；或是一分为二。

如果觉得立论好写，就写立论，表达对该观点的赞成，如：

我认为，这种观点是对的。

我认为，这种观点是有道理的。

将“思考与学习结合起来”的学习方法，给了我很大的启发。

……

如果觉得驳论好写，就写驳论，表达对该观点的反对立场，如：

我认为，这种观点是错误的。

我认为，这种观点是值得商榷的。

……

如果觉得一分为二，有破有立好写，那就先破后立或先立后破。如：

我认为，这种观点有一定的道理，但并不全面。

我认为，这种观点应该一分为二，辩证分析。

……

鉴于第二段是中心论点段，在文中的重要性不言而喻，因此建议单句成段。首先论点应是一个论断，不宜太长，避免出现多中心；其次也是为了醒目，引起注意。

总之，引论的写作要求是：（1）为全文确立中心或基调；（2）引述材料应概括简洁，提出论点要鲜明准确。

（二）本论的结构及写作

本论是文章的核心，主要是分析举证中心论点，需要列出分论点并一一进行具体论证，一般包括四个段落。

第三段（即本论第一个段落）的写作，有两种写法。

第一种：直接列出第一个分论点并进行论证。

我们还是以“子曰：‘学而不思则罔，思而不学则殆。’”为例，其实，这句话前一句就可以作为本论的第一个分论点：“只学习不思考，不会有好的收获。”

这种写法操作简单易行，但是可能由于分析不充分，不仅可能会导致后文写作层次不清或游离中心乃至离题，而且会使文章显得理论性不强，得分不高。因此，我们推荐大家采用第二种方法也就是解析分析中心论点的方法。

第二种：解析中心论点。

议论文重在以理服人，理论性是议论文四个特点之一，好的议论文，其理论性是很强的。解析中心论点的写法相对第一种写法往往更显理论性和学术性。所以，特别提醒大家，写议论文要注意论证分析，论证分析是议论文理论性的充分展示。

此外，就议论文写作本身来讲，对中心论点进行分析，一是证明总论点是由原材料引出的，是正确的；二是找出分论点，明确中心论点和分论点之间的关系。通过第三段的分析，可以构建本论部分的纲目，厘清分论点。例如：

子曰："学而不思则罔，思而不学则殆。"

我们可以做以下分析：学而不思，不深辨其真意所在，必致迷惘无所得。思而不学，则事无验证，疑不能解，将危殆不安。故"学"与"思"当齐修并进，不可偏废。仅学不思，容易迷失自己；仅思不学，亦是把自己封闭孤立了。

这段对材料的分析，实际上就是采用"换而言之"的说法，第一句解释"不思"为什么会迷茫；第二句解释"不学"为什么会危险；第三句归纳正确处理学与思关系的方法："'学'与'思'当齐修并进，不可偏废"。对孔子这句话分别从三个角度进行了解析，由此构建起了总论点和分论点之间的联系。三句话对应的即是第四、五、六段的分论点。

那么，分析的方法有哪些呢？分析常见的方法有以下几种。

概念分析法：概念分析法运用在议论文写作中，就是教会学生能从材料中提取出核心概念，并且对概念的内涵和外延进行分析，从而表明自己对相关的问题的认识，来表达观点的写作方法。

对比分析法：也称比较分析法，是把客观事物加以比较，以达到认识事物的本质和规律并做出正确的评价。如古今对比、中外对比，还可以将两个相互联系的指标数据进行对比，从数量上展示和说明研究对象规模的大小，水平的高低，速度的快慢，以及各种关系是否协调，等等。

如果论点很短，还可以采用加修饰语（加定语、加状语）或加中心词的方法。如《谈创新》，这是个直接命题的作文题，要解析出分论点，我们就可以采用加定语或加中心词的方法。前者如"年轻人的创新""当代年轻人的创新""中国当代年轻人的创新"等。后者如："创新的意义"

“创新的方法”“创新的作用”或“创新的效果”等等。如果论点较长，可以采用逐句分析、逐层分析等方法。

此外，还有动态与静态分析，点与面的分析，等等。有效、灵活地运用这些方法，我们可以很快找到举证的角度或切入点，建立起中心论点和分论点之间的关系。

第四段，选取一个分论点并进行分析论证。

即从社会生活中选取一个角度，对总观点进行分析论证。此段可以作重点详论。如：“只学习不思考，不会有好的收获。”那么，我们接下来怎样展开论证呢?

一个完整的论证一般包括五个步骤，即：提出分论点、引出例证、分析例证、小结分论点、回扣总论点。后按照这五个步骤一一展开论证即可。下面是《不同的音调造成最美的和谐》中的一段论证：

> 我们要坚持“两点论”，辩证地看待自己和别人。金无足赤，人无完人，一个人总会有优点和缺点两个方面，因此必须坚持“两点论”，反对作绝对的肯定和否定。(以上提出论点)汉高祖刘邦得天下后，有人为他歌功颂德，而他却说“君知其一，未知其二”。论运筹帷幄，决胜千里，我不如张良；论管理国家，安抚百姓，搞好后勤供给，我不如萧何；论带百万大军，战必胜，攻必取，我不如韩信。清人顾嗣协《杂兴》诗写道：“骏马能历险，耕田不如牛；坚车能载重，渡河不如舟。舍长以就短，智者难为谋。生材责适用，慎勿多苛求。”(以上引出例证)一个封建帝王尚能批评“君知其一，未知其二”的思想，尚知道自己不是一切比别人都高明；一个封建文人尚懂得对人不宜“多苛求”的道理，那么，我们更应该自觉地坚持唯物辩证法的两点论了。(以上分析例证)只有坚持两点论，才能做到严于律己，勇于解剖自己，克服缺点和错误，才能宽以待人，善于从别人身上发现优点来充实自己。(以上小结分论点)让我们都坚持“两点论”，辩证地看待自己和别人，这样，必能将“不同的音调造成最美的和谐”，奏出时代最美最强之音。(以上回扣总论点)

像这样，有观点，有论据，有对论据的分析，有呼应，有结论的完整论证过程才叫论证。它完整清晰地展示了作者的思路，逻辑严密、层次清楚，如果缺少了其中的第三步分析，就是犯了议论文的幼稚病。

第五段，列出另一个分论点并进行论证。

即从社会生活中再选取一个角度，对总观点进行分析论证。相关展开论证的方法与第四段相同。如“思而不学，则事无验证，疑不能解，将危殆不安。”

若分论点在三个及以上，本论部分可以依次增加段落，直至把问题论证清楚。如“‘学’与‘思’当齐修并进，不可偏废。”

第六段，联系实际，进行论证。

第六段一般是本论部分的最后一个段落，由于这个段落是理论联系实际段，理论联系实际段是文章针对性的直接体现，一般不可或缺，因此，如果本论部分有三个分论点，本论部分最好增加一个段落，也就是本论写五段，则此处的第六段依次类推就是第七段了。

理论联系实际段的任务是，联系实际，用概括的方法印证总观点的正确性，说明其具有普遍的意义。这是前三段论证的自然延伸，应简单明了，一般不需要再进行分析、展开论证。基本的写作方法是由特殊到一般，将特殊的论点推演到具有普适性的道理层面。例如：

学习与思考是人们在获取知识过程中密不可分的过程。当今社会，信息技术高度发达，但是也呈现碎片化等特征，任何人都不能只读书学习知识而不懂得自己去主动判断，也不能一味独自闭门思考，而不懂得去向外界、书本中学习基本的知识。

文章的写作不能脱离现实，否则一纸空文。对整个本论来说，写作的基本要求是：（1）要分别地、有层次地提出支持中心论点的分论点和论据，对中心论点进行分析论证，充分论证中心论点的合理性。（2）要充分地摆事实，讲道理。论据中除了理论的阐述外，要注意选择有说服力的实例。（3）理论和实例的阐述，除了要做到简明、准确以外，要尽量自然地显示作者在哲学、历史和文学等方面的知识素养。

（三）结论部分的结构及写作

结论部分包括第七、第八两个段落，是对全文的收束。

第七段，总结本论。

该段是前边分析的自然归纳，可用不同的方式来总结。如：分论点罗列式、直接或间接引用式等。

第八段，从文气上收束全文。

可根据自己的所长及文章内容，恰当选取结尾的方法。如激励式、呼吁式、展望式等。

结论是对全文内容的综合与概括，常与引论形成首尾呼应的态势，以加强文章的力量。如果是材料作文，最好还要回到原材料上来。

结论写作的基本要求：既要收束有力，又要余味无穷。

下面例文就是运用“八段锦”的模式写的一篇议论文。

认真阅读下边材料，仔细分析，联系现实生活，看能引出何种观点，然后任选一个角度，写篇800字左右的立论型论说文。题目自拟。

挪威人捕沙丁鱼，总要将鱼槽运回码头，因此鱼的死活便是影响价格的重要因素，可是，除了一艘渔船能带活鱼回港外，其他各船的努力均以失败告终。那么这艘渔船成功的奥秘何在呢？其实很简单，因为只有沙丁鱼不断游动才不至于死亡，因此这位船长就往鱼槽中放了一条鲶鱼，由于环境陌生，这条鲶鱼便会四处游动，到处摩擦，促进了沙丁鱼的游动。于是鱼便能鲜活到港了，这便是“鲶鱼效应”。

以下为例文：

“鲶鱼效应”的启示

沙丁鱼的死活是影响价格的重要因素，为此，挪威的捕鱼人尝试了各种方法。可是，除了一艘渔船能带活鱼回港外，其他各船的努力均以失败告终。那么这艘渔船成功的奥秘何在呢？其实很简单，因为只有沙丁鱼不断游动才不至于死亡，因此这位船的船长就往鱼槽中放了一条鲶鱼，由于环境陌生，这条鲶鱼便会四处游动，到处摩擦，促进了沙丁鱼的游动。于是鱼便能鲜活到港了，这便是“鲶鱼效应”。

从“鲶鱼效应”中我们可以得到这样的启示：只有竞争才能生存、发展。

竞争就是要打破一种僵死的状态，输入新的机制，而“鲶鱼效应”就是要改变沙丁鱼群的呆滞状态，使其活跃起来，从而达到保存生命的目的。从这一点上说，“鲶鱼效应”就是一种竞争的效应。

人类的历史也可以说是一部竞争的历史，人类的产生、生存和发展，无一不是在竞争中实现的。达尔文的《进化论》说："物竞天择，适者生存。"人类正是在同自然界的竞争中发展壮大的。在这种竞争中，人类形成了生理、心理上的特质，从而能够更有力地去征服自然。在人类与自然界竞争的同时，人类内部不同民族间也在进行着激烈的竞争，具有悠久文明的中华民族，雅利安民族，印第安民族以及后来居上的欧罗巴民族，正因为有着这样的竞争，人类在今天才会呈现出如此繁盛的景象。试想，如果没有这种与天与人的竞争，我们人类恐怕还会如古猿那样在树上攀缘，过着茹毛饮血的生活吧！

人类发展到高度文明的今天，竞争更起着巨大的作用，在激烈的政治、军事、经济的竞争中，一个国家只有成为竞争的强者，才能真正屹立于世界，那些在竞争中的落伍失败者，等待他们的只有被欺侮。曾几何时，我们还曾为美日汽车市场大战而惊叹，还曾为西方令人眼花缭乱的广告宣传而迷惑，甚至还曾谈竞争而色变，似乎竞争只是资本主义的必然产物，是阴谋、卑劣的代名词。而在今天，我们也终于引入了竞争的机制。在企业中，招标承包，优化劳动组合；发展市场经济，鼓励自由竞争；就连人大代表的选举，也让候选人登台竞选。记得曾有这样一句老话："在芝加哥，穿高跟鞋的姑娘比内地小伙走得还快。"但如今，君不见，人们的脚步都已匆匆？竞争是现代文明的催化剂，是强者的竞赛，要实现中华民族多少年魂牵梦系的强国梦，只有勇敢地走入外面的世界，去经受竞争的锻造。

在中国这个古老的国度里，人们似乎过于"谦谦君子"，当欧美国家在工业革命中强大起来时，我们还在恪守着中庸之道，在与西方竞争中失败的中国，饱尝了欺辱，辛酸，而今，觉醒的中国已勇敢地打开国门，去迎接竞争的考验。改革开放使中国如逢春古树，焕发出新的活力。

现代社会是信息社会，竞争是社会发展的主旋律，像别里科夫一般，自缚于套中，便会如那呆滞的沙丁鱼群，在消沉中死亡。

让我们每一个人都勇敢地投身到竞争之中，只有竞争才能生存发展！①

---

① 谷衍奎. MBA 联考复习指导系列 · 写作分册（第 3 版）. 北京：机械工业出版社，2004：209-210.

【简析】

本文是用“八段锦”的模式写的一篇议论文。

第一段，引述原材料；

第二段，通过对原材料观点表示赞同的方式提出论点：只有竞争才能生存、发展；

第三段，根据原材料，分析、阐述“竞争”与“鲶鱼效应”之间的关系。

第四段，从人类发展史的角度分析；

第五段，就当今的现实分析；

第六段，联系实际进行分析论证；

第七段，总结全文，用举例反证的方法进一步重申中心论点的正确性。

第八段，结尾。呼吁的方式，体现了议论文的鼓动性。

作者站在人类社会发展的高度，高屋建瓴、由远及近、条理清晰地进行了分析，并用我国引入竞争机制带来的变化加以印证，论点鲜明，论据充分，论证有力。层次清晰，很有说服力。

总之，议论文的结构即作者的构思，是议论文逻辑性的最直接体现，在议论文写作中占有重要的位置。

练习题

一、单选题

1. 文章写作主要运用以下五种表达方式：记叙、描写、抒情、议论、说明，而以议论为主要表达方式的文章是(　　)。

A. 记叙文　　B. 说明文

C. 议论文　　D. 应用文

2. 引论的主要作用是(　　)。

A. 为全文定基调　　B. 为整篇文章做概括说明

C. 为本论积累论据　　D. 为结论做呼应

3. 议论文的写作主要包含以下五个步骤：审题、立意、构思、拟稿、修改。所谓“立意”是指(　　)。

A. 弄清题目内涵和相关要求与限制

B. 明确自己写议论文的目的

C. 谋篇布局、具体安排行文结构等工作

D. 将所要阐述的观点和写作的思路用语言文字表达成文

4. 议论文的写作主要包含以下五个步骤：审题、立意、构思、拟稿、修改。所谓“审题”是指(　　)。

A. 弄清题目内涵和相关要求与限制

B. 明确自己写议论文的目的

C. 谋篇布局、具体安排行文结构等工作

D. 将所要阐述的观点和写作的思路用语言文字表达成文

5. 议论文的写作主要包含以下五个步骤：审题、立意、构思、拟稿、修改。所谓“构思”是指(　　)。

A. 弄清题目内涵和相关要求与限制

B. 明确自己写议论文的目的

C. 谋篇布局、具体安排行文结构等工作

D. 将所要阐述的观点和写作的思路用语言文字表达成文

6. 从总体上说，一篇议论文的写作要求应该是(　　)。

A. 引论说理充分；本论简洁明确；结论收束有力

B. 引论简洁明确；本论收束有力；结论说理充分

C. 引论收束有力；本论说理充分；结论简洁明确

D. 引论简洁明确；本论说理充分；结论收束有力

二、多选题

1. 下列属于议论文三要素的是(　　)。

A. 论点　　B. 论据

C. 论说　　D. 论证

2. 下列属于议论文特点的是(　　)。

A. 理论性　　B. 逻辑性

C. 针对性　　D. 鼓动性

3. 一个完整的论证可以分为五个步骤，下列属于论证步骤的是(　　)。

A. 提出分论点　　　　　　　　　B. 分析例证

C. 小结分论点　　　　　　　　　D. 回扣总论点

4. 北京市从 20 世纪 50 年代，就很重视水的问题。如 1958 年建成了十三陵水库，1960 年建成了密云水库。近年的南水北调工程更进一步丰富了北京的水资源。“问苍茫大地，谁主沉浮？”从某种意义而言，是“水”主沉浮。有水则城兴，无水则城亡。

这段话中，用来证明观点的论据包括(　　)。

A. 1958 年建成了十三陵水库

B. 1960 年建成了密云水库

C. 近年的南水北调工程更进一步丰富了北京的水资源

D. “问苍茫大地，谁主沉浮？”

三、写作题

(一) 认真阅读、分析下面的材料，引出观点，写一篇议论文。(100 分)

有一位农民，听说某地培育出一种新的玉米种子，其产量是一般种子的几倍，为了获得好收成，他托朋求友，不惜花高价买来一些种子。

谁知种子运回来当天就被邻居知道了，于是一传十、十传百，村民们纷纷来找他。有的求他转让一些种子，他固然不干；有的询问种子的有关情况、出售种子的地方，他也拒绝回答。他们一点办法也没有，只好愤愤离去，继续播种原来的种子。

丰收大梦还没有醒来，秋收的时间就已经到了。玉米脱粒归仓，然而，这位农民一点也高兴不起来：收成并不比邻居家强多少，而且这种玉米还皮子厚、脐子大，吃起来也没有原来的玉米可口。

为了寻找原因，农民去请教一位农业专家，经专家分析，很快查出了玉米不高产的原因：仅此一家小面积的播种，优种玉米不得不接受邻近地里劣等玉米的花粉。

种地如此，人生亦然，农民失去的也不只是高产。

【作答要求】

1. 中心明确，针对性强、逻辑严谨；

2. 文题自拟，800 字左右。

（二）阅读下面的文字，按照要求写一篇文章，谈谈你对材料中观点的看法。（100 分）

某大公司准备以高薪雇用一名小轿车司机，经过层层筛选和考试之后，只剩下三名技术最优良的竞争者。主考官问他们："悬崖边有块金子，你们开着车去拿，觉得能距离悬崖多近而又不至于掉落呢？""2 米。"第一位说。"0.5 米。"第二位很有把握地说。"我会尽量远离悬崖，越稳妥越好。"第三位说。结果这家公司录取了第三位。这件事告诉我们一个道理：不要和诱惑较劲，而应离得越远越好。

【作答要求】

1. 紧密联系生活实际，文题自拟；

2. 中心论点明确，内容充实，结构严谨、逻辑性强；

3. 语言通顺，书写规范工整，800～1000 字。

（三）认真阅读、分析下面的材料，引出观点，写一篇议论文。（100 分）

春天来了，院子里的果树开始孕育花苞，准备开花结果。

桃树开花和柿子树开花的方式并不一样：桃树一般是在往年的枝条上直接孕育花苞；柿子树却是等待往年的老枝条上长出新枝条后，在新枝条上孕育出花苞来。

为什么同样是果树，它们孕育花苞的方式却不一样呢？原来每种果树都有它们孕育花苞的方式，这才造就了大自然的五彩缤纷，就像我们人一样，每个人都有自己不同的生活方式，生活才会多姿多彩，情趣盎然。

【作答要求】

1. 紧密结合给定的资料，联系实际，写一篇议论文；

2. 文题自拟，中心明确，观点鲜明、正确；

3. 论据充足，说理充分；

4. 条理清楚，逻辑性强；

5. 语言流畅，800～1000 字。

（四）请仔细阅读给定的资料，并按照要求作答。（100 分）

有人说：在互联网时代，什么样的知识和学问似乎都变得不太重要了。只要在百度上一搜索关键词，一大串的东西全出来了，那些都是现成的知识。因此，人们更重要的是要有一个"判断"，也就是有对这些知识作出正确判断的能力。道理很简单：网上的东西不一定都是对的，只有具备了辨别真伪的能力，并形成自己独立的看法，才算是有了属于自己的真本事。

【作答要求】

1. 紧密结合给定的资料，联系实际，写一篇议论文；

2. 文题自拟，中心明确，观点鲜明、正确；

3. 论据充足，说理充分；

4. 条理清楚，逻辑性强；

5. 语言流畅，800～1000 字。

（五）认真阅读、分析下面的材料，引出观点，写一篇议论文。(100 分)

读小学时，一位语文老师要求我们在做作业时一律不准用橡皮擦，并且规定做一次作业有三处出错，作业就要重做。同学们在做他布置的作业时，都小心翼翼，生怕出错而受罚。结果，做作业的出错率大大降低了。不过，我们在心里还是恨他，许多家长也不理解，纷纷找到这位语文老师，说，小学生写错字、做错题这是常事，为什么不能用橡皮擦呢？老师说，正是有了橡皮擦，他们就越会写错字，越会做错题。语文老师固执己见，一直把这个不成文的规定坚持到我们小学毕业。

长大以后，我才明白了老师的良苦用心：错误越容易遮掩，就越得不到真正的订正。

【作答要求】

1. 紧密结合给定的资料，联系实际，写一篇议论文；

2. 文题自拟，中心明确，观点鲜明、正确；

3. 论据充足，说理充分；

4. 条理清楚，逻辑性强；

5. 语言流畅，800～1000 字。

章节练习题参考答案

第一章　校阅改错　参考答案

一、单选题

1. C　　2. A　　3. A　　4. B

二、判断题

1. √　　2. √　　3. √

三、多选题

1. ABC　　2. ABCD　　3. ABCD　　4. ABCD

四、实训题

（一）单选题

1. B　　2. A　　3. A　　4. D　　5. A　　6. B
7. C　　8. B　　9. D　　10. A　　11. C　　12. A
13. B　　14. A　　15. C　　16. D　　17. C　　18. B
19. A

（二）多选题

1. ABC　　2. ABD　　3. ABCD　　4. BCD　　5. ABCD
6. ABCD　　7. ABCD　　8. BCD　　9. ABCD　　10. ABCD
11. ABCD

第二章　片段阅读　参考答案

一、单选题

1. A　2. C　3. B　4. D　5. A　6. D

二、判断题

1. √

2. ×，概括类题型是对片段的宏观、整体把握；局部精读类题型是对片段的细节、局部把握。

3. ×，援引之后要精读，援引本身可略读。

4. ×，反面论证之前要精读，反面论证之后可略读。

5. √

三、多选题

1. ABC　2. ACD　3. ABCD　4. ABCD

四、实训题

1. B	2. A	3. D	4. B	5. C	6. C
7. B	8. A	9. D	10. D	11. A	12. A
13. B	14. A	15. D	16. A	17. C	18. D
19. B	20. A	21. C	22. D	23. B	24. A
25. A	26. B	27. C	28. B	29. A	30. D
31. B	32. C	33. D			

第三章　论证评价　参考答案

一、单选题

1. B　2. D　3. A　4. C

二、判断题

1. √　　2. √　　3. √

4. ×，“不确定性”，应改为“确定性”。

三、多选题

1. ABC　　2. ABD　　3. ABCD

四、实训题

1.（1）推理不严谨。文段观点“家长希望子女能考入好大学，在竞争中处于优势”可以推出家长“过于急功近利”，但并不必然推出“家长忽视对孩子们兴趣的培养”。即“让孩子考入好大学，在以后处于竞争优势”并不必然推出家长“忽视对孩子兴趣的培养”，反之“忽视对孩子兴趣的培养”并不必然“考入好大学”，二者不是必然的矛盾关系。

（2）概念不明确，偷换概念。文段要论证的观点是“家长希望孩子考入好大学，在竞争中处于优势”。这里“在竞争中处于优势”并不意味着“孩子长大后在某一领域表现得出类拔萃”，“在竞争中处于优势”与“在某个领域表现得出类拔萃”概念不同。因此，此处论证存在概念不明确，偷换概念的问题。

（3）推理不严谨，以偏概全。材料所列不被后人知晓的“历史状元”王式丹、毕沅等人只是“历史状元”的少数人，还有很多像南宋文天祥、唐代郭子仪、隋代房玄龄、王维等名垂青史的“历史状元”，他们的对历史的贡献决不输于“顾炎武、金圣叹”等人；且文中所列落第秀才也是极少数，以此推出“落第秀才对历史的贡献要远大于状元”有失偏颇。

（4）概念混淆，不明确。文段要论证的观点是“家长希望子女能考入好大学，在以后的竞争中处于优势”，论证的关键在于“能否考入大学，能否在竞争中占优势”，而文段最后的结论却是“家长没必要在意其子女在学校里（包括大学）的成绩是否足够优秀”。混淆了“考入好大学”与“在学校里（包括大学）的成绩”两个概念，论证不正确。

2. 第一段：由“冰盖融化，冰盖反射太阳的面积减少，反射太阳的热量也减少，从而使气温升高，导致气候变暖”推不出“北极冰盖的消退是导致全球气候变暖的根本因素”的结论，众所周知，“全球气候变暖”才是导致“北极冰盖的消退”的主要原因。倒因为果，判断不准确。

第二段：由“戈尔的预言落空”推不出“全球气候再也不会变暖了”的结论，推理不严密，假以名人名言，诉诸权威，论据不相干。

第三段：由美国和丹麦两国机构由于采用不同检测技术得出的“北极冰盖面积变化的研究结论”小有差异，推不出“上述两个机构关于北极冰盖面积变化的研究结论是相悖的”的结论，推理不严密，强加因果。

第四段：由“戈尔办公室依然坚持认为北极冰盖减少的大趋势并未逆转，因为导致全球气温升高的其他因素的状况并没有根本改善，并且有不断恶化之势”，推不出“可见戈尔的预言是正确的”的结论，论据不充分，诉诸权威，论据不相干。

3. “第二……”存在判断不准确，由前文中的阅读习惯不会在短期内改变，不能推导出阅读纸质书是短期内获取信息的主要形式的结论。

“第四……”存在推理不严密，电子书来源于纸质书，与电子书是否能取代纸质书没有因果关系，属于强拉因果。

“第四……”存在论据不充分，纸质书不断发展的前提下还需要知道电子书的发展情况不如纸成书，才能共同推出电子书不会取代纸质书的结论。

“第五……”存在论据不充分，材料中举了“我”的例子不具有普遍的代表性，属于以偏概全。

4. 第一段概念不明确，推理不严密。由“全球活跃互联网用户是总人口数的42%”，推出结论“全球互联网用户将超过总人数的70%”存在论证错误。因为“全球活跃互联网用户”与“全球互联网用户”是两个不同的概念。属于概念不明确，偷换概念。由“2015年1月，全球活跃互联网用户是总人口数的42%，而2014年同期这个比例是35%”，推不出结论“到2020年全球互联网用户将超过总人数的70%”。结论不唯一，推理不严密。

第三段判断不准确。由“全球网民平均每天使用网络时长为4.4小时，菲律宾最高，平均每天超过6小时”推出“菲律宾人喜欢上网”存在论证错误。因为造成“平均每天使用网络时长”最高的原因很多，有可能是个别人喜欢上网拉高了上网的平均时长，也可能是其他原因，而不一定是因为“菲律宾人喜欢上网”。将可能误为现实。

第四段概念不明确，推理不严密。由“网购英国日用品的平均价格是每件 12 美元，网购美国日用品的平均价格是 15 美元，而网购菲律宾日用品的平均价格则为 1 美元”推不出“日用品从菲律宾网购比从英、美网购便宜”。因为“网购平均价格低”不代表“网购价格低”。

第五段概念不明确。材料提到“Facebook 拥有超过 13 亿的月活跃用户”，“QQ 的月活跃用户数有 8 亿之多，QQ 空间也有超过 6 亿活跃用户”，结论为“QQ 和 QQ 空间的用户总和超过了 Facebook”。“月活跃用户”与“用户总和”是两个不同的概念，属于混淆概念。

5. 第一段论据不充分。由“某市场调研机构预测”，推出结论“汽车厂商和科技公司将加快无人驾驶汽车领域的探索步伐”存在论证错误。

第二段论据不充分。由“H 国政府计划在未来十年投入巨资拉动无人驾驶汽车技术的发展，与此同时，H 国一些地方政府立法准许无人驾驶汽车出现在公路上”，推不出结论“无人驾驶汽车将会很快和普通汽车一样在该国迅速普及，并迅速进入普通民众的家庭”。因为，“无人驾驶汽车”的普及，受诸多因素的影响和制约。

第三段类比不当，论据不充分，推理不严密。

A：“三家公司无人驾驶汽车测试时的安全数据与 2013 年 H 国普通车辆的安全记录进行比对”，类比不当。因为，“普通汽车”发展时间长，保有量很大，而“无人驾驶汽车”刚刚起步。

B：对无人驾驶汽车的安全性“从 10 家已上路测试无人驾驶汽车的公司中随机选取 A、B、C 三家公司进行研究分析”，得出“无人驾驶技术的安全性低”。论据不充分，论证不正确。

第四段论据不充分，论证不正确。由“有 35% 的成年人表示他们不会购买无人驾驶汽车”，推不出结论“65% 的成年人对无人驾驶汽车的安全性能比较放心”。因为“不会购买无人驾驶汽车”并不代表这部分人都认为无人驾驶汽车的安全性低，不购买可能是因为其他原因。

6. 第一段：

A：由“20 世纪 80 年代，M 市高温首日经常出现在 6 月中下旬至 7

月，到21世纪，仅有两年的高温日到7月才出现”，推出结论“21世纪后每年首个高温日出现时间肯定早于20世纪80年代”存在论证错误。

B：21世纪有两年的高温首日出现于7月，有可能比20世纪80年代的某年出现得晚，但不能得出“21世纪后每年首个高温日出现时间肯定早于20世纪80年代”的结论。

第二段：

A：由“2018年M市高于35℃的日子已有6个，比往年7月的平均数还多2个”，推出结论“这一年M市7月的高温日总数将是1997年以来最多的一年”存在论证错误。

B：因为论据是对比往年7月的平均高温日数量，无法判断个体情况，故而无法推出结论。

第三段：

A：由“1999年以来7月的夜间最低气温普遍超过23℃”，推出结论“2018年7月下旬M市夜间的最低气温不会低于23℃”存在论证错误。

B：因为论据中的事情发生在过去，事件本身会随着时间的推移而发生变化，不能通过简单类比得出正确的结论。

第四段：

A：由“2018年M市出现3天以上持续高温的次数已经超过了近30年来的平均值”，推出结论“8月份M市不会出现3天以上的持续高温天气”存在论证错误。

B：因为题干的论据与结论之间不存在必然的逻辑关系，属于强拉因果。

第四章　事务文书写作　参考答案

一、单选题

1. A　2. B　3. C　4. D　5. A　6. D　7. A

二、判断题

1. ×，“事务文书”应改为“公务文书”，事务文书不是国家的法定公文。

2. √

3. ×，计划一定要实事求是，在任务、措施上应留有余地，允许有上升的空间。

4. √

5. ×，简报的格式可以有一定的灵活性。

6. √

7. ×，居左排布。

8. √

9. ×，一般位于简报名称右上方。

10. √

11. ×，属于下级单位和机关团体向上级领导、上级机关陈述情况的常见文书之一。

12. √

13. √

三、多选题

1. BCD　2. ABCD　3. ABC　4. ABCD　5. ACD　6. ABCD　7. ABCD　8. ABD

四、实训题

（一）（25 分）

1. 爱岗敬业，有高度的责任感和事业心。

2. 深入基层，实地调研，掌握第一手资料。

3. 不辞辛劳，不计得失，受得了委屈。

4. 坚持不懈，持之以恒。

5. 业务精良，态度严谨。

（二）（35 分）

回复主要交代清楚以下四方面问题：

1. 背景简介：开展大讨论的目的；肯定网友的积极参与，对讨论结果表示肯定。

2. 对网友几种主要的观点进行归纳、介绍：是、不是、适度才是礼。

3. 阐述立场（文化馆）：

（1）彩礼的由来。传统文化的继承应该吸取精华、剔除糟粕。

（2）《婚姻法》“禁止借婚姻索取财物”解读：婚姻不是买卖。

（3）“彩礼”是“礼”，但是“礼”应有“节（度）”；“天价彩礼”不是“礼”。

4. 肯定讨论的意义，倡导响应党和政府的号召，树立新风尚。

（三）（40 分）

1. 组织者和管理者要高度重视，加强沟通和协调，带头参与；

2. 增加经费投入，增加文化场馆及设施建设；

3. 调动居民的积极性，变被动参与为主动参与，变等人参与为主动上门邀请参与，特别是要吸引年轻人参与。

4. 要增强宣传力度，形成优良传统；

5. 开展专业培训，建设一支事业心强、高素质、专业化的文化工作者队伍；

6. 丰富活动的内容和形式，做到多样化，防止单一化，增加活动的吸引力；

7. 要满足社区成员的实际需要，降低居民文化活动的支出。

（四）（50 分）

汇报材料由调研基本情况陈述和建议两部分构成，作大纲如下：

1. 基本情况

（1）目连戏、国家级非物质文化遗产；以祁门县历溪村、马山村为代表的安徽目连戏发展情况以及存在的问题；

（2）制约目连戏发展的主要因素分析。

2. 建议和对策

（1）加强对“徽目连”戏的挖掘、宣传、推广工作；

（2）重视年轻队伍培养、建设；

（3）提供适当的经费支持；

（4）提高积极性；

（5）做好协调工作，推进当地戏剧班的整合……

第五章　公文写作与处理　参考答案

一、单选题

1. B	2. D	3. C	4. A	5. B	6. B
7. C	8. A	9. C	10. B	11. A	12. D
13. C	14. A	15. A	16. B	17. D	18. A
19. B	20. C	21. C	22. A	23. B	24. C
25. A	26. B	27. B	28. B	29. A	30. C
31. A	32. C	33. C	34. B	35. D	36. C
37. A	38. C	39. A	40. A	41. B	42. C
43. C	44. C	45. D	46. A	47. D	48. A
49. C	50. B	51. C	52. B	53. B	54. A
55. C	56. D	57. D	58. A	59. C	60. B
61. D	62. D	63. C	64. C	65. B	66. D
67. D	68. D	69. A	70. C	71. A	72. D

二、多选题

1. ABC	2. ABC	3. ACD	4. ABCD
5. BC	6. ACD	7. ABD	8. ACD
9. ABD	10. ABCD	11. BCD	12. ACD
13. ABD	14. ABD	15. ABCD	16. AD
17. ACD	18. ABD	19. ABC	20. ABCD
21. BC	22. ABCD	23. ABD	24. ABCD
25. ABCD			

三、(略)

四、(略)

五、（略）

第六章　议论文写作　参考答案

一、单选题

1. C　2. A　3. B　4. A　5. C　6. D

二、多选题

1. ABD　2. ABCD　3. ABCD　4. ABC

三、写作题（略）

主要参考文献

[1] 胡裕树. 现代汉语（增订本）[M]. 上海：上海教育出版社，2002

[2] 黄伯荣，廖序东. 现代汉语（增订三版）[M]. 北京：高等教育出版社，2002

[3] 罗常培，王均. 普通语音学纲要 [M]. 北京：科学出版社，1957

[4] 谷衍奎. MBA 联考复习指导系列 · 写作分册（第 3 版） [M]. 北京：机械工业出版社，2004

[5] 索振羽. 语用学教程 [M]. 北京：北京大学出版社，2000

[6] 尤德胜. 基层工作知识与实务 [M]. 合肥：安徽人民出版社，2019.

[7] 吴礼权. 现代汉语修辞学 [M]. 上海：复旦大学出版社，2006

[8] 张斌. 新编现代汉语 [M]. 上海：复旦大学出版社，2002

[9] 中国社会科学院语言研究所. 现代汉语词典 [M]. 北京：商务印书馆，1984

[10] 宗守云. 修辞学的多视觉研究 [M]. 北京：中国社会科学出版社，2005

[11] 成章. 申论典范 [M]. 北京：北京大学出版社，2009.

[12] 董萍，李雁冰. 应用写作 [M]. 广州：暨南大学出版社，2006

[13] 刘洪英，李彤. 实用应用文写作（第 2 版）[M]. 北京：清华大学出版社，2014

[14] 饶士奇. 公文写作与处理 [M]. 北京：线装书局，2004

[15] 吴晓林，张志成. 应用文写作 [M]. 北京：科学出版社，2005

[16] 徐中玉. 应用文写作（第 5 版） [M]. 北京：高等教育出版社，2016

［17］杨忠慧．应用文写作（第5版）［M］．合肥：安徽大学出版社，2014

［18］张耀辉．大学应用写作（第五版）［M］．上海：上海交通大学出版社，2006

［19］张耀辉，雷桂萍．实用写作（第三版）［M］．北京：北京大学出版社，2019

［20］中华人民共和国国家标准　标点符号用法［M］．北京：中国标准出版社，2011

后　记

2014年3月，习近平主席在访问德国时指出："在世界多极化、经济全球化、文化多样化、国际关系民主化的时代背景下，人与人沟通很重要，国与国合作很必要。沟通交流的重要工具就是语言。一个国家文化的魅力、一个民族的凝聚力主要通过语言表达和传递。掌握一种语言就是掌握了通往一国文化的钥匙。"

语言文字应用能力是一个人的素养最直观的表现，它对人的全面发展具有基础性作用。

汉语能力主要是指汉语言的综合应用能力。2008年，国家语言文字委员会提出，必须尽快建立综合、全面的汉语能力测试体系，并把制定汉语能力综合评价标准及测评办法纳入该年工作计划。随后，客观考核汉语能力的标准（《汉语能力标准（讨论稿)》）和考试的方式方法（《汉语能力测试测量解决方案》《汉语能力测试评价方案》）相继出台。2012年教育部、国家语言文字工作委员会颁布了《国家中长期语言文字事业改革和发展规划纲要（2012—2020年)》，再次重申必须提升学生语言文字应用能力，提升国民语言文字应用能力。目前，汉语能力考试成为就业、招工乃至职业晋升的重要门槛。在此背景下，如何加强理工院校大学生汉语能力培养，促进其学业取得成功，是亟须解决的重要问题之一。

为了提高大学生的写作水平，国内不少高校开设了"应用写作""大学应用写作""写作"等必修课和选修课，借此达到提高学生写作能力的教学目标。但是"语言的综合应用能力"绝对不仅限于写作能力，还包括阅读理解能力、分析评价能力和提出问题解决问题的能力等。《汉语综合应用能力实训》教材的编写正是基于实现这样一个培养目标：不仅服务于大学生汉语书面语言表达能力的培养，而且也服务于学生阅读理解能力、分析归纳能力、论证评价能力的培养，实现其汉语言综合应用能力的提升。

本书稿主要来安徽省省级大规模在线开放课程（MOOC）示范建设项目“汉语综合应用能力实训”的脚本和讲稿，同时参考安徽省省级精品视频课程“书面语言表达能力实训”课程的讲稿。

与同类教材相比较，本教材有三个特点：(1）服务目标明确。《汉语综合应用能力实训》立足于汉语阅读理解能力、分析评价能力和书面语言表达能力等综合应用实际能力的培养，不以考试得分高低为唯一目标。(2）强调实训，重视基础。在内容方面，不仅限于阅读理解、分析评价和写作技巧等方法的传授，还力图通过汉语知识、语法规律的讲习，丰富学生的汉语知识，夯实基础。(3）可读性强、适用面广。编入教材的实训习题主要来自历年国家政策性考试的经典真题，从而使得本教材既有一定的理论性又有很强的实战性。这种理论与实践相结合的编写体例，有利于提高学生汉语学习的积极性自觉性，既可用作课程教学，也适用于应试者自学。丰富的汉语言文化知识和操作性很强的语言学习及运用方法的把握，都十分有利于学生汉语综合应用能力的养成。

本教材既可以为课程教学提供保障，为学生汉语言综合应用能力提供实训的平台，同时也可为社会人士备考、学习提供参考，因而具有广泛的应用前景和推广价值。

本书是合肥工业大学图书出版专项基金资助项目，也是安徽省重点教学研究项目“汉语综合应用能力实训”（项目号：2018mooc322）和“书面语言表达能力实训”（项目号：2016gkk025）的研究成果。笔者完成了本书第一章、第二章、第四章、第五章的编写及全书的统稿工作。合肥工业大学博士生、安徽建筑大学汪程老师完成了第三章和第六章的编写，并承担了部分校对工作。教材在编写过程中得到学校出版基金的大力支持，教材参考引用了不少相关书刊资料，在此一并表示由衷的感谢！

由于时间和版面有限，书中难免存有不足之处，恳请专家、同行和读者提出宝贵意见，以便今后改进。

唐桂兰

2023 年 6 月 27 日